Unsterbliches Blau

Bleu immortel

Annemarie Schwarzenbach
Ella Maillart
Nicolas Bouvier

Unsterbliches Blau

Reisen nach Afghanistan

Bleu immortel

Voyages en Afghanistan

Herausgegeben und mit einem Nachwort von Roger Perret
Sous la direction et postface de Roger Perret

Scheidegger & Spiess
Éditions Zoé

MIGROS Kulturprozent Ein Projekt des Migros-Kulturprozents

MIGROS Pour-cent culturel Un projet du Pour-cent culturel Migros

Umschlagbild/Illustration de couverture
Ella Maillart: Brücke über den Hari-Rud/Afghanistan, Juli 1939.
Ella Maillart: Pont sur le Hari Rud/Afghanistan, juillet 1939.

Gestaltung/Conception graphique: Guido Widmer, Zürich

ISBN 3-85881-148-3

ISBN 2-88182-484-6

Inhalt
Table

Anhang/*Annexes*

Vorwort

Grenzen sind da, um überschritten zu werden. Diese Publikation will ein Beispiel dafür sein. Sie beruht auf der Foto-Ausstellung «La voie cruelle, la voie heureuse. Annemarie Schwarzenbach, Ella Maillart, Nicolas Bouvier. Reisen nach Afghanistan 1939/1940 und 1953/1954», die der Herausgeber für das Migros-Kulturprozent in Zürich realisiert hat. Das Projekt stiess auf grosses Interesse: Es wurde von 1999 bis 2003 in drei Sprachversionen an siebzehn Orten in der Schweiz sowie in Italien, Frankreich und Deutschland gezeigt. Die Pioniertat von drei Schweizer Reiseschriftstellerinnen und -schriftstellern – den wohl wichtigsten des letzten Jahrhunderts – gab viel zu reden. Die erstmalige Präsentation der Fotografien von Annemarie Schwarzenbach, Ella Maillart und Nicolas Bouvier in einer gemeinsamen Ausstellung liess Gemeinsamkeiten und Unterschiede dieser verschieden gearteten Persönlichkeiten hervortreten. Übrigens hat Nicolas Bouvier selbst eine Verbindung zur Reise der beiden Frauen geschaffen, als er sich von Ella Maillart über Details der Route beraten liess und mit seinem Freund Thierry Vernet den Spuren von Annemarie Schwarzenbach und Ella Maillart nach Afghanistan folgte.

Der Erfolg des Projektes rechtfertigt in diesem Fall das unübliche Vorgehen: Das Buch erscheint nicht zu Beginn, sondern zum Abschluss der Ausstellung. Dieser Zeitpunkt hat gegenüber der Konzeptphase vor einigen Jahren den Vorteil, dass der Wissensstand über die Quellen der beiden Afghanistan-Reisen grösser ist. Die Zweisprachigkeit des Bandes ist in der Fahrt der Zürcherin Annemarie Schwarzenbach mit der Genferin Ella Maillart selbst angelegt: Sprachliche wie geographische, physische und psychische Grenzen mussten immer wieder überwunden werden.

Das vielfältige, miteinander verflochtene Bildmaterial erlaubt uns, die beiden Asien-Reisen als *eine* Fahrt zu erleben. Das Unterwegssein mittels der Fotografien wird durch die ausgewählten Texte und Reflexionen über das Reisen erweitert und vertieft. Im besten Fall gelangen wir nicht nur nach Afghanistan, sondern entdecken in uns eine «terra incognita». Und einige der Fotografien und Beschreibungen gewinnen an Wert, weil sie von der Existenz und Schönheit einer untergegangenen Welt zeugen. Denn: Kaum siebzig Jahre nach diesen beiden Fahrten sind infolge Krieg, Katastrophen und Modernisierung manche Landschaften und Gebäude in diesen Regionen nicht wiederzuerkennen, auch die Menschen nicht. Die Rekonstruktion zweier Reisen versucht deshalb, bildhaft auch an dieses Verschwundene zu erinnern.

Roger Perret

Préface

Les frontières sont là pour être franchies. Cette publication veut en être un exemple. Elle se base sur l'exposition photographique « La voie cruelle, la voie heureuse. Annemarie Schwarzenbach, Ella Maillart, Nicolas Bouvier. Voyages en Afghanistan de 1939/1940 et 1953/1954 », réalisée par l'auteur de ces lignes dans le cadre du Pour-cent culturel Migros de Zurich. Cette exposition suscita un vif intérêt : de 1999 à 2003, elle fut montrée en trois langues dans 17 lieux différents, en Suisse aussi bien qu'en Italie, en France et en Allemagne. L'exploit de ces trois écrivains du voyage suisses – les plus importants du siècle dernier – suscita de nombreux commentaires élogieux. Les photographies d'Annemarie Schwarzenbach, d'Ella Maillart et de Nicolas Bouvier, rassemblées pour la première fois dans une même exposition, permettait de faire ressortir aussi bien les traits communs et que les différences de ces fortes personnalités. Du reste, Nicolas Bouvier lui-même a forgé un lien entre son aventure et celle de ses devancières : il alla d'abord demander conseil à Ella Maillart pour fixer les détails de son itinéraire, puis, avec son ami Thierry Vernet, il suivit les traces des deux femmes jusqu'en Afghanistan.

Le succès de cette exposition justifie en l'occurrence un processus inhabituel, à savoir que le catalogue ne paraisse pas en ouverture mais en conclusion de l'exposition. L'intérêt en est que, par rapport à sa phase de conception, qui remonte à plusieurs années, nos connaissances sur ces deux voyages se sont enrichies. Le caractère bilingue de cet ouvrage s'impose de lui-même, au travers du voyage de la Zurichoise Annemarie Schwarzenbach avec la Genevoise Ella Maillart. Au même titre que les barrières linguistiques, les frontières géographiques, physiques et psychiques durent sans cesse être passées.

Les documents photographiques, variés et étroitement reliés les uns aux autres, nous permettent de vivre les deux voyages en Asie comme s'il s'agissait d'*un seul*. Le déplacement suggéré par les photographies est élargi et approfondi grâce aux textes choisis et aux réflexions sur le voyage. Dans le meilleur des cas, ce n'est pas seulement l'Afghanistan que nous découvrons, mais aussi une « terra incognita » à l'intérieur de nous-mêmes. De plus, certaines photographies, et certaines descriptions prennent une dimension d'une valeur inattendue, car elles témoignent de l'existence et de la beauté d'un monde disparu : à peine soixante-dix ans après ces deux expéditions, la guerre, les catastrophes et la modernisation ont rendu méconnaissables bon nombre de paysages et de monuments de ces contrées - sans parler de leurs habitants. La reconstitution des deux voyages est donc une tentative pour retrouver, par le biais de l'image, le souvenir de ce qui n'est plus.

Roger Perret

Diese Landkarte wurde entnommen dem Buch von Ella Maillart, *Auf abenteuerlicher Fahrt durch Iran und Afghanistan*. Zürich, Orell Füssli Verlag 1948.

—— Reiseroute nach Afghanistan von Annemarie Schwarzenbach und Ella Maillart
------ Route von Nicolas Bouvier und Thierry Vernet (Bearbeitung Marcel Rohr)

Cette carte a été empruntée au livre d'Ella Maillart, Auf abenteuerlicher Fahrt durch Iran und Afghanistan, *id.*

—— *Itinéraire du voyage en Afghanistan d'Annemarie Schwarzenbach et Ella Maillart*
------ *Itinéraire de Nicolas Bouvier et Thierry Vernet (Adaptation Marcel Rohr)*

Ich kann Ella bewundern bis zur Hingerissenheit, und mich schämen. Aber ich kann sie nicht einfach nachahmen, wir sind zu verschieden.

Je peux admirer Ella jusqu'à en être exaltée, et me sentir honteuse. Mais je ne peux pas l'imiter purement et simplement, nous sommes trop différentes.

Annemarie Schwarzenbach

J'aimais le généreux courage avec lequel elle attaquait l'injustice, la droiture honnête avec laquelle elle se jugeait, la dignité avec laquelle elle supportait sa solitude, sa conviction que l'amour est un mystère que nous devons pénétrer.

Ich liebte ihren grosszügigen Mut im Kampf gegen Ungerechtigkeiten, ihre Ehrlichkeit gegen sich selbst, die Art, in der sie ihre innere Einsamkeit ertrug, ihre Überzeugung, dass die Liebe ein Geheimnis sei, das wir erforschen müssen.

Ella Maillart

[Gilbert?] Meylan: Annemarie Schwarzenbach und Ella Maillart vor der Abreise nach Afghanistan, Genf, 6. Juni 1939.
[Gilbert?] Meylan : Annemarie Schwarzenbach et Ella Maillart avant de partir pour l'Afghanistan, Genève, 6 juin 1939.

L'Usage du monde, c'était deux ans de bonheur, malgré des moments très difficiles. Cela tenait aussi à l'extraordinaire entente que j'avais avec Thierry Vernet. Nous avons tout partagé et surtout dans le rire. C'est un homme très drôle et j'adore déconner. Par le rire, nous avons pu venir à bout de situations franchement inconfortables.

Die Erfahrung der Welt, das waren zwei Jahre Glück, trotz sehr schwieriger Zeiten. Das lag auch an dem aussergewöhnlichen Einvernehmen, das mich mit Thierry Vernet verband. Wir haben alles miteinander geteilt, vor allem zusammen gelacht. Er ist ein sehr lustiger Mensch, und ich rede und mache schrecklich gern Mist. Durch Lachen konnten wir mit wirklich unangenehmen Situationen fertig werden.

Nicolas Bouvier

J'ai rencontré Ella Maillart en 1952 pour lui demander des avis sur la route Genève – Madras qu'elle avait faite à deux reprises et que nous comptions, un ami et moi, emprunter. Ses conseils furent d'une sobriété toute britannique : « Partout où des hommes vivent, un voyageur peut vivre aussi... » et « essayez donc cette route, et si elle ne vous convient pas, rentrez ! »

Ich habe Ella Maillart 1952 getroffen, um ihren Rat einzuholen über die Route Genf – Madras, die sie zweimal hintereinander eingeschlagen hatte und die wir, ein Freund und ich, auch nehmen wollten. Ihre Ratschläge waren sehr britisch nüchtern: «Wo immer Menschen leben, kann auch ein Reisender leben ...». Und: «Versuchen Sie's doch mit dieser Route, und wenn sie Ihnen nicht passt, dann kehren Sie eben um!»

Nicolas Bouvier

Aufnahme mit Selbstauslöser: Nicolas Bouvier und Thierry Vernet während der Reise nach Afghanistan, Ordu-Pass/Türkei, Oktober 1953.
Photo au déclencheur automatique : Nicolas Bouvier et Thierry Vernet pendant leur voyage en Afghanistan, Col d'Ordu/Turquie, octobre 1953.

That is our last look on Switzerland.
Why do we leave this loveliest country in the world?
What urges us to go east on desert roads?

Annemarie Schwarzenbach

Annemarie Schwarzenbach: «Letzte Stunde in der Schweiz: Halt am Simplon», Juni 1939.
Annemarie Schwarzenbach : « Derniers instants en Suisse halte au Simplon », juin 1939.

Nicolas Bouvier: Zigeunerhochzeit in Bogojevo: der geschmückte Wagen der Braut, Batschka/Jugoslawien, August 1953.
Nicolas Bouvier : Noces tziganes à Bogoiévo, le char décoré de la mariée, Batchka/Yougoslavie, août 1953.

Nicolas Bouvier: Prilep in Mazedonien/Jugoslawien, August 1953.
Nicolas Bouvier: Prilep, Macédoine/Yougoslavie, août 1953.

 Nicolas Bouvier: Thierry Vernet (rechts) an einem Festgelage bei Prilep in Mazedonien/Jugoslawien, August 1953.
Nicolas Bouvier: Thierry Vernet (à droite) lors d'un banquet près de Prilep, Macédoine/Yougoslavie, août 1953.

Il y a en Serbie des trésors de générosité personnelle, et malgré tout ce qui y manque encore, il y fait chaud. La France peut bien être – comme les Serbes se plaisaient à nous le répéter – le cerveau de l'Europe, mais les Balkans en sont le cœur, dont on ne se servira jamais trop. [...] ce campement très ancien qui, aujourd'hui, s'appelle Belgrade.

Unerschöpflich ist der Schatz an persönlicher Grossherzigkeit, und trotz allem, woran es noch mangelt, ist es dort warm. Frankreich mag das Gehirn von Europa sein, wie die liebenswürdigen Serben uns gern versicherten, aber das Herz ist der Balkan; man wird nie genug davon bekommen. [...] dieses uralte Militärlager, das heute Belgrad heisst.

Nicolas Bouvier

Nicolas Bouvier: Der Sarghändler, Prilep in Mazedonien/Jugoslawien, August 1953.
Nicolas Bouvier: Le marchand de cercueils à Prilep, Macédoine/Yougoslavie, août 1953.

11

Nicolas Bouvier: Unterwegs in Kurdistan/Iran, März 1954.
Nicolas Bouvier: Sur la route du Kurdistan iranien, mars 1954.

Nicolas Bouvier: Zwischen Prilep/Jugoslawien und Saloniki/Griechenland, September 1953.
Nicolas Bouvier : Entre Prilep/Yougoslavie et Salonique/Grèce, septembre 1953.

Christina était de bonne humeur : le commissaire venait de l'appeler Monsieur ! Plus nous allions vers l'est, et plus elle était fréquemment prise pour un garçon.

Christina war in fröhlicher Stimmung: der Zahlmeister des Schiffes hatte sie mit Monsieur angeredet! Je weiter wir gen Osten kamen, desto öfter hielt man sie für einen Knaben.

Ella Maillart

Ella Maillart: Annemarie Schwarzenbach vor dem Ford auf dem Schiff «Ankara», Schwarzes Meer/Türkei, Juni 1939.
Ella Maillart : Annemarie Schwarzenbach devant la Ford, à bord du vapeur Ankara *sur la mer Noire/Turquie, juin 1939.*

Le point de non-retour

C'était hier
plage noire de la Caspienne
sur des racines blanchies rejetées par la mer
sur de menus éclats de bambou
nous faisions cuire un tout petit poisson
sa chair rose
prenait une couleur de fumée

Douce pluie d'automne
cœur au chaud sous la laine
au Nord
un fabuleux champignon d'orage
montait sur la Crimée
et s'étendait jusqu'à la Chine
Ce midi-là
la vie était si égarante et bonne
que tu lui as dit ou plutôt murmuré
« va-t'en me perdre où tu voudras »
Les vagues ont répondu « tu n'en reviendras pas »

Trébizonde, 1953

Kein Zurück mehr

Es war gestern
schwarzer Strand am Kaspischen Meer
auf angespülten, vom Meer gebleichten Wurzeln
auf winzigen Bambusspänen
brieten wir einen ganz kleinen Fisch
sein rosa Fleisch
wurde rauchfarben

Feiner Herbstnieselregen
das Herz warm unter der Wolle
im Norden
ein fantastischer Gewitterpilz
stieg auf über der Krim
und breitete sich aus bis China
An diesem Mittag
war das Leben so verwirrend, so gut
dass du ihm sagtest oder eher zuflüstertest
«Komm, verleite mich wohin du willst!»
Die Wellen antworteten «Da gibt's kein Zurück mehr.»

Trapezunt, 1953

Nicolas Bouvier

Nicolas Bouvier: Fischerboote und Netze in Trapezunt am Schwarzen Meer/Türkei, Oktober 1953.
Nicolas Bouvier: Barques et filets de pêcheurs à Trébizonde sur la mer Noire/Turquie, octobre 1953.

Ella Maillart: Fischerboote in Trapezunt am Schwarzen Meer/Türkei, Juni 1939.
Ella Maillart : Barques de pêcheurs à Trébizonde sur la mer Noire/Turquie, juin 1939.

Vers le sud, haut placée dans une échancrure de rochers, la fière forteresse du vieux Bayezid dominait la contrée avec son minaret semblable à un phare d'où l'on pouvait épier la venue des barbares.

Im Süden stand hoch auf einem Felsen die stolze Burg von Alt-Bajazet, die die düstere Steppe beherrschte; ihr Minarett, einem Leuchtturm gleich, hielt Ausschau nach den herankommenden Fluten wilder Barbaren.

Ella Maillart

Ella Maillart: Westseite der verfallenen Burg, Alt-Bajazet/Türkei, Juni 1939.
Ella Maillart : Côté ouest de la citadelle en ruine dans le vieux Bayezid/Turquie, juin 1939.

Ella Maillart: Burg mit Minarett im armenischen Alt-Bajazet/Türkei, Juni 1939.
Ella Maillart : Citadelle et minaret dans le vieux Bayezid arménien/Turquie, juin 1939.

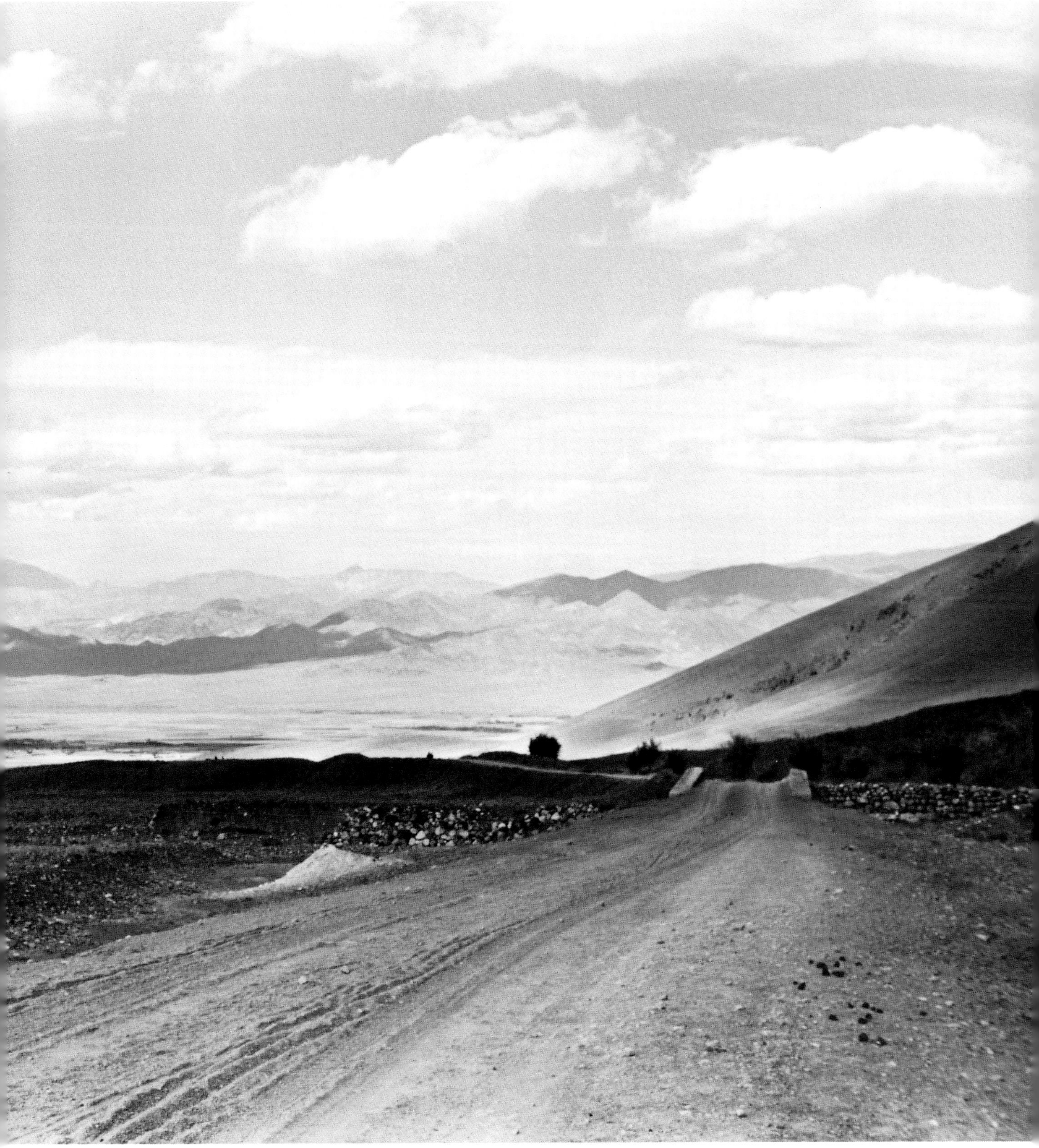

Ella Maillart: Zwischen Maku und Täbris/Iran, Juli 1939.
Ella Maillart : Entre Makou et Tabriz/Iran, juillet 1939.

Nicolas Bouvier: Täbris/Iran, Winter 1953/1954.
Nicolas Bouvier : Tabriz/Iran, hiver 1953/1954.

Plus moyen de déchiffrer une enseigne ou une borne milliaire ; c'était l'écriture persane qui marche à reculons. Le temps aussi : en une nuit nous avions passé du XXe siècle du Christ au XIVe de l'Hégire, et changé de monde.

Keine Möglichkeit mehr, ein Plakat oder einen militärischen Wegweiser zu entziffern: Hier herrschte die persische Schrift, die nach rückwärts läuft. Die Zeit übrigens auch. Im Lauf einer Nacht waren wir aus dem zwanzigsten nachchristlichen Jahrhundert ins vierzehnte der Hedschra hinübergewechselt, in eine andere Welt.

Nicolas Bouvier

Nicolas Bouvier: Täbris/Iran, Winter 1953/1954.
Nicolas Bouvier : Tabriz/Iran, hiver 1953/1954.

Navets bouillis dans leur sang et gâteaux parfumés au citron
Casquettes et gourdins
Cheval de fiacre un œillet de papier sur l'oreille.
Fenêtre noire
Carreaux gelés où s'inscrivaient les astres.
Chemin boueux qui menait vers le ciel.
Tabriz.

Im eigenen Saft gekochte Rüben und zitronenduftender Kuchen
Helme und Knüttel
Fiakerpferd mit einer papiernen Nelke hinterm Ohr.
Schwarzes Fenster
Gefrorene Scheiben, auf die sich die Gestirne einschrieben.
Schlammiger Weg, der zum Himmel führte.
Täbris.

Nicolas Bouvier

Nicolas Bouvier: Der Eingang zum Basar und die Brücke über den Adschi-tschai in Täbris/Iran, Winter 1953/1954.
Nicolas Bouvier: L'entrée du bazar et le pont sur l'Atchi-tschâi, Tabriz, hiver 1953/1954.

Nicolas Bouvier: Basar in Täbris/Iran, Winter 1953/1954.
Nicolas Bouvier: Bazar de Tabriz/Iran, hiver 1953/1954.

Nicolas Bouvier: Der Wasserpfeifenträger, Täbris/Iran, Winter 1953/1954.
Nicolas Bouvier: Porteur de narghilé, Tabriz/Iran, hiver 1953/1954.

 Nicolas Bouvier: Winter in Täbris/Iran, Winter 1953/1954.
Nicolas Bouvier : Hiver à Tabriz/Iran, hiver 1953/1954.

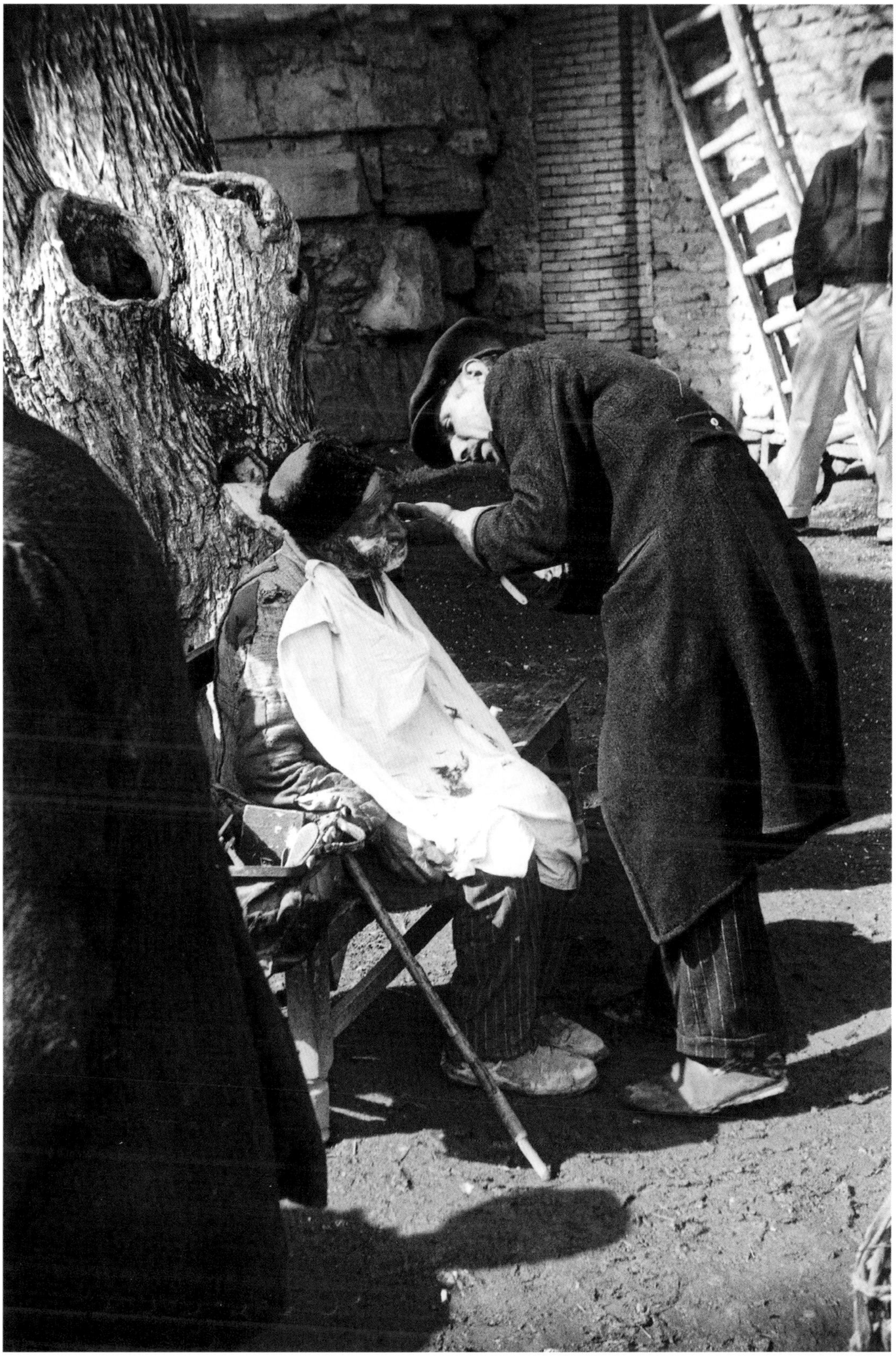

Nicolas Bouvier: Der Barbier vor der Blauen Moschee; rechts Thierry Vernet, Täbris/Iran, Winter 1953/1954.
Nicolas Bouvier : Le barbier devant la Mosquée Bleue; à droite Thierry Vernet, Tabriz/Iran, hiver 1953/1954.

Ses murailles recouvertes d'émaux sombres sont enchanteresses. Lorsque des traces d'or étincellent sur un bleu dense, on rêve à un ciel nocturne. Un grand panneau en mosaïque de faïence me fit penser au temps où l'on est amoureux, lorsqu'on croit n'avoir encore jamais compris la splendeur d'un ciel de minuit : les étoiles, dont il n'en est pas deux qui soient identiques, brillent avec une telle intensité qu'on dirait qu'elles viennent à nous.

Die dunklen Kacheln sind bezaubernd; sprühende Goldmalereien auf dunkelblauem Hintergrund erinnern an den Nachthimmel. Ein grosses Fayencemosaik ruft in einem die Zeit wach, da man verliebt war und das Gefühl hatte, zuvor noch nie wirklich die Pracht des mitternächtlichen Himmels gesehen zu haben; die Sterne, von denen nicht zwei einander gleichen, funkeln mit solcher Intensität, dass sie auf einen zuzukommen scheinen.

Ella Maillart

Ella Maillart: Blaue Moschee, Täbris/Iran, Juli 1939.
Ella Maillart : La Mosquée Bleue de Tabriz/Iran, juillet 1939.

Un voyage se passe de motifs. Il ne tarde pas à prouver qu'il se suffit à lui-même. On croit qu'on va faire un voyage, mais bientôt c'est le voyage qui vous fait, ou vous défait.

Eine Reise braucht keine Beweggründe. Sie beweist sehr rasch, dass sie sich selbst genug ist. Man glaubt, dass man eine Reise machen wird, doch bald stellt es sich heraus, dass die Reise einen macht – oder kaputtmacht.

Nicolas Bouvier

Nicolas Bouvier: «The road to Teheran»/Iran, April 1954.
Nicolas Bouvier: « The road to Téhéran »/Iran, avril 1954.

Nicolas Bouvier: Kurdistan/Iran, März 1954.
Nicolas Bouvier : Kurdistan iranien, mars 1954.

Die Reise [...], die vielen als ein leichter Traum, als ein verlockendes Spiel, als die Befreiung vom Alltag, als Freiheit schlechthin erscheinen mag, ist in Wirklichkeit gnadenlos.

Le voyage [...], qui peut paraître à beaucoup comme un rêve léger, comme un jeu séduisant, comme une façon de se libérer du quotidien, comme la liberté par excellence, est en réalité impitoyable.

Annemarie Schwarzenbach

Nicolas Bouvier: Kurdistan/Iran, März 1954.
Nicolas Bouvier : Kurdistan iranien, mars 1954.

Le monument était grandiose, inoubliable. Il semblait déborder d'énergie contenue – fabuleux cylindre à aubes dont l'ouragan du désert déclencherait un jour les révolutions dans un tonnerre de gravier moulu, fusée à rayures parallèles destinée à quelque lointaine planète !

Das Grabmal war imposant, unvergesslich. Es schien voll unterdrückter Energien, eine phantastische, geflügelte Trommel, die ein Wüstensturm mit grossem Heulen rundum treiben könnte, oder eine Rakete, die eines Tages nach einem fernen Planeten davonknattern würde.

Ella Maillart

Ella Maillart: Gumbad-i-Kabus bei Gurgan/Iran, Juli 1939.
Ella Maillart : Gumbad-i-Kabus près de Gorgan/Iran, juillet 1939.

Ella Maillart: Gumbad-i-Kabus bei Gurgan/Iran, Juli 1939.
Ella Maillart : Gumbad-i-Kabus près de Gorgan/Iran, juillet 1939.

Accoudés au balcon de notre auberge, nous pouvions voir monter Téhéran tout entière. Nous étions au bas bout de la table, au bord de l'assiette, mais bien résolus à y pêcher quelques morceaux. À nos âges c'était encore une bonne chose d'attaquer les villes par le bas.

Vom Balkon unserer Herberge aus sahen wir ganz Teheran emporsteigen. Wir waren am unteren Ende der Tafel, am Rande der Schüssel, aber fest entschlossen, uns ein paar Bissen herauszufischen. In unserem Alter war es noch gut, eine Stadt von unten her anzugehen.

Nicolas Bouvier

Nicolas Bouvier: Teheran/Iran, Frühling 1954.
Nicolas Bouvier: Téhéran/Iran, printemps 1954.

Nicolas Bouvier: Basar in Rescht/Iran, Juni 1954.
Nicolas Bouvier : Bazar de Rasht/Iran, juin 1954.

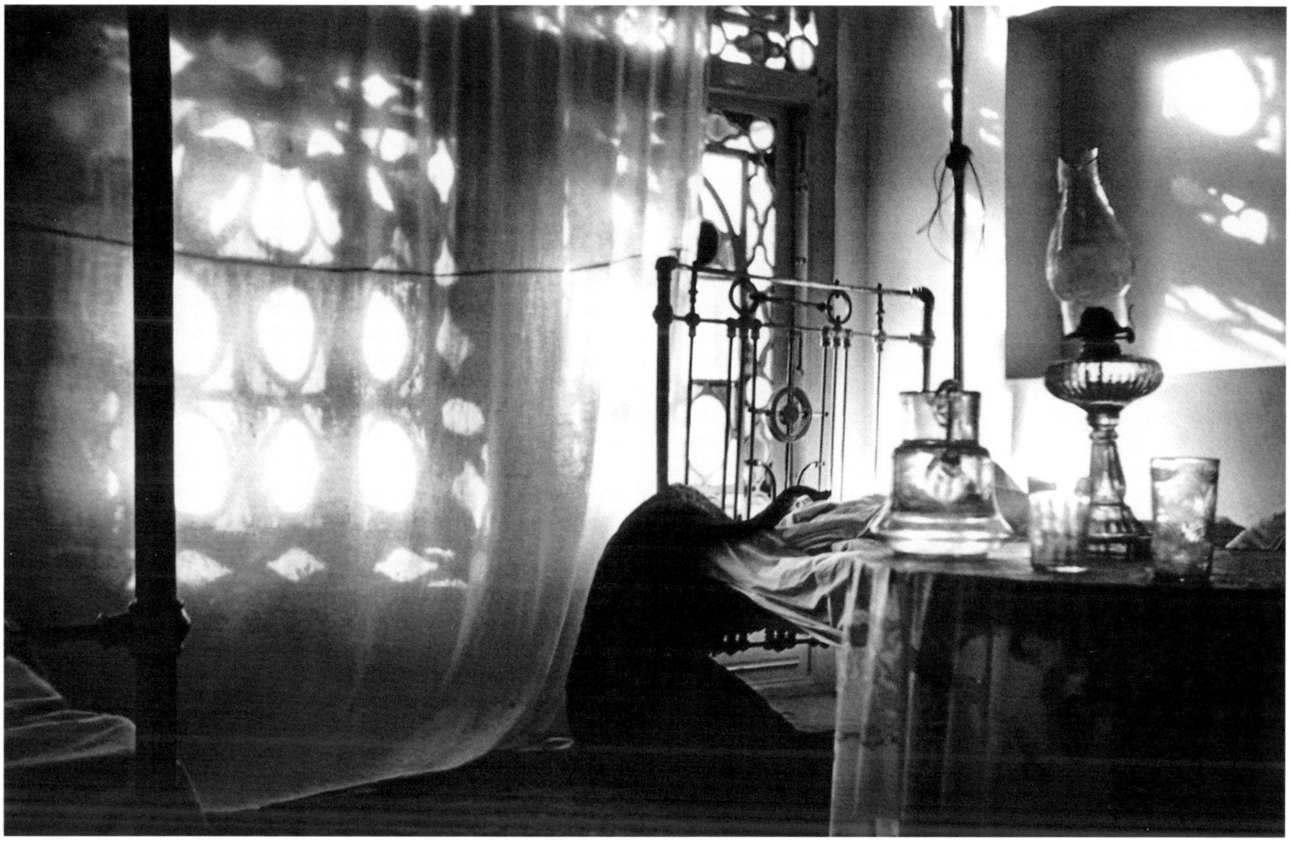

Nicolas Bouvier: Lahedschan/Iran, Juni 1954.
Nicolas Bouvier: Lahidjan/Iran, juin 1954.

Nicolas Bouvier: Isfahan/Iran, Juli 1954.
Nicolas Bouvier : Ispahan/Iran, juillet 1954.

Annemarie Schwarzenbach: Arbeiterinnen in einer staatlichen Tabaktrocknerei, Mazanderan/Iran, Juli 1939.
Annemarie Schwarzenbach : Ouvrières dans un séchoir à tabac appartenant à l'État, Mazandéran/Iran, juillet 1939.

Ella Maillart: Östlich von Babol am Kaspischen Meer, Mazanderan/Iran, Juli 1939.
Ella Maillart : À l'est de Babol sur la mer Caspienne, Mazandéran/Iran, juillet 1939.

Bien avant midi, la chaleur était maîtresse incontestée du monde. Chaque détail du sol tremblait comme de l'eau qui commence à bouillir. Chaque exhalaison du four qu'était devenu le désert était si pénétrante que nous avions dû monter la vitre de la portière, tout en regrettant qu'un rideau ne cache pas les rayons solaires qui me brûlaient.

Bereits vor Mittag herrschte die Hitze über unserer Welt. Jede Einzelheit der Landschaft zitterte, als sei sie am Kochen. Jeder Windstoss, der von der backofengleichen Wüste kam, war so sengend, dass wir das windseitige Fenster hochschraubten und bedauerten, keinen Vorhang zu haben, der die Sonne daran hinderte, mich zu verbrennen.

Ella Maillart

Ella Maillart: Annemarie Schwarzenbach und der Ford bei Abbas Abad, Chorassan/Iran, Juli 1939.
Ella Maillart : Annemarie Schwarzenbach et la Ford près d'Abbas Abad, Khorasan/Iran, juillet 1939.

La frontière

Pleines d'une joie triomphante, nous bondissions, nous cahotions dans le désert. Il n'y avait plus d'obstacles entre nous et une splendide contrée fort peu connue, le pays des Afghans. À nous ses grandes montagnes, ses tribus magnifiques, ses rivières glacées, ses ruines «aussi vieilles que le monde», la paix de son isolement! Nous poussions des cris de victoire, nous nous félicitions, je riais comme une gamine, je disais toutes les bêtises qui me couraient par la tête!

L'heure était belle.

Dans le noir de la nuit, nos phares formaient un trou de lumière. Surgissant de l'obscurité, d'immenses oiseaux à poitrail blanc nageaient sans effort sur notre fleuve lumineux. Ils se maintenaient ou se rétablissaient parfois à l'aide d'un bout d'aile brune; à part cela, on ne voyait que la pâleur de leur vaste envergure. Pouvions-nous souhaiter plus somptueuse escorte? Peut-être que Simurgh le noble vautour se trouvait parmi eux, nous surveillant?

Un son étrange accompagnait le ronflement du moteur lorsque les durs chardons balayaient le dessous de notre carter. Parfois nous éclairions la silhouette inattendue de gigantesques ciguës dominant des lieues d'herbes desséchées.

Tout à coup, il fallut freiner: deux hommes – turban blanc, dents blanches, ample tunique blanche qu'un gilet ajustait à la taille, pantalon bouffant aux plis profonds – faisaient le geste de nous mettre en joue. Le moment et surtout leur attitude composaient une si parfaite introduction à l'Afghanistan qu'en riant je m'exclamai:

– Je vous l'avais bien dit! Ne sont-ils pas splendides?

Nous stoppâmes à leur hauteur. Un soldat – car c'étaient des soldats gardes-frontière que personne n'avait encore sanglés dans des uniformes kaki, Dieu merci – s'accroupit entre le radiateur et le pare-boue. Ayant rampé comme un chat sur notre dossier et sans pour cela lâcher son arme, l'autre se laissa tomber d'un bloc entre Christina et moi… et nous repartîmes.

Deux tournants à angle droit indiquaient la frontière exacte. Dans ma triomphante allégresse, je déclamais tout ce qui me passait par la tête:

– Prenez-y garde, quoique le désert soit ici en tout point semblable à celui d'Iran, quoique racialement un Mechhedi soit semblable à un Herati, nous venons de franchir une vraie frontière séparant deux pays bien différents. Deux manières de vivre – réciproquement méprisées – semblent être à l'origine de ce contraste. Le *reis* iranien nous prenait en pitié parce que nous allions voyager parmi «ces sauvages Afghans» et je vous parie mon appareil de cinéma que le chef afghan parlera comme il y a deux ans de «ces rampants Iraniens avec lesquels il vaut mieux n'avoir rien à faire »! Ici où le mode de vie n'a pas encore changé, où le fils pense comme pensait le père, les hommes ont gardé leur dignité d'homme. Tandis qu'en Occident, où tout n'est que changements, personne ne sait que penser, personne ne sent son avenir assuré – les riches moins que quiconque – et cela même durant les périodes de paix. Ici, pas une seule gourgandine à la mode iranienne en robe courte et portant talons trop hauts : vous êtes dans le pays sans femmes, où des hommes coiffés de neigeuse mousseline portent de gros souliers cloutés en forme de gondole. Vous êtes dans un pays qui n'a jamais été subjugué : Alexandre le Grand, Timur, Nadir Shah et John Bull s'y sont tour à tour essayés mais en vain. C'est une Suisse asiatique, un état tampon qui n'a pas de colonies et pas d'accès à la mer, un pays de très hautes montagnes qui abrite cinq races parlant trois langages totalement différents, un pays aux montagnards simples mais où les citadins…

Je ne pouvais pas consacrer mon attention à mes effets d'éloquence : j'étais constamment distraite par notre nouveau voisin et par ce qui devait sans doute se passer dans sa tête. Il ne pouvait comprendre qui étaient ces deux personnes étrangères qui se noyaient dans un flot de paroles. L'automobile avait-elle peut-être été volée de l'autre côté de la frontière ? Était-il possible que ces deux personnes fussent des femmes ?

La douce lumière du tableau de bord n'éclairait que la partie inférieure de nos mentons minces et féminins. Mais il y avait des cheveux courts sur nos têtes. Les tentatives de conversation n'ayant apporté aucun éclaircissement, l'Afghan décida de résoudre le mystère selon les moyens à sa disposition : très lentement, simultanément, ses mains suivaient la courbe de nos côtes ! Est-il possible d'imaginer situation plus ridicule ? Nous ne pouvions pas nous permettre d'être offensées et de nous faire des ennemis de ces Afghans félins, car nous étions somme toute à leur merci. Explications ou injonctions étaient également inutiles. Réprimant notre humeur folâtre, nous espérions que notre attitude gênée leur ferait comprendre nos sentiments. Bientôt nous devions apercevoir notre but !

Un bâtiment rectangulaire et moderne planté au centre d'un espace vide, un très long corridor, une lampe à pétrole, un salon d'attente avec d'épais rideaux, des tables et chaises recouvertes de peluche : telle fut notre première nuit afghane. Ayant déroulé nos sacs de couchage près de la fenêtre où un peu de fraîcheur viendrait peut-être se faire sentir, nous nous endormîmes avec un sourire victorieux sur les lèvres. Pour bientôt nous réveiller, inquiètes, dérangées par un murmure. Oui, c'était bien une voix masculine qui venait de la fenêtre. Était-ce le moment de se défendre ? Nous n'avions pas d'armes. C'est alors que nous eûmes le dernier rire de la journée et probablement le meilleur : nous comprîmes que le « bandit » mendiait : « Khanoum, chigret ! » (Madame, cigarette !)

ELLA MAILLART

Die Grenze

Toll vor Freude rasten wir rumpelnd durch die Wüste – man hielt uns nicht länger davon ab, in ein schönes, kaum bekanntes Land, genannt das Land der Afghanen, zu fahren. Nun gehörte es uns, mit seinen riesigen Bergen, seinem prächtigen Volk, seinen eisigen Flüssen, seinen Ruinen, «so alt wie die Welt», dem Frieden, der Abgeschlossenheit. Wir stiessen ein Triumphgeheul aus, beglückwünschten einander, lachten wie Verrückte, sagten die törichtesten Dinge, die uns gerade in den Kopf kamen.

Es war grossartig! Unsere Scheinwerfer bildeten einen Lichttunnel in der Finsternis vor uns. Aus der Dunkelheit auftauchend, schwebten riesige weissbrüstige Vögel mühelos in diesem fliessenden Strom. Sie glitten einher, indem sie nur ab und zu mit einer Bewegung ihrer braunen Flügelspitzen das Gleichgewicht sicherten; sonst sahen wir nur die unirdische Blässe ihrer unteren Flügelflächen. Könnten wir uns eine prächtigere Eskorte wünschen? Und wer weiss, ob nicht Simurgh, der edle Geier, einer von ihnen war und über uns wachte?

Unheimliche Laute ertönten, wenn harte Disteln den Wagen kratzten. Fantastische Silhouetten von riesigen Schierlingssträuchern, die Meile um Meile über verdorrten Pflanzenbüscheln Wache standen, leuchteten auf.

Plötzlich fuhren wir langsamer: zwei Männer – weisse Turbane, blitzende Zähne, weisse Hemden unter engen Westen, Hosen mit Ziehharmonika-Falten – richteten ihre Gewehre auf uns. Ihr Anblick, ihre Haltung waren eine so typische Einführung in Afghanistan, dass ich laut lachend herausplatzte: «Habe ich es nicht gesagt? Sind sie nicht grossartig?»

Wir waren zu ihnen herangekommen. Einer der Soldaten – denn es waren Soldaten, Gott sei Dank hatte man sie noch nicht in enge Khaki-Uniformen gezwängt – kauerte sich zwischen Kotflügel und Motorhaube, der zweite war wie eine Katze über unseren Rücksitz geklettert und plumpste, krampfhaft seinen Schiessprügel festhaltend, zwischen uns … und vorwärts ging es.

Zwei rechtwinklige Wegbiegungen markierten die Grenze. In meiner Freude verkündete ich, was mir durch den Kopf schwirrte: «Ich mache dich darauf aufmerksam, dass wir hier, obwohl die Wüste die gleiche wie die in Persien ist, obwohl die Einwohner von Meschhed derselben Rasse angehören wie die von Herat, dennoch eine Grenze überschreiten, eine richtiggehende Grenze, die zwei ganz entgegengesetzte Länder trennt. Völlig verschiedene Lebensweisen – gegenseitig verachtet – sind der Beweis dafür. Der persische Reis bemitleidete uns, weil wir zu jenen «wilden Afghanen» reisen müssen …, und ich wette meine Kinokamera, dass der afghanische Zollchef uns bemitleiden wird, wie er es schon vor zwei Jahren getan hat, dass wir mit «diesen persischen Würmern» zu tun gehabt haben. Hier hat sich die Lebensweise nicht geändert, hier denkt der Sohn noch immer, wie sein Vater es getan hat, hier sind die Männer noch immer stolz darauf, Männer zu sein. Im Abendland gibt es derweil nichts als ständigen Wechsel, niemand weiss, was er denken soll, niemand fühlt sich sicher – am wenigsten die Reichen –, und das sogar in so genannten Friedenszeiten. Hier gibt es keine Huren mit hohen Absätzen und kurzen Röcken – du kommst in das Land, in dem die Frauen nicht zu sehen sind, wo die Männer, in schneeweisse Mousseline gehüllt, mit schweren Schuhen, die Gondeln gleichen, einherschreiten. Du kommst in das Land, das noch nie unterjocht wurde, weder von Alexander dem Gossen noch von Timur noch von Nadir oder John Bull. Es ist die Schweiz Asiens, ein Pufferstaat ohne Kolonien und ohne Zugang zum Meer, ein Land, dessen hohe Berge fünf Rassen schützen, die drei völlig verschiedene Sprachen sprechen. Ein Land der einfachen Bergmenschen und der wohl erzogenen Städter, die ...»

Ich konnte meinen Gedankenflug nicht richtig weiterverfolgen, denn ich wurde durch unseren neuen Nachbarn abgelenkt und durch das, was in seinem Kopf vor sich ging. Er konnte sich nicht erklären, was das für schnatternde Wesen seien. Hatten sie vielleicht den Wagen gestohlen, dass sie so aus dem Häuschen waren? Konnten das wirklich weibliche Wesen sein, diese beiden?

Der leichte Schimmer der Lämpchen am Armaturenbrett beleuchtete nur den unteren Teil unserer kleinen Kinne, die weiblich aussahen. Aber auf beiden Köpfen war das Haar kurz geschnitten ... Da Versuche, eine Unterhaltung anzuknüpfen, keine Aufklärung verschafft hatten, beschloss der Afghane, das Geheimnis auf seine Weise zu lösen; ganz langsam begannen seine Hände, die Kurven unserer Körper abzutasten! Hat es je eine lächerlichere Situation gegeben? Wir konnten es uns nicht leisten, die Beleidigten zu spielen und den Zorn dieser wilden Soldaten heraufzubeschwören, denn schliesslich waren wir ihnen ja auf Gnade und Ungnade ausgeliefert. Erklärungen und scharfe Proteste waren ebenfalls zwecklos. Unsere lustige Stimmung unterdrückend, hofften wir, dass unsere beleidigte Haltung unseren Gefühlen Ausdruck verleihen würde. Und dann tauchte unser Ziel auf.

Ein moderner rechteckiger Bau inmitten von Nirgendwo, ein langer Gang, eine Petroleumlampe, ein Wohnzimmer, Vorhänge, eine Plüschtischdecke und Stühle – unsere erste Nacht in Afghanistan! Nachdem wir unsere Schlafsäcke neben dem Fenster, wo wir vielleicht etwas Kühle erhaschen könnten, entrollt hatten, schliefen wir ein, mit befriedigtem Lächeln um die Lippen. Aber bald wachten wir auf ... unbehaglich ... beunruhigt. Jawohl, am Fenster flüsterte eine männliche Stimme. Brauchten wir eine Waffe? Wir hatten keine. Aber dann mussten wir zum letzten Mal an diesem Tag lachen und vielleicht am herzlichsten – wir begriffen, dass der «Bandit» bettelte: «Khanum, sigret (Lady, Zigarette)!»

Thierry Vernet: Nicolas Bouvier im defekten Topolino auf der Strasse nach Schiras/Iran, Juni 1954.
Thierry Vernet : Nicolas Bouvier dans la Topolino en panne sur la route de Chiraz/Iran, juin 1954.

Wir sehen ein grossartiges Panorama, Kette an Kette, ein Meer von braunen und kahlen Bergen, asiatische Landschaft, asiatische Grösse.

Nous découvrons un panorama magnifique, une successsion de chaînes de montagnes, un océan de massifs bruns et pelés, paysage asiatique, immensité asiatique.

Annemarie Schwarzenbach

Le ciel était bleu et le spectacle d'une splendeur inimaginable : d'énormes ondulations de terre descendaient en moutonnant à perte de vue vers le sud ; vingt fois au moins on perdait et on retrouvait la trace claire de la route ; au fond de l'horizon, un orage occupait une insignifiante portion de ciel. Un de ces paysages qui à force de répéter la même chose convainquent absolument.

Der Himmel war blau und der Ausblick von unvorstellbarer Pracht: Gewaltige Erdwogen fielen leicht gewellt gegen Süden ab, so weit das Auge reichte. Das helle Band der Strasse verlor sich wohl zwanzig Mal und tauchte immer wieder auf. Ganz hinten am Horizont nahm ein Gewitter einen unbedeutenden Teil des Himmels ein. Eine Landschaft, die das gleiche so oft wiederholt, bis man absolut davon überzeugt ist.

Nicolas Bouvier

Nicolas Bouvier: Auf dem Weg nach Osten nach der Schneeschmelze; rechts Thierry Vernet, Aserbeidschan/Iran, April 1954.
Nicolas Bouvier : En route vers l'Est après la fonte des neiges; à droite Thierry Vernet, Azerbaïdjan/Iran, avril 1954.

Afghanistan, Land der Freiheit? Land des Abenteuers? Romantisches Land, Zukunftsland? Oder einfach ein Gebirgsland, anderthalbmal so gross wie Frankreich, eingebettet zwischen Pamir, Hindukusch, Karakorum, zwischen Oxus-Ufer und Indien – Pufferstaat schlechthin.

L'Afghanistan, terre de liberté ? terre d'aventure ? terre romantique, terre d'avenir ? Ou, tout simplement, pays de montagnes, une fois et demie la superficie de la France, encastré entre le Pamir, l'Hindu Kuch, le Karakoram, pris entre la rive de l'Oxus et l'Inde – un État tampon, tout bonnement.

Annemarie Schwarzenbach

Annemarie Schwarzenbach: Auf der Nordroute bei Bala Murghab/Afghanistan, August 1939.
Annemarie Schwarzenbach : Sur la route du Nord près de Bala Murghab/Afghanistan, août 1939.

Ella Maillart: Auf der Nordroute bei Qala-e Nau/Afghanistan, August 1939.
Ella Maillart : Sur la route du Nord près de Qala-e Nau/Afghanistan, août 1939.

Annemarie Schwarzenbach: Shahbash bei Herat/Afghanistan, Juli 1939.
Annemarie Schwarzenbach : Shahbash près de Herat/Afghanistan, juillet 1939.

Annemarie Schwarzenbach: Shahbash bei Herat/Afghanistan, Juli 1939.
Annemarie Schwarzenbach: Shahbash près de Herat/Afghanistan, juillet 1939.

Annemarie Schwarzenbach: Die Strasse des Nordens im Bau zwischen Darrah-e Bum und Bala Murghab/Afghanistan, August 1939.
Annemarie Schwarzenbach : La route du Nord en construction entre Darrah-e Bum et Bala Murghab/Afghanistan, août 1939.

Wir legen die Etappen im Auto zurück, manchmal sechzig, manchmal zwanzig Kilometer pro Stunde, und selbst mit solcher Geschwindigkeit können wir der Empfindung des Endlosen nicht entgehen.

Nous parcourons les étapes en voiture, à soixante kilomètres à l'heure parfois, et parfois à vingt, et malgré cette vitesse, nous ne pouvons nous soustraire au sentiment de l'infini.

Annemarie Schwarzenbach

Annemarie Schwarzenbach: Mittagsrast auf der Nordroute, mit dem Provinzgouverneur (rechts mit Knickerbocker und Pelzmütze) und Ella Maillart, Darrah-e Bum/Afghanistan, August 1939.

Annemarie Schwarzenbach : Pause de midi sur la route du Nord, avec le gouverneur de la province (à droite en knickerbockers et bonnet de fourrure) et Ella Maillart, Darrah-e Bum/Afghanistan, août 1939.

Annemarie Schwarzenbach: Innenhof der Karawanserei in Qala-e Wali/Afghanistan, August 1939.
Annemarie Schwarzenbach : Cour intérieure du caravansérail à Qala-e Wali/Afghanistan, août 1939.

Les villageois se levaient précipitamment en nous voyant, marque de respect qu'on rencontre en Asie. Nous prenant pour des personnages officiels, quelques-uns faisaient le salut militaire. Aucun véhicule privé n'était passé là depuis plusieurs mois.

Die Dorfbewohner standen hastig auf, als wir vorbeifuhren – eine Respektbezeugung, die man in Asien noch immer findet. Einige, die uns für Beamte hielten, grüssten militärisch – seit einigen Monaten schon hatte es keinen Privatautoverkehr mehr gegeben.

Ella Maillart

Ella Maillart: Vor der Karawanserei in Qala-e Wali/Afghanistan, August 1939.
Ella Maillart : Devant le caravansérail à Qala-e Wali/Afghanistan, août 1939.

Loin d'une tremblante et fiévreuse Europe, je voulais simplement tourner mes regards en moi-même. Ma recherche d'une édénique tribu montagnarde était le prétexte qui me permettait d'échapper au désarroi européen.

Ich wollte fern von dem tobenden, fiebernden Europa mein Inneres erforschen. Meine Suche nach einem in paradiesischem Urzustand lebenden Gebirgsstamm war lediglich ein Vorwand, um der Ratlosigkeit zu entrinnen, die in Europa herrschte.

Ella Maillart

Annemarie Schwarzenbach: Ella Maillart bei der Mittagsrast in Darrah-e Bum/Afghanistan, August 1939.
Annemarie Schwarzenbach : Ella Maillart durant la pause de midi à Darrah-e Bum/Afghanistan, août 1939.

Annemarie Schwarzenbach: Im «Frauengarten» des Dorfvorstehers von Sangalak-e Qaysar/Afghanistan, August 1939.
Annemarie Schwarzenbach : Dans le « jardin des femmes » appartenant au maire du village de Sangalak-e Qaysar/Afghanistan, août 1939.

Annemarie Schwarzenbach: Ella Maillart im «Frauengarten» des Dorfvorstehers von Sangalak-e Qaysar/Afghanistan, August 1939.
Annemarie Schwarzenbach : Ella Maillart dans le « jardin des femmes » appartenant au maire du village de Sangalak-e Qaysar/Afghanistan, août 1939.

ANNEMARIE SCHWARZENBACH

Der Tschador

«Würden Sie, bitte, einmal Ihren Tschador anziehen und mich eine Aufnahme machen lassen?» fragte ich die Frau, die im Wohnzimmer meiner französischen Freunde sitzt, den Rücken dem Fenster zugekehrt, eine Teetasse vor sich und unaufhörlich Kuchen essend. Sie trägt ein europäisches Sommerkleid, europäische Schuhe, ihr blasses, ein wenig aufgeschwemmtes Gesicht ist stark gepudert, die glanzlosen braunen Haare sind mit der Brennschere hergerichtet. Neben sich, auf der Stuhllehne, hat sie ihren Tschador: den mohammedanischen Schleier, den alles verhüllenden Mantel und Überwurf der afghanischen Frau. Es ist ein feiner, ein reicher Tschador aus leichtester, hellgrauer Seide, das Kopfstück eng anliegend wie ein Käppchen und festoniert, vor dem Gesicht ein durchbrochenes Quadrat – eine Art Gitter, ein Visier, ein Fensterchen –, dann wird der Tschador weit und fällt in reichlichen Falten über die Schultern und bis auf die Schuhe, von denen nur Absatz und Spitze sichtbar bleiben. Ich habe ein solches Kleidungsstück nie aus der Nähe gesehen, stets nur als Silhouette und flüchtige Erscheinung, in den Gassen von Herat, von Mazar-e Scherif, von Kabul, in den dörflichen Bazars. Und immer hatten sie es eilig, die vermummten Gestalten, oder waren ängstlich, wie verfolgt, drückten sich an die Mauer, um den Mann im Turban vorbeizulassen, den Knaben, den Reiter, den Eseltreiber, stolperten auf schiefgetretenen Absätzen, in losen Pantoffeln ungeschickt weiter, als hätten sie verkrüppelte Füsse, erschraken vor dem Anblick eines Fremden, der sie doch gar nicht erkennen konnte, schienen blind und taub, stets in Gefahr, von einem beladenen Kamel umgestossen, von einem Kind überrannt zu werden, und verschwanden plötzlich wie vom Erdboden verschluckt, vielleicht in einer geheimen Türöffnung, hinter einem Gartenpförtchen oder einfach im feindlichen Marktgetriebe. Ich hatte mich oft gefragt, was sich verbergen könnte unter der blassblauen oder mausgrauen Unförmigkeit ohne Stolz, ohne Anmut, ohne Alter und Gesicht. Jetzt sass eine Frau vor mir, die Frau eines gebildeten Afghanen, und hatte den Tschador abgelegt, ich konnte ihn greifen und befühlen und konnte versuchen, mir vorzustellen, man trage ihn nicht anders als einen Leibrock oder Regenmantel. Kein Mummenschanz! sagte ich mir, und diese Dame, eine Europäerin, aufgewachsen wie du, hat sich daran gewöhnt und würde sich ohne Tschador nicht auf die Strasse trauen. Es handelt sich also, offenbar, nur um eine Gewohnheit und Äusserlichkeit, denn die Dame, die um die Teestunde ihre Freundin besuchen kam und ihren kleinen, etwas dunkelhäutigen und übrigens ungebärdigen Sohn mitgebracht hat, lebt schon seit zehn Jahren in diesem Land, mit und ohne Tschador, ist vielleicht glücklich, bereut ihren Schritt nicht? Ich wüsste gern, welches Leben sie führt. Denn sie muss doch ihr Leben haben, wie jeder von uns, ihre Aufgaben und kleinen Freuden, ihre geheimen Quellen des täglich sich erneuernden Lebensmuts, ihr Schicksal? Sie geht selten aus, hat man mir erzählt, und lädt niemanden zu sich ein; das Haus meiner Freunde, wo wir uns befinden, ist das einzige, das sie ohne Begleitung besuchen darf. Im eigenen Haus lebt sie zusammen mit Schwiegermutter und Schwägerinnen, Kindern, Dienerinnen, Anverwandten, dem ganzen Klan. Sie kleidet ihren Buben europäisch und lehrt ihn, den Palaw mit der Gabel zu essen, aber die Grossmutter sagt ihm, Gott habe ihm die Finger gegeben, um sie zu gebrauchen, und nimmt ihm die Gabel wieder weg. Solche Kleinigkeiten müssen sonderbar sein für eine Frau europäischer Herkunft und schwer zu ertragen – aber was weiss man, was weiss ich, wie man lebt im Schatten des Tschadors?

Die Dame hat endlich aufgehört, Kuchen zu essen, zerkrümelt nervös das letzte Stückchen und entschliesst sich, mir zu antworten.

[Gilbert?] Meylan: Annemarie Schwarzenbach – mit dem Presseausweis der ‹Zürcher Illustrierten› in der Hand – und Ella Maillart vor der Abreise nach Afghanistan, Genf, 6. Juni 1939.
[Gilbert?] Meylan : Annemarie Schwarzenbach – tenant à la main sa carte de presse de la Zürcher Illustrierte *– et Ella Maillart, avant de partir pour l'Afghanistan, Genève, 6 juin 1939.*

«Es wäre mir lieber, wenn Sie mich nicht photographieren würden …»

«Aber man sieht doch gar nicht, wer sich hinter dem Tschador verbirgt», sage ich, «ich möchte ja bloss eine Aufnahme des Tschadors und werde keinem erzählen …», aber sie schüttelt ängstlich den Kopf.

«Mein Mann wird gleich kommen, um mich abzuholen», sagt sie.

Es fällt mir plötzlich auf, dass sie noch jung ist und beinahe hübsch. Aber ist sie wirklich aufgewachsen wie ich, ist sie wirklich einmal Kind gewesen, mit wehenden Zöpfen und aufgeschürften Knien, mit Brüdern und Schwestern, einem Weihnachtsbaum, einem Kanarienvogel? Hat sie das Meer gesehen und den frischen Wind unserer Alpentäler und im Sommer den Duft von Heu geatmet? Unnötig, sie zu fragen, sie muss alles vergessen haben, ausgelöscht. Ich höre zu, wie sie sich mit ihrer Freundin unterhält. Über Schnittmuster, eine neue Bluse, über das Rezept der kleinen Teekuchen, über die Schwierigkeit, in Kabul Butter zu bekommen. Gewiss, es muss schwer sein … Dann steht sie auf, um zu gehen, und wie sie ihren Tschador um die Schultern hängt, das Gitterchen noch aufgeschlagen, ist sie verlegen und hat es eilig. Wir begleiten sie bis zum Gartentor, dort wartet ein Diener, und sie ist schon in der Gasse, schon unkenntlich, grau, zwischen den anderen Frauen, ängstlichen Vögeln, Gespenstern. Ihr kleiner Sohn hat sich von ihrer Hand losgerissen und läuft voraus.

Ich habe seither noch andere Europäerinnen kennengelernt, die in diesem Land verheiratet sind und den Tschador tragen. Zuerst war ich neugierig, suchte ihre Gesellschaft und wollte wissen, wie alles so gekommen sei und wie sie ihr abseitiges und für mich so unbegreifliches Leben führten, hinter ihren Lehmmauern, ihren Gartenpförtchen, ihren Schleiern. Aber ich erfuhr nichts, selbst wenn sie zu erzählen begannen, klagten, sich anvertrauten. Und sie verbrachten doch Teestunden, Nachmittage, drei Viertel ihres Daseins in gelangweilten Plaudereien mit ihren Freundinnen und Schwägerinnen! Aber die lebten wie sie, in ständiger ängstlicher Vermummung. Und ihre Schicksale, schien mir, hatten sich einander angeglichen wie die graue Farbe ihrer seidenfeinen Tschadors …

ANNEMARIE SCHWARZENBACH

Le tchador

« Auriez-vous la gentillesse de mettre votre tchador pour que je puisse faire une photo ? » Telle est la question que je pose à la femme qui est assise dans le salon de mes amis français, le dos tourné vers la fenêtre, et qui, une tasse de thé posée devant elle, n'arrête pas de manger des petits fours. Elle porte une robe d'été à l'européenne, des chaussures européennes, son visage pâle et légèrement bouffi est très poudré, ses cheveux bruns et ternes ont été apprêtés au fer à friser. A côté d'elle, sur le dossier de la chaise, est posé son tchador : voile mahométan, manteau dissimulant entièrement la femme afghane. C'est un très beau tchador réalisé dans une soie gris clair extrêmement légère, la partie qui recouvre la tête est aussi ajustée qu'une capuche, ornée de festons, avec une ouverture carrée devant le visage – sorte de grille, de visière, de petite fenêtre –, puis le tchador s'élargit et retombe en plis abondants sur les épaules, jusqu'aux souliers dont seuls le talon et la pointe sont visibles. Je n'ai jamais vu ce vêtement de près, il n'a toujours été qu'une vision fugitive dans les ruelles de Herat, de Mazar-e Charif, de Kaboul, dans les bazars des villages. Et elles étaient toujours pressées, ces silhouettes camouflées, ou apeurées, comme si on les poursuivait ; elles se serraient contre le mur pour laisser passer un homme en turban, un jeune garçon, un cavalier, un ânier, continuaient maladroitement leur chemin en trébuchant sur leurs talons usés, dans leurs pantoufles qui leur lâchaient le pied, comme si ceux-ci étaient difformes ; elles prenaient peur quand elles apercevaient un étranger, bien qu'il ne pût les reconnaître, elles semblaient aveugles et sourdes, risquant en permanence d'être renversées par un chameau, bousculées par un enfant, et, comme aspirées par le sol, elles disparaissaient soudain par une porte secrète, derrière le portail d'un jardin, ou simplement dans l'effervescence hostile du marché. Je m'étais souvent demandée ce qui pouvait se dissimuler sous cette masse informe bleu clair ou grise, dénuée de fierté et de grâce, sans âge ni visage. Et voilà qu'une femme – la femme d'un Afghan cultivé – était assise en face de moi ; elle avait enlevé son tchador, je pouvais le toucher, le palper, et essayer d'imaginer qu'on ne le porte pas autrement qu'une redingote ou un imperméable. « Ce n'est pas un déguisement ! », me disais-je, et cette dame, une Européenne ayant eu la même éducation que toi, s'y est tellement habituée qu'elle n'oserait sortir dans la rue sans tchador. Il s'agit donc manifestement d'une simple habitude, purement formelle, car la dame qui est venue prendre le thé chez son amie, accompagnée de son fils, un enfant légèrement basané et pas du tout obéissant, vit depuis dix ans déjà dans ce pays, avec et sans tchador. Est-elle heureuse, ne regrette-t-elle pas son choix ? J'aimerais bien savoir à quoi ressemble son existence. Car elle doit bien avoir une vie comme nous tous, des tâches à remplir, de petites joies, des sources secrètes qui alimentent chaque jour le courage de vivre, son destin ? Elle sort rarement, m'a-t-on dit, et n'invite personne chez elle ; la maison où nous nous trouvons est la seule où elle puisse venir sans être accompagnée. Chez elle, elle vit avec sa belle-mère et ses belles-soeurs, des enfants, des servantes, des parents – tout le clan. Elle habille son petit garçon à l'européenne et lui apprend à manger le *polo* avec une fourchette, mais sa grand-mère lui dit que Dieu lui a donné des doigts pour s'en servir, et elle lui retire la fourchette des mains. Ces vétilles doivent être étranges pour une femme d'origine européenne, et difficiles à supporter – mais qu'en sait-on, que sais-je de la façon dont on vit à l'ombre du tchador ?

La dame a enfin fini de manger des gâteaux, elle émiette nerveusement le dernier petit morceau et se décide à me répondre.

« Je préfèrerais que vous ne me photographiez pas … »

« Mais il est impossible de voir qui se cache sous le tchador », lui dis-je, « c'est seulement le tchador que je voudrais prendre en photo, et je ne raconterai à personne … », mais elle secoue la tête d'un air apeuré.

« Mon mari va bientôt venir me chercher », dit-elle.

Je m'aperçois soudain qu'elle est encore jeune et presque jolie. Mais a-t-elle vraiment eu la même éducation que moi, a-t-elle vraiment été une enfant, les nattes au vent et les genoux écorchés, avec des frères et des sœurs, un sapin de Noël, un canari ? A-t-elle vu la mer, respiré la brise fraîche de nos vallées alpines et l'odeur des foins en été ? Inutile de lui demander, elle doit avoir tout oublié, effacé. Je l'écoute bavarder avec son amie. Il est question de patrons, d'un nouveau corsage, de la recette des petits fours accompagnant le thé, des difficultés pour trouver du beurre à Kaboul. Certes, cela doit être difficile … Puis elle se lève pour partir, et quand elle enfile son tchador dont la petite grille n'est pas encore rabattue, elle a l'air gênée et semble très pressée. Nous l'accompagnons jusqu'à la porte du jardin où l'attend un domestique, et la voilà déjà dans la rue, méconnaissable, toute grise au milieu des autres femmes, oiseaux apeurés, fantômes. Son petit garçon a brusquement lâché sa main et s'élance en avant.

Depuis, j'ai rencontré d'autres Européennes qui se sont mariées dans ce pays et portent le tchador. Au début, poussée par la curiosité, je recherchais leur compagnie et voulais savoir comment les choses s'étaient passées et à quoi ressemblait leur vie si retirée et si incompréhensible pour moi, derrière leurs murs d'argile, le portail de leur jardin, leurs voiles. Mais je n'ai rien pu apprendre, même quand elles commençaient à raconter, à se plaindre, à se confier. Et pourtant, elles passaient des après-midi entiers, les trois quarts de leur existence, en bavardages oiseux avec leurs amies et leurs belles-soeurs ! Mais celles-ci vivaient comme elles, dans une crainte et un camouflage perpétuels. Et leurs destinées, me semblait-il, s'étaient confondues, comme les tons gris de leur élégant et soyeux tchador …

ANNEMARIE SCHWARZENBACH

Turkestan, vergessene Tage

Die Erinnerung ist ausgelöscht, ich brauche an jene bleichen Tage nicht zurückzudenken. Es gab über jenem Land keine Sonnenaufgänge und kein einziges Gestirn, und wir gingen umher, als habe Gott uns vergessen. Da sprach man kein Gebet mehr! Was hätte es geholfen? Wer hätte sich uns zuwenden, uns Hilfe bringen sollen? Am Abend verloren sich die weissen Wüstenpfade am Horizont, der das Oxus-Ufer hiess und uns verboten war. Deshalb glaubten wir, dort sei das Gelobte Land, und träumten davon. Ja, ich sah im Traum windbewegte, ganz junge und hellgrüne Bäume, ich sah braune Ackerschollen und schweissbedeckte Pferde, die den Pflug zogen. Freundlichen Rauch sah ich aufsteigen, weisse Wolken ihr Spiel treiben, und meinte entzückt, es gäbe noch, irgendwo, rauschende Brunnen, den alten Hof, meine Heimat. Aber welches Erwachen!

Nicht als ob ich dann geweint hätte. Das wäre so nutzlos gewesen wie ein Gebet. Worte, Worte! Und die stumme Ohnmacht. Trotzdem lebten wir – jetzt frage ich mich, von welcher Gnade?

Die Gärten von Tashkurghan waren auf drei Seiten von Wüste umschlossen. In ihrem Rücken stiegen Geröllhalden an, und dann war es der Hindukusch, eine wunderbare Kette, ein Wunder. Manchmal sah ich in sein sanftes Blau, wie man den Himmel ansieht; er war Tag und Nacht unverändert und gehörte nicht zu unserer Welt, obwohl wir seine Täler, seine Saumpfade und die Strasse kannten, die uns hierher an den Wüstenrand Turkestans geführt hatte und die nun bald von Schnee zugedeckt und abgeriegelt sein musste. Dann waren wir erst recht Gefangene. Aber da wir von Worten nichts hielten und nur von einem Tag zum anderen lebten, hätte uns nur einer kommen sollen und von Gefangenschaft reden, die Freiheit preisen! Wir hätten ihm nicht einmal geantwortet – es nicht versucht, uns zu rechtfertigen und unser Leben zu loben, in den Gärten von Tashkurghan. Vielleicht war es gar kein schlechtes Leben? Denn Tashkurghan, wenn es auch ein kleines und weltfernes Städtchen ist, hat doch einen reichen, viel besuchten Bazar; manchmal stauen sich die Kamele in seinen Gassen, von Karawanen, die von weither gekommen sind, und an Markttagen ist das Gedränge gross, Turkmenen und Tadschiken, Afghanen, Usbeken, ein gemischtes Volk von Händlern, Bauern und Nomaden treibt sich umher, die Samoware rauchen, es gibt Lautenspieler, Sänger. Und noch im November reiften Trauben in den Gärten, obwohl draussen, in der Wüste nämlich, schon eisige Stürme eingesetzt hatten und Staubwolken vor sich hertrieben, die sich pfeifend in die Ebene ergossen. Man konnte sich fürchten.

Aber da brauche ich wieder unnötige Worte. Denn natürlich hatten wir das Fürchten längst verlernt.

Fotograf unbekannt: Annemarie Schwarzenbach, Kabul, Herbst 1939.
Photographe inconnu : Annemarie Schwarzenbach, Kaboul, automne 1939.

Ach, wenn ich nur die richtigen Worte finden könnte! Wenn ich mich nur noch einmal erinnern und gerecht sein könnte wie ein Augenzeuge! Ich denke oft, es sei um die Sprache schlecht bestellt. Jeder redet und redet und wendet sich an den Nächsten, den ersten Besten – und ist nachher ärmer, allein wie ein Hund, denn seine eigentliche Not verschweigt man doch. Die Kunst des Schweigens, die allerdings haben wir in Tashkurghan gelernt. Wir tauschten kaum einen Blick aus, pressten nur die Lippen aufeinander und zählten verstohlen die Stunden, die nicht vergehen wollten. Nicht einmal eine Uhr gab es! Keinen Glockenschlag. Da lohnte es sich auch nicht, den Sonntag zu feiern, er verging wie andere Tage. Man konnte sich ja darauf verlassen, nicht wahr, dass es Abend werden würde. Die Nächte waren sehr lang, immer schien der Mond und spiegelte sich im Märchenteich. Denn wir hatten vor unserem Haus einen schönen, tiefen, mit Blumen bedeckten Teich, den wir allerdings damals nicht für märchenhaft hielten, er gehörte dazu wie die blaue Hindukusch-Kette. Im Morgengrauen hörte man dann die Gärtner über das Pflaster gehen, bärtige Stumme in Turkmenenstiefeln.

Da schien immer noch der Mond, und wie die Nacht zum Tag wurde, weiss ich nicht mehr.

Kein Engel ging um.

Manchmal dachte ich, so könne es nicht weitergehen – jetzt, gerade jetzt sei die Not am grössten, und da ich keinen anderen Ausweg wusste, lief ich aus unserem Garten in die Einöde, die gelben Geröllhalden empor, immer weiter, bis ich keinen Atem mehr hatte. Ich war schweissüberströmt und hörte mein Herz klopfen, sonst nichts – nur aus der Ferne das leise, sehr gleichmässige Pfeifen des Windes. Aber dort war die Wüste; bis zum Oxus reichte nicht einmal der Blick, und überhaupt war er wohl nur ein Traumbild. Ich legte mich auf die Erde, presste mein Gesicht an die Steine und lauschte. Eine Antwort! Herr im Himmel! Ich rang die Hände, betete, betete, schrie und lauschte wieder, und es geschah nichts. Das NICHTS wurde gross wie der Himmel, ich bat um Erbarmen und wusste schon, es sei alles vergeblich. Endlich stand ich wieder auf und ging zurück, über die gleichen Geröllhalden, den Hindukusch im Rücken. Ich konnte von weitem das Viereck unserer hohen Gartenmauer sehen.

Als ich auf die Strasse kam, die von Tashkurghan durch die Wüste nach Mazar-e Scherif führt, sah ich zu meiner Überraschung einen rötlichen Feuerschein. Er kam aus der Türöffnung einer kleinen Lehmhütte, und ich trat ein, ohne mich zu besinnen. Drin sass ein Alter auf einer Strohmatte neben dem Samowar. Er lud mich ein, eine Schale Tee zu trinken. Nachher dankte ich und ging wieder, inzwischen war es draussen hell geworden, die weisse Mondnacht hatte sich wie ein Meer ausgebreitet, und die Einöde sah beinahe mild aus. Ich musste die Augen schliessen, als sei ich geblendet. Dann blieb ich stehen, sah mich um, und hatte kein Herzklopfen mehr. Endlich kam ich an unsere Gartenpforte, lehnte mich an die Mauer, und merkte, dass ich weinte.

Aber weinen ist nicht immer ein Trost. Wenn ich es nur überstehe! dachte ich – aber ich wusste schon, dass ich es überstehen würde, auch diesen Tag und den nächsten und das fürchterliche Morgengrauen. Von aussen konnte keine Hilfe kommen. Schreiben! Sich an ferne, treue Freunde wenden? Ich musste bei diesem Gedanken lächeln, sie waren zu fern, und was hätte man auch schreiben, was erklären, um welche Hilfe bitten sollen.

Ja, auch heute noch, obwohl die Erinnerung ausgelöscht ist und jene Tage weit zurückliegen, weiss ich nicht, in welcher Sprache ich mich verständlich machen soll. Ich möchte die Feder weglegen.

Aber manchmal, in seltenen Stunden, begehre ich auf und möchte das Schweigen brechen. In der Bibel heisst es, der Glaube könne Berge versetzen – und könne mit einem Stab an einen Felsen schlagen, und dann würde ein Quell sprudeln. Es heisst auch, wenn die Not am grössten sei, dann sei die Hilfe am nächsten. Aber wenn man mit Engelszungen redete und hätte der Liebe nicht?

Ich glaube, wir waren in Turkestan nicht unglücklicher als an irgendeinem anderen Ort. Die Gnade dieser Erde ist überschwenglich, wenn wir nur die Stimme erheben.

Eines Morgens hatte ein heftiger Staubsturm eingesetzt, diesmal war auch die Oase von Tashkurghan heimgesucht worden, die dürftigen Mauern widerstanden nicht, in den Gärten beugten sich die Bäume stumm zu Boden, gelbe Wellen rollten durch die Gassen, Schwaden fegten über die Hütten hin, der ganze Ort war wie in den Qualm einer Feuersbrunst gehüllt. Es herrschte unerträgliche Kälte. Aber diesem Sturm preisgegeben, standen wir im Garten, sahen in die brandende Wüste hinaus, und dann sahen wir uns an. Unsere Augen leuchteten. Ja, von welcher Gnade lebten wir, fristeten wir unser Dasein? Dann verliessen wir Tashkurghan. Der blaue Hindukusch wurde Wirklichkeit, wir mussten uns unseren Weg erkämpfen. Aber das war an einem anderen, einem neuen Tag.

ANNEMARIE SCHWARZENBACH

Turkestan, jours oubliés

Le souvenir est effacé, je n'ai pas besoin de repenser à ces journées livides. Sur ce pays ne régnait aucun lever de soleil et pas un seul astre, et nous errions comme si Dieu nous avait oubliés. Nous ne disions plus de prière ! À quoi cela aurait-il servi ? Qui aurait pu s'occuper de nous et nous secourir ? Le soir, les pistes blanches du désert se perdaient à l'horizon, qui s'appelait la rive de l'Oxus et nous était interdit. Aussi pensions-nous que se trouvait là la Terre promise, et nous en rêvions. Oui, je voyais en rêve de tout jeunes arbres d'un vert tendre bercés par le vent, je voyais des mottes de terre et des chevaux couverts de sueur tirant la charrue. Je voyais une fumée, des nuages blancs évoluer, et je pensais, ravie, qu'il y avait encore, quelque part, des fontaines murmurantes, la vieille cour, mon pays. Mais quel réveil !

Non pas que j'eusse pleuré. C'eût été tout aussi inutile qu'une prière. Des mots, des mots ! Et l'impuissance muette. Pourtant nous vivions – je me demande maintenant par quel miracle ?

Les jardins de Tashkurghan étaient cernés de trois côtés par le désert. Derrière eux s'élevaient des éboulis, et puis c'était l'Hindu Kuch, une superbe chaîne de montagnes, un véritable prodige. Parfois, mon regard pénétrait sa douce couleur bleue, comme on regarde le ciel ; il était jour et nuit pareil à lui-même et ne faisait pas partie de notre monde ; pourtant nous connaissions ses vallées, ses sentiers muletiers et la route qui nous avait conduits jusqu'ici, à la lisière du désert du Turkestan, et qui dut bientôt être fermée à cause de la neige. Nous fûmes alors plus que jamais prisonniers. Mais comme nous ne faisions pas grand cas des mots et ne vivions qu'au jour le jour, il aurait toujours pu venir, celui qui nous aurait parlé de captivité et aurait glorifié la liberté ! Nous ne lui aurions même pas répondu – n'aurions pas tenté non plus de nous justifier et de vanter notre vie dans les jardins de Tashkurghan.

Peut-être n'était-ce pas une si mauvaise vie que cela ? Car bien qu'étant une petite ville loin de tout, Tashkurghan possède un bazar riche et très fréquenté. Parfois les chameaux de lointaines caravanes envahissent ses ruelles, et les jours de marché il y a une vraie cohue ; Turkmènes et Tadjiks, Afghans, Ouzbeks, c'est tout un peuple composé de commerçants, de paysans et de nomades qui déambule. Les samovars fument, joueurs de luth et chanteurs se produisent. Et en novembre les raisins mûrissaient encore dans les jardins, alors que là-bas, dans le désert, des tempêtes glaciales s'étaient levées, poussant devant elles des nuages de poussière qui s'engouffraient dans les plaines en sifflant. On pouvait avoir peur.

Mais là encore j'emploie des mots inutiles. Car nous avions bien sûr depuis longtemps désappris la peur.

Ah, si seulement je pouvais trouver les mots justes ! Si seulement je pouvais me souvenir encore une fois, et avoir la fiabilité d'un témoin oculaire ! Je pense souvent que le langage est bien pauvre. Chacun parle, parle, s'adresse à son prochain, au premier venu, et se retrouve ensuite plus démuni, seul comme un chien, car sa véritable détresse, on la passe sous silence. L'art de se taire, cet art-là nous l'avons appris à Tashkurghan. Nous échangions à peine un regard, serrions simplement les lèvres et comptions à la dérobée ces heures qui refusaient de s'écouler. Il n'y avait même pas une horloge ! Pas de cloche qui sonnât. Ce n'était donc même pas la peine de fêter dimanche, c'était un jour comme un autre. Certes, on pouvait être sûr que le soir allait tomber. Les nuits étaient très longues,

Paul Bucherer: Der zerstörte grosse Buddha in Bamiyan, Mai 2002.
Siehe Fotografie von Annemarie Schwarzenbach, S. 137.
Paul Bucherer : Le grand Bouddha de Bamiyan détruit, mai 2002.
Cf. Photographie d'Annemarie Schwarzenbach, p. 137.

la lune brillait toujours et se reflétait dans l'étang féerique. Car nous avions devant notre maison un bel étang, profond, couvert de fleurs. Mais nous ne pensions pas alors qu'il était féerique, il faisait partie du décor comme la chaîne bleue de l'Hindu Kuch. À l'aube, on entendait les jardiniers marcher sur le pavé, muets barbus en bottes turkmènes.

La lune brillait toujours, et je ne sais plus comment la nuit devenait jour.

Aucun ange ne rôdait.

Je pensais parfois que cela ne pouvait pas durer, que maintenant, en cet instant précis, ma détresse atteignait son comble ; et comme je n'avais pas d'autre solution, je quittai notre jardin, sortis dans ces espaces désolés, escaladai les éboulis jaunes, toujours plus loin, jusqu'à en perdre haleine. Couverte de sueur, j'entendais battre mon cœur, rien d'autre – seulement le sifflement doux et très régulier du vent au loin. Mais là-bas, c'était le désert, le regard ne pouvait même pas parvenir à l'Oxus, qui n'était sans doute qu'une chimère. Je me couchai par terre, pressai mon visage contre les pierres, et tendis l'oreille. Une réponse ! Dieu du ciel ! Je me tordais les mains, priais, priais, criais, tendais à nouveau l'oreille, et rien ne se produisait. Le néant devenait grand comme le ciel, je demandais miséricorde et savais déjà que tout était vain. Enfin, je me relevai et rentrai par les mêmes éboulis, tournant le dos à l'Hindu Kuch. De loin, j'apercevais le quadrilatère formé par les hauts murs de notre jardin.

Quand j'arrivai sur la route qui relie Tashkurghan à Mazar-e Charif à travers le désert, je vis à ma grande surprise la lueur rougeâtre d'un feu qui sortait de la porte ouverte d'une petite hutte en terre. J'entrai sans même réfléchir. À l'intérieur, un vieillard était assis sur une natte de paille près du samovar. Il m'invita à boire une tasse de thé. Plus tard, je le remerciai et partis. Entre-temps il s'était mis à faire plus clair dehors, la nuit blanche éclairée par la lune s'était étalée comme une mer, et le désert semblait presque doux. Je ne pus m'empêcher de fermer les yeux, comme si j'étais aveuglée. Puis je m'arrêtai, regardai autour de moi, et mon cœur ne battait plus si fort. Enfin j'arrivai au portail de notre jardin, je m'appuyai contre le mur, et réalisai que je pleurais.

Pourtant, pleurer n'est pas toujours un réconfort. Pourvu que je tienne bon ! pensais-je, mais je savais déjà que je surmonterais tout, cette journée et la suivante, et l'aube abominable. Aucun secours ne pouvait venir de l'extérieur. Écrire ? S'adresser à des amis lointains et fidèles ? Je ne pouvais que sourire à de telles pensées : ils étaient trop loin. Et qu'aurait-on pu écrire, expliquer ? Quelle aide solliciter ?

Oui, aujourd'hui encore, bien que le souvenir soit effacé et que ces journées soient bien loin, je ne sais pas dans quelle langue je dois me faire comprendre. Je voudrais poser ma plume.

Mais parfois, en de rares moments, je me rebiffe et voudrais briser le silence. Il est écrit dans la Bible que la foi peut déplacer des montagnes – et qu'en frappant un rocher d'un bâton on pourrait en faire jaillir une source. Il est dit aussi que c'est au moment où la détresse atteint son point culminant que la solution est le plus proche. Mais si on parlait la langue des anges, sans avoir l'amour ?

Je crois qu'au Turkestan nous n'étions pas plus malheureux que n'importe où ailleurs. La grâce de cette terre est exubérante, si tant est que nous élevions la voix. Un matin, une violente tempête de poussière s'était levée, et cette fois l'oasis de Tashkurghan avait elle aussi été dévastée, les fragiles murs de terre n'avaient pas résisté, dans les jardins les arbres s'étaient couchés en silence, des flots jaunes se déversaient dans les ruelles, des nuées balayaient les huttes, tout le village était comme enveloppé dans la fumée épaisse d'un incendie. Le froid était insupportable. Mais livrés à cette tempête, nous contemplions depuis le jardin le désert déchaîné. Puis nous nous regardâmes. Nos yeux brillaient. Oui, quel miracle nous faisait vivre, nous permettait d'endurer notre existence ? Plus tard nous quittâmes Tashkurghan. La chaîne bleue de l'Hindu Kuch devint réalité, nous dûmes lutter pour nous frayer notre chemin. Mais ceci, c'était un autre jour, une aube nouvelle.

NICOLAS BOUVIER

La chasse du roi

Levé à l'aube. Passé les vêtements d'hiver qui n'étaient pas sortis du sac depuis la frontière turque et graissé les bottes au suif de mouton en écoutant chanter la cafetière. La ville était glaciale. Un éventail de nuages montait derrière la forteresse, prêt à disparaître au premier soleil. Par de petits bois de sorbiers encroûtés de poussière j'ai rejoint les vergers extérieurs où quelques voleurs de pommes glissaient le long des murs de terre avec des sourires aussi grands que leur sac. Pas un chant de moteur du côté du Bazar d'où les premières fumées montaient à peine et personne au rendez-vous. « Sept heures inch'Allah » avait dit l'homme. Il ne devait guère se sentir engagé. Ici les mots comptent moins que la pensée et qui pourrait répondre de ce qu'il pensera demain. Le temps appartient à Dieu seul et les Afghans ne font pas volontiers de ces promesses qui taillent à vif dans le futur. Demain matin… ou soir, ou dans trois jours, ou jamais. Je suis parti de l'avant. Le soleil était haut quand ils m'ont rattrapé battant au klaxon un petit rythme vif. J'ai rejoint au sommet du chargement une poignée de vieux très en verve et terminé la matinée les mains sous la nuque couché dans la roue de secours. À chaque virage, les jambes maigres, les babouches et les barbes de mes voisins mordaient sur mon champ de ciel. Nous montions le petit col qui sépare la vallée de Kaboul et celle de Charikar.

Pris le thé et le khebab de midi à Charikar avec les gens du camion. La bourgade attendait le Roi, retour de la chasse ; elle était noire de monde et sens dessus dessous. Les soldats avaient barré la route avec des troncs et arrêtaient jusqu'à l'arrivée du convoi tout le trafic vers l'Hindu Kuch. Ceci ne faisait pas l'affaire du camionneur qui séchait dans le vent ses mains lavées à l'aiguière, rotait et réfléchissait. Il s'est découvert un cousin dans les gardes, un sergent qui a pris le volant et au terme d'une manœuvre discrète, le camion s'est trouvé de l'autre côté des solives. On cousine volontiers en Afghanistan et toujours à propos.

Le soleil commençait à descendre quand le camion a tourné à l'ouest pour s'engager dans la vallée de Ghorband. C'était une longue coulée de terre noire plantée de châtaigniers, de noyers et de vignes à demi sauvages d'où les étourneaux, les grives saoules montaient par nuées avec un bruit de grêle. Loin sous nous on voyait flamber les vitres des camions retenus à Charikar.

Sur le parcours du Roi la vallée respirait une sorte d'attente. Dans toutes les tchaïkhane de la route on avait passé le balai, dressé dans la cour des tables chargées de poires et de châtaignes et décoré les places de pirêtres ou d'orchis vanillés jetés par poignées sur le lin blanc. Les tenanciers accroupis derrière les théières fumantes tourmentaient leurs babouches d'un orteil anxieux en surveillant la poussière du convoi royal qui descendait

Nicolas Bouvier: Thierry Vernet, Quetta, August 1954.
Nicolas Bouvier : Thierry Vernet, Quetta, août 1954.

lentement vers la plaine et la nuit. Béni si le Roi choisit sa cour, deux fois béni s'il s'attable, trois fois s'il songe à la pauvreté de son serviteur.

À mi-hauteur de la vallée nous avons croisé la petite caravane arrêtée sous un gigantesque châtaignier. Quelques soldats de cavalerie, le mousqueton en bandoulière et la lance à penon vert fixée dans l'étrier flanquaient la jeep royale et la remorque de trophées où les mouflons, les daims, les outardes encore chaudes étoilaient de sang noir la poussière de la route. À l'avant de la jeep le Roi était assis entre deux officiers. Tous trois portaient la même tunique olive à col montant et comme les visages étaient dans l'ombre j'avais peine à distinguer les traits fins et les yeux furtifs que l'imagerie du Bazar a rendus familiers. En silence ils regardaient la plaine étendue sous le dernier coude de la rivière où le soleil couchant relevait le feuillage des noyers et les fumées bleues des camps nomades.

Les soldats de l'escorte inquiets de trouver ce camion vagabond au-delà des barrages avaient interpellé rudement le chauffeur. À présent ils le harcelaient de questions et poussaient leurs bêtes contre les portières pour jeter dans la cabine des regards soupçonneux. Malgré cette hécatombe de poil et de plume, malgré l'éclat bleu des armes de chasse, on était loin de l'insouciance fourbue qui accompagne d'ordinaire un retour de battue. Les répliques rauques des cavaliers, la nervosité des montures et les trois silhouettes immobiles mais attentives suggéraient plutôt l'allure prudente d'une troupe de voyageurs sur des frontières peu sûres. La vallée était pourtant paisible et le Royaume plus tranquille que jamais, mais depuis que le trône d'Afghanistan existe, ces précautions sont de mise et permettent à un roi sur trois de mourir dans son lit. Dans ce pays à passions, où le goût de la terre, la rivalité des tribus et le devoir de vendetta font partir les fusils comme par miracle, il est difficile de régner sans «prévenir» un peu, et chaque adversaire réduit vous met sur les bras tout un clan de vengeurs. Depuis que le roi Nadir, son père, a été abattu à bout portant par le page d'un général évincé et que l'enfant a expié sans vouloir parler, le roi Mohammed se garde à droite, se garde à gauche, apparaît deux fois l'an à son peuple et ne dort que d'une oreille. «Dix derviches trouvent place sous un méchant manteau, mais deux padishah ne tiendraient pas dans le monde», dit le proverbe. Encore bien moins dans le petit Afghanistan.

Un second camion d'escorte rattrapait en tanguant le convoi. Sans descendre de la jeep, Mohammed Zaher Shah contemplait cette vallée jalonnée de tables servies comme pour le retour d'une noce, les châtaigniers, les vergers, les vignes bruissantes de passereaux promis aux filets des oiseleurs, songeant peut-être que cet apanage âpre et bucolique avait bien de quoi faire tourner les têtes et que la race des ambitieux n'est pas encore éteinte.

NICOLAS BOUVIER

Die Jagd des Königs

Im Morgengrauen aufgestanden. Die Winterkleider angezogen, die seit der türkischen Grenze nicht aus der Reisetasche gekommen waren, und die Stiefel mit Schaftalg eingeschmiert, während ich dem Singen der Kaffeekanne zuhörte. Die Stadt war eiskalt. Ein Wolkenfächer stieg hinter der Festung auf, bereit, beim ersten Sonnenstrahl zu verschwinden. Ich ging durch Wäldchen von staubverklebten Vogelbeerbäumen zu den Obstgärten vor der Stadt, wo sich ein paar Apfeldiebe mit einem Grinsen, breit wie ihre Säcke, den Erdwällen entlangstahlen. Vom Basar her, wo gerade die ersten Rauchwölkchen aufstiegen und sich noch niemand blicken liess, war nicht das geringste Motorengeräusch zu vernehmen. «Sieben Uhr Inschallah», hatte der Mann gesagt. Er fühlte sich aber wohl kaum dazu verpflichtet. Hier gilt ein Wort weniger als ein Gedanke, und wer kann schon wissen, was er morgen denken wird. Die Zeit gehört Gott allein, und die Afghanen machen nur ungern Versprechungen, die in die Zukunft reichen. Morgen früh ... oder abend oder in drei Tagen oder nie. Ich machte mich einfach auf den Weg. Die Sonne stand schon hoch, als sie mich einholten, einen kleinen energischen Rhythmus hupend. Ich setzte mich ganz oben auf die Fracht zu ein paar gut gelaunten Alten und beendete den Morgen im Ersatzrad liegend, die Hände hinter dem Kopf verschränkt. Bei jeder Kurve schoben sich die mageren Beine mit den Pantoffeln – den Babuschen – und die Bärte meiner Nachbarn in mein vom Himmel ausgefülltes Gesichtsfeld. So fuhren wir zum kleinen Pass hoch, der das Tal von Kabul von dem von Scharikar trennt.

Mit den Reisegefährten am Mittag in Scharikar Tee getrunken und Kebab gegessen. Der Marktflecken wartete auf die Rückkehr des Königs von der Jagd, er war voll von Leuten und ganz drunter und drüber. Soldaten hatten die Strasse mit Baumstämmen abgesperrt und hielten bis zur Ankunft des Konvois den ganzen Verkehr in den Hindukusch auf. Das passte dem Lastwagenchauffeur nicht, der seine mit dem Wasserkrug gewaschenen Hände im Wind trocknete, rülpste und nachdachte. Er hatte unter den Wachen einen Vetter erblickt, einen Unteroffizier, der sich ans Steuer setzte – und schon befand sich der Lastwagen nach einem diskreten Manöver auf der andern Seite der Absperrung. Man hilft einander in Afghanistan, wenn's vonnöten ist, gerne vetterlich aus.

Die Sonne begann unterzugehen, als der Lastwagen westlich in das Tal von Ghorband einbog. Das war ein langes Band schwarzer Erde, bepflanzt mit Kastanien- und Nussbäumen und halbwilden Reben, aus denen ganze Schwärme von Staren und betrunkenen Drosseln mit einem hagelartigen Rauschen hochflatterten. Weit unten sah man die Scheiben der in Charikar zurückgehaltenen Lastwagen aufleuchten.

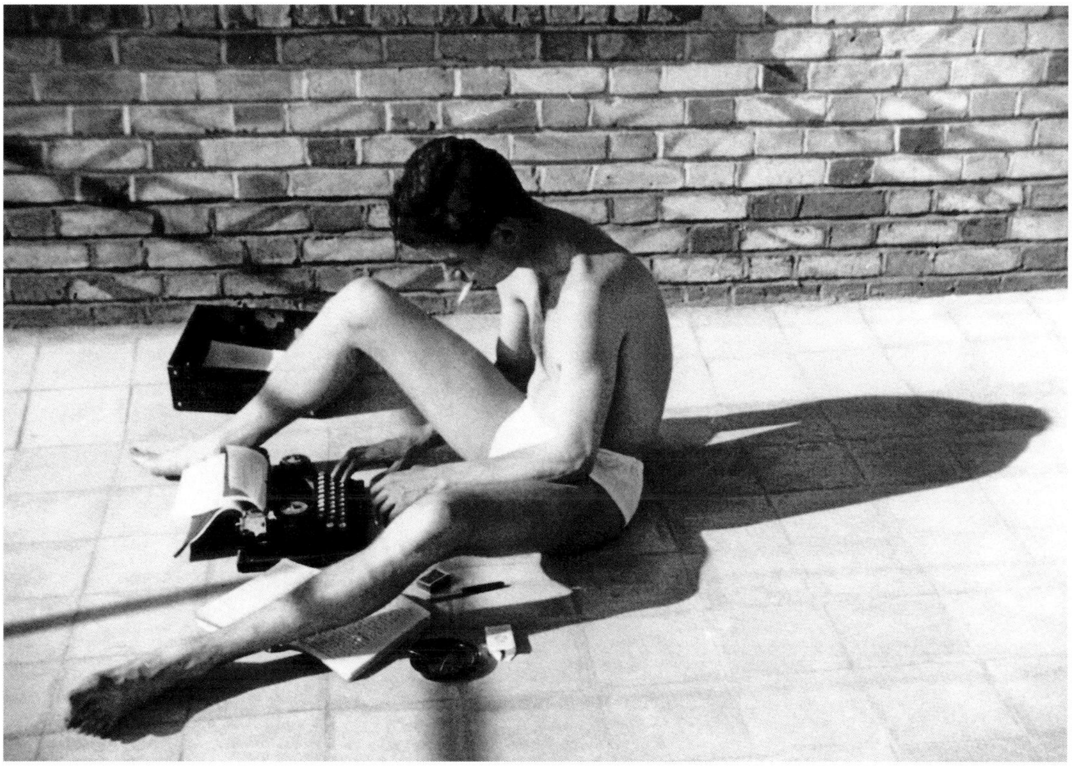

Thierry Vernet (?): Nicolas Bouvier an der Arbeit, Teheran, Juni 1954.
Thierry Vernet (?) : Nicolas Bouvier en train d'écrire, Téhéran, juin 1954.

Entlang der königlichen Route war das Tal voller Erwartung. Die Teehäuser an der Strasse waren gefegt, und im Hof standen Tische, beladen mit Birnen und Kastanien und dekoriert mit auf das weisse Leinen gestreuten Chrysanthemen und Vanilleorchideen. Die hinter ihren dampfenden Teekesseln hockenden Wirte bearbeiteten mit nervösen Zehen ihre Babuschen und beobachteten den Staub des königlichen Konvois, der langsam in die Ebene und in die Nacht hinabfuhr. Gesegnet, wessen Hof der König wählt, zweimal gesegnet, an wessen Tafel er sich setzt, dreimal, wenn er an die Armut seines Dieners denkt.

Auf halber Talhöhe kreuzten wir die kleine Karawane, die unter einem riesigen Kastanienbaum rastete. Einige Kavalleriesoldaten mit umgehängten Musketen und Lanzen mit grünem Wimpel im Steigbügel flankierten den königlichen Jeep und den Anhänger mit den Jagdtrophäen, wo das schwarze Blut aus den noch warmen Mufflons, Damhirschen und Trappen Sternchen in den Strassenstaub spritzte. Vorne im Jeep sass der König zwischen zwei Offizieren. Alle drei trugen die gleiche olivgrüne Uniform mit hohem Kragen, und da die Gesichter im Schatten waren, konnte ich nur mit Mühe die feinen Züge und die spähenden Augen ausmachen, die mir von den Bildern im Basar vertraut waren. Sie schauten schweigend auf die Ebene in der letzten Flussschleife des Tals, wo die untergehende Sonne das Laub der Nussbäume und die blauen Rauchsäulen der Nomadenlager beleuchtete.

Die Soldaten der Eskorte beunruhigte dieser ausserhalb der Abschrankungen herumfahrende Lastwagen, und sie sprachen den Fahrer barsch an. Sie nahmen ihn sofort ins Verhör, drängten ihre Pferde an die Türen und beäugten argwöhnisch die Kabine. Trotz des gemetzelten Fell- und Federviehs und des blauen Glitzerns der Jagdwaffen waren sie weit entfernt von der müden Sorglosigkeit, in der normalerweise die Rückkehr von einer Hetzjagd vor sich geht. Das rüde Fragen der Reiter, die Ungeduld der Pferde und die drei reglosen und doch aufmerksamen Silhouetten erinnerten eher an das vorsichtige Verhalten von Reisenden an unsicheren Grenzen. Dabei war das Tal friedlich und das Königreich ruhiger denn je, aber solche Vorsichtsmassnahmen sind seit Bestehen des afghanischen Throns Brauch und ermöglichten es jedem dritten König, in seinem Bett zu sterben. In diesem Land der Leidenschaften, wo die Liebe zu Grund und Boden, die Rivalität zwischen Stämmen und die Pflicht zur Blutrache die Gewehre wie durch ein Wunder losgehen lassen, ist es kaum möglich zu regieren, ohne ein wenig «vorzubeugen», und ein jeder Gegner weniger hetzt einem einen ganzen Klan von Rächern auf den Hals. Seit König Nadir, sein Vater, vom Pagen eines kaltgestellten Generals aus nächster Nähe erschossen wurde und dieser Junge ohne, dass er etwas gesagt hätte, dafür sühnen musste, sichert sich König Mohammed rechts und links ab, zeigt sich zweimal im Jahr seinem Volk und schläft nur auf einem Ohr. «Zehn Derwische finden unter einem lausigen Mantel Platz, aber nicht zwei Padischahs in der Welt», sagt ein Sprichwort. Und schon gar nicht im kleinen Afghanistan.

Da wurde der Konvoi von einem zweiten Wagen der Eskorte eingeholt. Mohammed Zaher Shah betrachtete, ohne aus dem Jeep auszusteigen, das Tal mit den wie für eine Hochzeit geschmückten Tischen, die Kastanienbäume, die Obstgärten und die Weinberge voll vom Gezwitscher der Spatzen, die wohl in den Netzen von Vogelfängern enden würden, und machte sich vielleicht Gedanken darüber, dass dieses herbe, bukolische Reich wohl dem einen oder andern den Kopf verdrehen konnte und dass die Rasse der Ehrgeizigen noch nicht ausgestorben war.

NICOLAS BOUVIER

Retour de l'Inde

Revenir d'Asie pose des problèmes très précis.

En Suisse, retour d'Inde et du Japon, je me suis longtemps senti mal à l'aise. Les magasins, les rues m'inspiraient une répulsion irraisonnée. Noël qui approchait, la foule des acheteurs, les faces tartinées de santé, le bruit des sous, la couperose me donnaient le cafard. Le seul endroit où je respirais, où je croisais de vrais regards c'était – tenez-vous bien – l'hôpital. Pourtant c'était mon pays que je m'étais réjoui de revoir, pourtant on m'avait partout accueilli avec une gentillesse qui ne se démentait pas. Alors ? Je crois que c'était l'argent qui me gênait. L'argent engorgeait tout. Et à cause de cet argent, il n'y avait plus de foule ; elle était rompue, divisée comme une étendue de sable par les mailles éparses d'un filet. Il n'y avait que de petites fortunes, de petites coquilles, de petites solitudes meublées, feutrées, équipées, mais solitudes quand même. Dans les salles de billard, dans les autobus, j'entendais souvent cette phrase qui me paraissait stupéfiante : « Moi, je n'ai besoin de personne. » La communauté n'existait plus – communauté : le sentiment profond que le sort de n'importe lequel de vos semblables vous concerne et vous affecte en quelque façon, la conscience d'une interdépendance –, et pour qu'elle se recrée il fallait un de ces chocs – accident mortel sur la route, révolution hongroise – qui montrent bien que l'argent n'est pas tout et que ce qui nous rapproche des autres est plus fondamental que ce qui nous en éloigne.

Autrement, et en temps normal, on n'avait besoin de personne. Ce n'était que trop vrai, et quelle indigence. L'Hindou et le Chinois exposés en permanence à manquer de riz ou de galette ont perpétuellement besoin du voisin, et le voisin d'eux. Le paysan du Dekkan a beau avoir l'œil vide et feindre l'indifférence ; mendier de la farine, prêter de la farine, voir – à cause d'une rivière qui déborde à 200 kilomètres de là – sa maison soudain remplie d'inconnus, et pour longtemps, il ne connaît que ça, c'est son ordinaire. Voilà qui fait des foules. La misère se partage, et c'est grâce à cela que les misérables vivent encore. L'égoïsme n'est pas dans leurs moyens, trop coûteux. La prospérité ne se partage pas.

Il faut cependant quitter la misère. Les Indiens y travaillent et on leur souhaite de réussir. Je leur souhaite aussi de conserver alors le cœur qu'ils avaient quand ils n'avaient que ça.

Fotograf unbekannt: Nicolas Bouvier (mit Bart) beim Empfang durch die Fiat-Vertretung in Bombay, 17.1.1955.
Photographe inconnu : Nicolas Bouvier (avec la barbe) lors d'une réception organisée par l'agence Fiat à Bombay, 17.1.1955.

NICOLAS BOUVIER

Rückkehr aus Indien

Aus Asien heimzukehren, stellt ganz bestimmte Probleme.

Lange fühlte ich mich, aus Indien oder Japan zurückgekehrt, in der Schweiz nicht wohl. Geschäfte und Strassen flössten mir unerklärlichen Widerwillen ein. Die nahende Weihnacht, die einkaufende Menge, die von Gesundheit überkleisterten Gesichter, das Scheppern des Geldes und die rotgeäderte Haut deprimierten mich. Der einzige Ort, wo ich atmen konnte, wo ich echte Blicke kreuzte, war – halten Sie sich fest – das Spital. Aber es war doch mein Land, und ich hatte mich so gefreut, es wiederzusehen, und man hatte mich doch überall mit anhaltender Freundlichkeit empfangen! Also was? Ich glaube, es war das Geld, das mich störte. Das Geld verstopfte alles. Und wegen eben dieses Geldes gab es keine Menschenmenge mehr; sie war gebrochen, geteilt wie eine Sandfläche durch die Maschen eines Netzes. Es gab nur kleine Vermögen, kleine Gehäuse, kleine möblierte, gepolsterte, eingerichtete Einsamkeiten, aber eben Einsamkeiten. Im Billardsaal, im Autobus hörte ich oft einen Satz, der mich verblüffte: «Ich brauche niemanden.» Es gab keine Gemeinschaft mehr. Gemeinschaft: das tiefe Gefühl, dass uns das Los eines jeden Mitmenschen etwas angeht und irgendwie betrifft, das Wissen um die gegenseitige Abhängigkeit. Damit sie wieder aufleben konnte, brauchte es einen richtigen Schock – einen tödlichen Autounfall, einen ungarischen Aufstand –, der klar macht, dass Geld nicht alles ist und dass das, was uns mit den Mitmenschen verbindet, wesentlicher ist als das, was uns trennt.

Anders gesagt, in normalen Zeiten brauchte man niemanden. Das stimmte nur allzu gut, und wie armselig! Hindus oder Chinesen, denen jederzeit der Reis oder die Fladenbrote ausgehen können, brauchen dauernd ihre Nachbarn, und die Nachbarn sie. Ein Bauer im Deccan kann wohl einen leeren Blick haben und so tun, als ob ihn die Dinge nichts angingen; aber um Mehl betteln, Mehl leihen oder sogar – wegen eines Flusses, der 200 Kilometer weiter oben über die Ufer tritt – das Haus plötzlich voller unbekannter Menschen haben, und das eine ganze Zeit lang, er kennt nichts anderes, das gehört zu seinem Alltag. Das macht eine Menge aus. Die Armut wird geteilt, und das ist der Grund, warum die Armen noch leben. Egoismus ist für sie unerschwinglich, viel zu teuer. Wohlstand wird nicht geteilt.

Und doch muss man aus der Armut herauskommen. Die Inder arbeiten daran, und wir wünschen, dass es ihnen gelinge. Ich wünsche ihnen jedoch auch, das Herz zu bewahren, das sie hatten, als sie nur dieses besassen.

Man wird in der Turkmenensteppe bald keine schwarzen Zelte mehr finden und keine bunten Satteltaschen, Teppiche, Zeltstreifen, keine unbeschlagenen Pferde. Dafür Baumwollfelder, Tabaktrocknereien, Textilfabriken, auch Schulen und Spitäler, Kasernen.

On ne verra bientôt plus de tentes noires dans la steppe turkmène, plus de sacoches de selle bigarrées, plus de tapis, de couvertures de tente, plus de chevaux non ferrés. En revanche, des champs de coton, des séchoirs à tabac, des usines textiles, et aussi des écoles et des hôpitaux, et des casernes.

Annemarie Schwarzenbach

Annemarie Schwarzenbach: Nomaden am Bamiyan-Fluss bei Shar-e Zohak/Afghanistan, August 1939.
Annemarie Schwarzenbach : Nomades au bord de la rivière Bamiyan non loin de Shar-e Zohak/Afghanistan, août 1939.

 Annemarie Schwarzenbach: Vermutlich zwischen Maimana und Andkhoy/Afghanistan, August 1939.
Annemarie Schwarzenbach : Probablement entre Maimeneh und Andkhoy/Afghanistan, août 1939.

Annemarie Schwarzenbach: Karawane von Zigeunern, östlich von Bala Murghab/Afghanistan, August 1939.
Annemarie Schwarzenbach : Caravane de Tziganes, à l'est de Bala Murghab/Afghanistan, août 1939.

On est taciturne. On parle sobrement les dialectes türk d'Asie centrale. Ce sont plutôt les chevaux qui pensent.

Man spricht wenig, die verschiedenen turkmenischen Dialekte sind einfache Sprachen. Denken tun eher die Pferde.

Nicolas Bouvier

Der Ort gehörte zur afghanischen Provinz Turkestan, und dort werden die Pferde besser gepflegt als die Menschen.

Ce village faisait partie de la province afghane du Turkestan, et dans cette région les chevaux sont mieux traités que les hommes.

Annemarie Schwarzenbach

Nicolas Bouvier: Baktrien/Afghanistan, November 1954.
Nicolas Bouvier: Bactriane/Afghanistan, novembre 1954.

 Annemarie Schwarzenbach: Basar in Karokh/Afghanistan, August 1939.
Annemarie Schwarzenbach : Bazar de Karokh/Afghanistan, août 1939.

Annemarie Schwarzenbach: Karokh/Afghanistan, August 1939.
Annemarie Schwarzenbach : Karokh/Afghanistan, août 1939.

Es fiel uns bald auf, dass wir nie eine Frau zu Gesicht bekamen. Zwei Frauen allein unterwegs, und auch noch im Auto, das bedeutete für die weltfernen Gegenden Afghanistans beinahe eine Sensation.

Bientôt nous nous aperçûmes que nous ne voyions jamais de femme. Deux femmes faisant route seules, qui plus est en voiture, c'était presque une sensation dans ces régions reculées de l'Afghanistan.

Annemarie Schwarzenbach

Annemarie Schwarzenbach: «Sie haben nicht viele Autos gesehen.» Nomaden bei Shar-e Zohak/Afghanistan, August 1939.
Annemarie Schwarzenbach : « Ils n'ont pas souvent vu des voitures. » Nomades près de Shar-e Zohak/Afghanistan, août 1939.

Nicolas Bouvier: Quetta/Pakistan, August 1954.
Nicolas Bouvier : Quetta/Pakistan, août 1954.

On n'a pas, ici, l'habitude de si petites voitures ; et chargée comme est la nôtre, il faut vraiment approcher pour se persuader que c'en est bien une. Sur notre passage, on voit les prunelles s'arrondir et les mâchoires tomber.

Hier ist man nicht an kleine Autos gewöhnt, und das unsere ist so hoch beladen, dass man wirklich ganz nahe kommen muss, um sich zu überzeugen, dass es eines ist. Im Vorbeifahren sehen wir weit aufgerissene Augen und offene Münder.

Nicolas Bouvier

Nicolas Bouvier: Das «Bozkachi»-Spiel, Kabul/Afghanistan, Oktober 1954.
Nicolas Bouvier: Le match de bozkachi, Kaboul/Afghanistan, octobre 1954.

Nicolas Bouvier: Das «Bozkachi»-Spiel, Kabul/Afghanistan, Oktober 1954.
Nicolas Bouvier: Le match de bozkachi, Kaboul/Afghanistan, octobre 1954.

Annemarie Schwarzenbach: Andkhoy/Afghanistan, August 1939.
Annemarie Schwarzenbach : Andkhoy/Afghanistan, août 1939.

Annemarie Schwarzenbach: Afghanistan, August 1939 (?).
Annemarie Schwarzenbach : Afghanistan, août 1939 (?).

Anatomie du voyageur

L'étranger, c'est pas un pays. Il faut y être pour en faire un pays.

Anatomie des Reisenden

Ausland, das ist doch kein Land. Man muss erst dort sein, um daraus ein Land zu schaffen.

Nicolas Bouvier

Nicolas Bouvier: Quetta/Pakistan, August 1954.
Nicolas Bouvier: Quetta/Pakistan, août 1954.

Ella Maillart: Karawanserei in der Region Badghis/Afghanistan, August 1939.
Ella Maillart : Caravansérail dans la région de Badghis/Afghanistan, août 1939.

Ella Maillart: Brücke über den Hari-Rud/Afghanistan, Juli 1939.
Ella Maillart : Pont sur le Hari Rud/Afghanistan, juillet 1939.

Porté par le chant du moteur et le défilement du paysage, le flux du voyage vous traverse, et vous éclaircit la tête. Des idées qu'on hébergeait sans raison vous quittent ; d'autres au contraire s'ajustent et se font à vous comme les pierres au lit d'un torrent. Aucun besoin d'intervenir ; la route travaille pour vous. On souhaiterait qu'elle s'étende ainsi, en dispensant ses bons offices, non seulement jusqu'à l'extrémité de l'Inde, mais plus loin encore, jusqu'à la mort.

Vom Singen des Motors und der vorbeiziehenden Landschaft getragen, durchdringt uns der Fluss der Reise, und der Kopf wird klar. Gedanken, die nichts darin zu suchen hatten, verflüchtigen sich; dafür richten sich andere ein und rücken sich zurecht wie die Steine auf dem Grund des Wildbachs.
Man braucht nichts zu tun, das besorgt die Strasse. Man wünscht sich nur, dass sie ewig so hilfreich weiterginge, nicht nur bis ans andere Ende von Indien, sondern immer weiter, bis zum Tode.

Nicolas Bouvier

Nicolas Bouvier: Afghanistan, Herbst 1954.
Nicolas Bouvier : Afghanistan, automne 1954.

Annemarie Schwarzenbach: Der «Laffly» der «Délégation Archéologique Française en Afghanistan» auf dem Weg nach Shewaki/Afghanistan, Oktober 1939.
Annemarie Schwarzenbach : La « Laffly » de la « Délégation Archéologique Française en Afghanistan » sur la route de Shewaki/Afghanistan, octobre 1939.

Annemarie Schwarzenbach: Musalla-Komplex: Minarette der Madrasa; rechts Ella Maillart mit der Filmkamera, Herat/Afghanistan, Juli 1939.
Annemarie Schwarzenbach : Complexe de « musallas » : minarets de la madrasa; à droite Ella Maillart avec sa caméra, Herat/Afghanistan, juillet 1939.

Les minarets près de la tombe étaient d'une splendeur inégalée. La densité des couleurs, la netteté des motifs floraux, l'éclat qui émanait de ces fières colonnes me forçaient à courir de-ci, de-là, essayant de trouver l'angle d'où un cliché en couleurs rendrait justice à ces joyeux contrastes. La photo ne peut pas plus reproduire les tons veloutés de ces émaux qu'elle ne peut capter le lustre d'un riche tapis.

Die Minarette beim Grab waren unglaublich schön. Die satten Farben, die Klarheit der Blumenmuster, der Glanz, den diese stolzen Säulen ausstrahlten, veranlassten mich, rundum zu rennen und den hoffnungslosen Versuch zu machen, einen Punkt zu finden, von dem aus eine Farbaufnahme solch wunderbaren Kontrasten gerecht zu werden vermöchte. Doch die Fotografie vermag ebensowenig die samtenen Töne dieser Fayencen wiederzugeben, wie sie den Glanz eines kostbaren Teppichs einfangen kann.

Ella Maillart

Annemarie Schwarzenbach: Musalla-Komplex: eines der Minarette, Herat/Afghanistan, Juli 1939.
Annemarie Schwarzenbach : Complexe de « musallas » : l'un des minarets, Herat/Afghanistan, juillet 1939.

Annemarie Schwarzenbach: Musalla-Komplex: das Mausoleum von Gowhar Shad mit Blick auf eines der Minarette, Herat/Afghanistan, Juli 1939.
Annemarie Schwarzenbach : Complexe de « musallas » : le mausolée de Gowhar Shad avec vue sur l'un des minarets, Herat/Afghanistan, juillet 1939.

Das unsterbliche Blau der Moschee Gowhar Shad.

Le bleu immortel de la mosquée Gowhar Shad.

Annemarie Schwarzenbach

Annemarie Schwarzenbach: Musalla-Komplex: das Mausoleum von Gowhar Shad, Herat/Afghanistan, Juli 1939.
Annemarie Schwarzenbach : Complexe de « musallas » : le mausolée de Gowhar Shad, Herat/Afghanistan, juillet 1939.

Annemarie Schwarzenbach: Grabmal Gazargah, Herat/Afghanistan, Juli/August 1939.
Annemarie Schwarzenbach : Le tombeau Gazargah, Herat/Afghanistan, juillet/août 1939.

Annemarie Schwarzenbach: Zisterne im Grabmal Gazargah, Herat/Afghanistan, Juli/August 1939.
Annemarie Schwarzenbach : Citerne dans le tombeau Gazargah, Herat/Afghanistan, juillet/août 1939.

Die Araber taten gut daran, den in glückseliger Anbetung versunkenen Bodhisattvas die Köpfe abzuschlagen, die in jugendlicher Trauer und lächelnder Verführung geneigten Epheben ihrer schönen Augen, blonden Locken und vollen, reizenden Lippen zu berauben und die kolossalen Buddhas zurückzulassen mit stummen, grausig leeren Gesichtsflächen. Denn noch die Ahnung solcher Frömmigkeit, solcher Schönheit kann die Menschen entzücken und zu Tränen rühren. [...] Es sind alte Geschichten, die ich erzähle, wir lernen nichts daraus.

Les Arabes ont bien fait d'abattre les têtes des bodhisattvas plongés dans une bienheureuse adoration ; d'arracher aux éphèbes, emplis de juvénile tristesse et de souriante séduction, leurs beaux yeux, leurs boucles blondes, leurs lèvres pleines et charmantes ; et de laisser derrière eux les gigantesques bouddhas aux faces muettes et abominablement vides. Car le simple pressentiment d'une telle piété et d'une telle beauté peut ravir les hommes et les émouvoir aux larmes. [...] Ce que je raconte, ce sont de vieilles histoires, qui ne nous enseignent rien.

Annemarie Schwarzenbach

Annemarie Schwarzenbach: Der grosse Buddha (53 Meter hoch, heute zerstört) in Bamiyan/Afghanistan, August 1939.
Annemarie Schwarzenbach : Le grand Bouddha de 53 mètres (aujourd'hui détruit), Bamiyan/Afghanistan, août 1939.

J'ai vu des Afghans prier non seulement dans leurs mosquées, mais dans les champs, dans leurs magasins, sur les routes, et je sais l'importance qu'ils y attachent. Je crois qu'il était exceptionnel, le voisin d'autocar qui me demanda si les Européens priaient, et qui, à ma remarque : « Nous le faisons quand nous sommes seuls », répondit : « Mais à quoi cela sert-il si on ne voit pas que vous le faites ? »

Ich habe viele Afghanen beten sehen, nicht nur in Moscheen, sondern auch auf dem Feld, im Laden, auf der Strasse, bis ich verstanden habe, wie viel ihnen das Gebet bedeutet. Und ich glaube, mein Nachbar im Autobus war eine Ausnahme, der mir auf meine Bemerkung, dass Europäer zuweilen beten, doch meist allein, erwiderte: «Aber wozu denn beten, wenn es niemand sieht?»

Ella Maillart

Annemarie Schwarzenbach: Hazara-«Fremdenführer» beim Aufstieg zum Kopf des kleinen Buddha (35 Meter hoch, heute zerstört), Bamiyan/Afghanistan, August 1939.
Annemarie Schwarzenbach : Le « guide » hazara lors de l'ascension vers la tête du petit Bouddha de 35 mètres (aujourd'hui détruit), Bamiyan/Afghanistan, août 1939.

Annemarie Schwarzenbach: Ende des Ramadan: gemeinsames Mittagsgebet, Ghorband-Tal/Afghanistan, August 1939.
Annemarie Schwarzenbach : Fin du ramadan : la prière de midi dans la vallée de Ghorband/Afghanistan, août 1939.

Annemarie Schwarzenbach: Flickschuster im Basar von Tashkurghan in Turkestan/Afghanistan, Oktober/November 1939.
Annemarie Schwarzenbach : Cordonnier dans le bazar de Tashkurghan au Turkestan afghan, octobre/novembre 1939.

Annemarie Schwarzenbach: Salzkarawane im Bamiyan-Tal/Afghanistan, August 1939.
Annemarie Schwarzenbach : Caravane transportant du sel dans la vallée de Bamiyan/Afghanistan, août 1939.

 Annemarie Schwarzenbach: Zubereitung von Mast (Sauermilch/Joghurt), Herat/Afghanistan, Juli 1939.
Annemarie Schwarzenbach : Préparation du caillé, Herat/Afghanistan, juillet 1939.

Annemarie Schwarzenbach: Brotverkäufer im Basar von Herat/Afghanistan, Juli 1939.
Annemarie Schwarzenbach : Vendeur de pain dans le bazar de Herat/Afghanistan, juillet 1939.

Weder in der Türkei, noch in Persien, noch etwa in den russischen Kaukasusländern habe ich den sicht- und greifbaren Einbruch eines neuen, mit der westlichen Technik zusammenhängenden Lebensstils als so bitter, so vernichtend empfunden wie in Afghanistan.

Ni en Turquie, ni en Perse, ni même dans les pays du Caucase russe, l'irruption visible et tangible d'un nouveau style de vie, lié à la technique occidentale, ne m'a paru aussi cruelle et aussi destructrice qu'en Afghanistan.

Annemarie Schwarzenbach

Annemarie Schwarzenbach: Kraftwerkbau in Pul-e Khumri/Afghanistan, August 1939.
Annemarie Schwarzenbach : Centrale électrique à Pul-e Khumri/Afghanistan, août 1939.

Meine ins Ferne und Abenteuerliche verbannte Existenz.

Mon existence, condamnée à l'exil et à l'aventure.

Annemarie Schwarzenbach

Le voyage dans le monde objectif ne parvenait plus à me captiver entièrement. Car le monde est moins réel que ce qui active notre vie intérieure. Cette fois-ci, la bataille qui se livrait chez ma compagne était si poignante que mes pensées en étaient tout imprégnées.

Das Reisen hatte nicht mehr denselben Zauber für mich wie früher. Seltsamerweise erschien mir die Welt nun weniger real als das, was unser Innenleben gestaltet. Die Besessenheit, die für meine Gefährtin eine solche Qual bedeutete, war derart erbarmungslos, dass sie auf jeden meiner Gedanken abfärbte.

Ella Maillart

Fotograf unbekannt: Annemarie Schwarzenbach, Tashkurghan/Afghanistan, Oktober 1939.
Photographe inconnu : Annemarie Schwarzenbach, Tashkurghan/Afghanistan, octobre 1939.

Annemarie Schwarzenbach: Knabe mit Kaimak-Töpfchen, Tashkurghan/Afghanistan, Oktober/November 1939.
Annemarie Schwarzenbach : Garçon avec des petits pots de « kaimak », Tashkurghan/Afghanistan, octobre/novembre 1939.

Annemarie Schwarzenbach: Khulm in Turkestan/Afghanistan, Oktober/November 1939.
Annemarie Schwarzenbach : Khulm au Turkestan afghan, octobre/novembre 1939.

 Annemarie Schwarzenbach: Khulm in Turkestan/Afghanistan, Oktober/November 1939.
Annemarie Schwarzenbach : Khulm au Turkestan afghan, octobre/novembre 1939.

So ist also Afghanistan gleichzeitig ein empfindliches Nervenzentrum der Weltpolitik, und doch ein sehr weltferner, weltabgeschlossener Staat.

Ainsi l'Afghanistan est-il à la fois un centre nerveux très sensible de la politique internationale, et un Etat très éloigné et très isolé du monde.

Annemarie Schwarzenbach

Annemarie Schwarzenbach: Gendarm und Bauarbeiter am Eingang zur Zitadelle von Ghazni/Afghanistan, Dezember 1939.
Annemarie Schwarzenbach : Gendarme et ouvriers du bâtiment à l'entrée de la citadelle de Ghazni/Afghanistan, décembre 1939.

 Nicolas Bouvier: Kabul/Afghanistan, Herbst 1954.
Nicolas Bouvier : Kaboul/Afghanistan, automne 1954.

Lorsque le voyageur venu du Sud aperçoit Kaboul, sa ceinture de peupliers, ses montagnes mauves où fume une fine couche de neige, et les cerfs-volants qui vibrent dans le ciel d'automne au-dessus du bazar, il se flatte d'être arrivé au bout du monde. Il vient au contraire d'en atteindre le centre.

Wenn der Reisende, der von Süden kommt, Kabul im Kranz seiner Pappeln erblickt, mit den blauen Bergen, auf denen eine dünne Schneeschicht dampft, und den vielen Drachen, die hoch über dem Basar am Herbsthimmel schweben, schmeichelt er sich mit dem Gedanken, am Ende der Welt angelangt zu sein. Er hat im Gegenteil ihren Mittelpunkt erreicht.

Nicolas Bouvier

Nicolas Bouvier: Afghanistan, Herbst 1954.
Nicolas Bouvier : Afghanistan, automne 1954.

Ella Maillart: Der alte Basar in Kabul/Afghanistan, September/Oktober 1939.
Ella Maillart : Le vieux bazar de Kaboul, septembre/octobre 1939.

Ella Maillart: Sortieren von Karakul-Fellen im Zollamt von Kabul/Afghanistan, September/Oktober 1939.
Ella Maillart : Triage des peaux de moutons caraculs à la douane de Kaboul/Afghanistan, septembre/octobre 1939.

Der Tschador bedeutet nicht nur Unfreiheit, er bedeutet unwürdige Furcht vor dem Leben, Unwissenheit, Enge.

Le tchador ne signifie pas seulement être dépossédé de sa liberté, il signifie aussi éprouver une peur indigne face à la vie, être dans l'ignorance, l'étroitesse d'esprit.

Annemarie Schwarzenbach

Ella Maillart: Kabul/Afghanistan, September/Oktober 1939.
Ella Maillart : Kaboul/Afghanistan, septembre/octobre 1939.

Ella Maillart: Am Kabul-Fluss, Kabul/Afghanistan, September/Oktober 1939.
Ella Maillart : Sur les bords de la rivière Kabul, Kaboul/Afghanistan, septembre/octobre 1939.

 Nicolas Bouvier: Turkmenistan/Afghanistan, November 1954.
Nicolas Bouvier : Turkménistan/Afghanistan, novembre 1954.

Ella Maillart: Töpfer, Istalif/Afghanistan, September 1939 (?).
Ella Maillart : Potier, Istalif/Afghanistan, septembre 1939 (?).

 Annemarie Schwarzenbach: Töpfergehilfe, Istalif/Afghanistan, September 1939 (?).
Annemarie Schwarzenbach : Aide-potier, Istalif/Afghanistan, septembre 1939 (?).

Nicolas Bouvier: Baktrien/Afghanistan, November 1954.
Nicolas Bouvier: Bactriane/Afghanistan, novembre 1954.

 Annemarie Schwarzenbach: Mausoleum von Sultan Abdur Razaq, Ghazni/Afghanistan, Dezember 1939.
Annemarie Schwarzenbach : Le mausolée du sultan Abdur Razaq, Ghazni/Afghanistan, décembre 1939.

Annemarie Schwarzenbach: Basar ausserhalb der Altstadt von Ghazni/Afghanistan, Dezember 1939
Annemarie Schwarzenbach : Le bazar à l'extérieur de la vieille ville de Ghazni/Afghanistan, décembre 1939.

 Annemarie Schwarzenbach: Stadtmauer von Ghazni/Afghanistan, Dezember 1939.
Annemarie Schwarzenbach : Les remparts de Ghazni/Afghanistan, décembre 1939.

Annemarie Schwarzenbach: Abbrucharbeiten an der Zitadelle von Ghazni/Afghanistan, Dezember 1939.
Annemarie Schwarzenbach : Travaux de démolition de la citadelle de Ghazni/Afghanistan, décembre 1939.

Nicolas Bouvier: Auf dem Weg nach Kandahar/Afghanistan, August 1954.
Nicolas Bouvier : Sur la route de Kandahar/Afghanistan, août 1954.

Dieses Land hat manchmal Gesten des Schweigens, die mir die Kehle zuschnüren! [...] Schnee liegt auf den Bergen, die ihren Fuss jenseits von Gut und Böse haben, in fernen, unwirtlichen Tälern. Der Tag sendet eine Sintflut von Licht aus, [...] schon sind die Halden kahl, die Täler grau, die Abendstunden streichen wie hungrige Wölfe über die lautlose, kaum noch atmende Welt.

Ce pays a parfois des attitudes de silence qui me serrent la gorge ! [...] Il y a de la neige sur les montagnes, implantées au-delà du Bien et du Mal, dans de lointaines vallées inhospitalières. Le jour projette un déluge de lumière [...], déjà les pentes sont dénudées, les vallées grisâtres, et les heures crépusculaires rôdent comme des loups affamés sur un monde silencieux dont la respiration est à peine perceptible.

Annemarie Schwarzenbach

Annemarie Schwarzenbach: Nomadenjunge am Lataband-Pass/Afghanistan, Dezember 1939.
Annemarie Schwarzenbach : Jeune nomade au col du Lataband/Afghanistan, décembre 1939.

«Mutig sein, die Wahrheit sagen, und gut reiten.» Ein persischer Spruch.

« Être courageux, dire la vérité, et bien monter à cheval. » Dicton persan.

Annemarie Schwarzenbach

Annemarie Schwarzenbach: Fliegender Händler, Kabul/Afghanistan, November 1939.
Annemarie Schwarzenbach : Marchand ambulant, Kaboul/Afghanistan, novembre 1939.

Annemarie Schwarzenbach: Nomaden zwischen Jalalabad und Khyber-Pass/Afghanistan, Dezember 1939.
Annemarie Schwarzenbach : Nomades entre Jalalabad et le Khyber Pass/Afghanistan, décembre 1939.

174 | 175 Ella Maillart: Belutschistan/Pakistan, Frühling 1940 (?).
Ella Maillart : Baloutchistan/Pakistan, printemps 1940 (?).

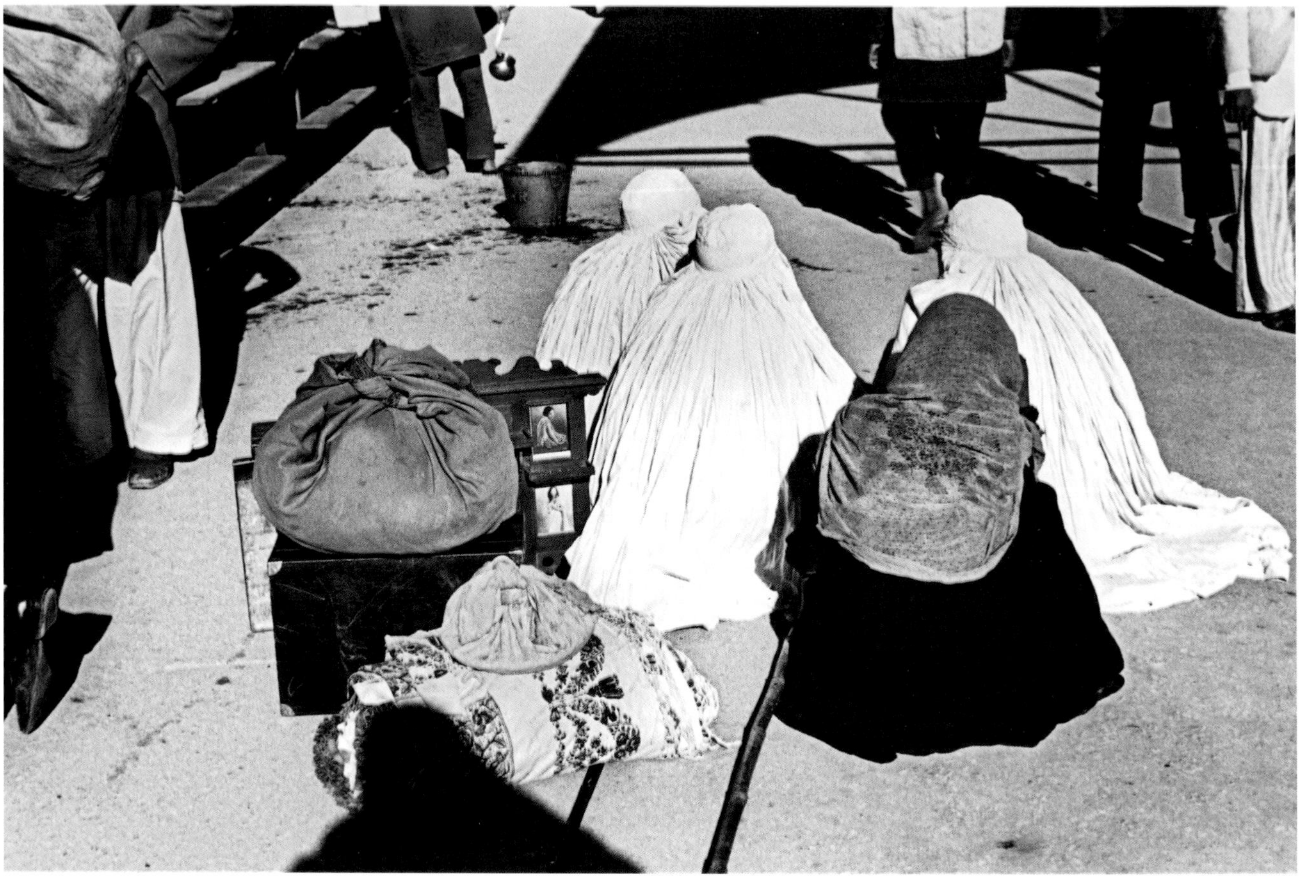

Ella Maillart: Hyderabad/Pakistan, Frühling 1940 (?).
Ella Maillart : Hyderabad/Pakistan, printemps 1940 (?).

Ella Maillart: Armeepferde kurz vor der Ersetzung durch Fahrzeuge, Quetta/Pakistan, Frühling 1940 (?).
Ella Maillart : Chevaux de l'armée peu avant leur remplacement par des véhicules, Quetta/Pakistan, printemps 1940 (?).

HYDERABA
LIMIT
NIZAMS
LIMIT

Nicolas Bouvier: Der Topolino mit einer Strophe des Dichters Hafis auf der linken Autotür, Hyderabad/Indien, Februar 1955.
Nicolas Bouvier : La Topolino avec une strophe du poète Hafiz sur la portière gauche, Hyderabad/Inde, février 1955.

Annemarie Schwarzenbach: Verlassene Residenz aus der Mogulzeit, Mandu/Indien, Januar 1940.

Annemarie Schwarzenbach : Une résidence abandonnée datant de l'époque des Grands Moghols, Mandu/Inde, janvier 1940.

Ce voyage ? un gâchis… un échec. On voyage, on est libre, on va vers l'Inde… et après ?

Unsere Reise? Ein Pfusch, ein einziges Versagen. Wir reisen, wir sind frei, wir kommen nach Indien – und dann?

Nicolas Bouvier

 Ella Maillart: Mandu/Indien, Januar 1940.
Ella Maillart : Mandu/Inde, janvier 1940.

Annemarie Schwarzenbach: Mandu/Indien, Januar 1940.
Annemarie Schwarzenbach : Mandu/Inde, janvier 1940.

L'étendue doit être en nous, ne peut être qu'en nous, car autrement il s'agit d'une mensuration géographique. Seul celui qui peut concevoir et mûrir l'étendue peut la posséder – après avoir trouvé le moyen de l'exprimer.

Die Weite muss in uns sein, sie kann nur in uns sein, denn sonst würde es sich nur um ein geographisches Mass handeln. Nur wer die Weite erfassen und reifen lassen kann, kann sie besitzen – nachdem er das Mittel gefunden hat, sie auszudrücken.

Ella Maillart

Alle Wege sind offen und führen nirgends hin, nirgends hin.

Tous les chemins sont ouverts, et ne conduisent nulle part, nulle part.

Annemarie Schwarzenbach

Ella Maillart: Mandu/Indien, Januar 1940.
Ella Maillart: Mandu/Inde, janvier 1940.

Le sens du voyage

J'ai eu de la chance. J'ai pu satisfaire mon besoin de voyager en allant cinq fois en Asie et cela après avoir passé de nombreuses saisons à naviguer sur de petits voiliers. Quand j'ai quitté la maison, j'avais dix-huit ans et je ne faisais que suivre mon instinct. Mais aujourd'hui, je peux m'analyser et voir où cet instinct m'a menée.

Je décidai d'apprendre deux langues étrangères et je dus ainsi quitter Genève. Me trouvant à Paris, à Londres ou à Berlin, je devenais une autre personne, commençant un imprévisible chapitre de ma vie, m'habillant différemment, rencontrant de nouvelles gens, lisant d'autres journaux, acquérant de nouvelles idées.

Être loin de chez moi, cela se réduisait parfois à la nécessité de trouver un emploi, de le chercher sans me décourager. Y parvenir était alors de première importance pour mon porte-monnaie. J'en retiens aujourd'hui d'avoir parcouru les degrés de l'échelle sociale qui compartimente notre époque prétendue démocratique. Je connais la vie pauvre dans les grandes villes et j'ai craint l'atrophie qu'elle engendre.

Dès le début, j'ai voulu vivre ma vie propre et, patiemment, contre vents et marées, j'ai affermi ce désir. Les travaux universitaires ou de secrétariat ne m'intéressaient pas. Aujourd'hui je vois clairement pourquoi je nourrissais des rêves audacieux : seules quelques victoires difficiles pouvaient me donner la confiance en moi dont j'avais besoin. Et il m'en fallait des tonnes pour ne pas être accablée par le décalage de mon ambition et de ma faiblesse.

Vous êtes-vous jamais demandé : pourquoi voyage-t-on ?, abstraction faite, bien entendu, des départs inspirés par le commerce, par le besoin de récolter des faits et des notions ou de répandre des idées. Savants, artisans, politiciens, hommes d'affaires et missionnaires étant laissés à eux-mêmes, occupons-nous donc des seuls adeptes de cette « pernicieuse habitude » mentionnée par Masefield dans son « Introduction à *Marco Polo* » : « Somme toute, le voyage en soi n'est qu'une façon d'être indulgents envers nous-mêmes ; s'il n'ajoute pas au stock des connaissances humaines, c'est une habitude pernicieuse. » Il me fallut longtemps pour en finir avec mon sentiment de culpabilité dû à cette phrase que ma modestie m'empêchait de critiquer.

Mais quel est cet « on » dont il s'agit dans ma demande ? De la théorie des chromosomes et de la génétique moderne, la science déduit que l'humanité est faite d'une infinité d'individus différents. Et il est peut-être vrai que chacun de nous voyage pour des raisons qui lui sont propres. Aussi ne parlerai-je ici que des principaux motifs qui forcent les gens à partir.

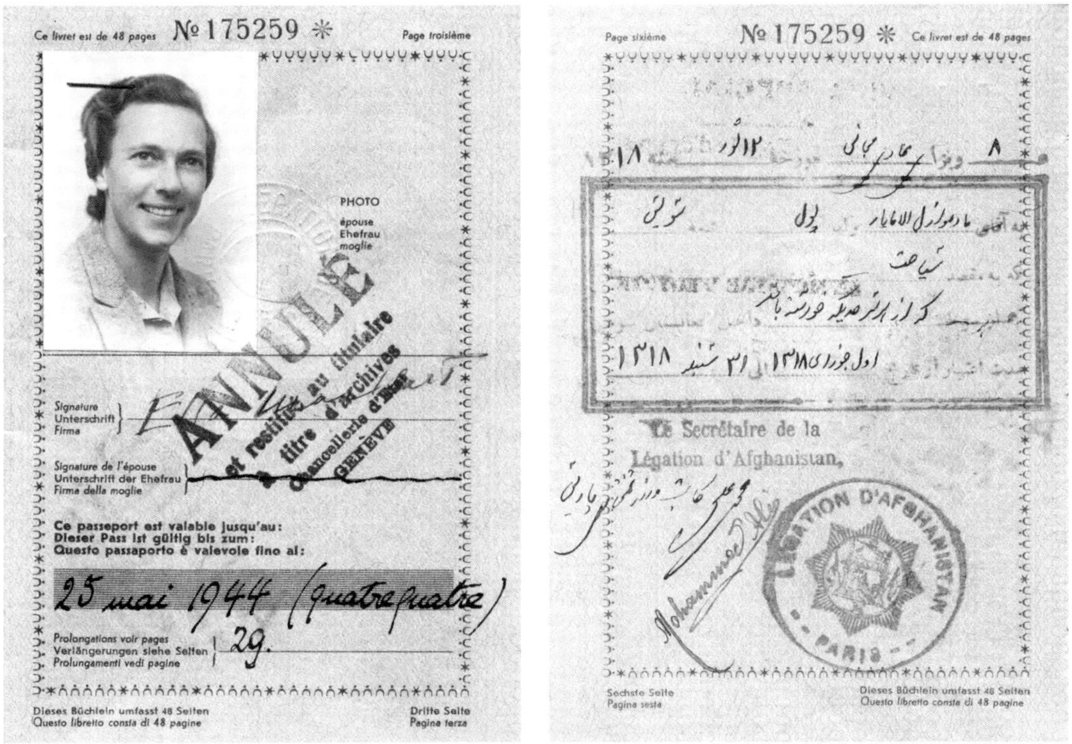

Ce livret est de 48 pages № 175259 Page troisième

PHOTO épouse Ehefrau moglie

ANNULÉ et restitué au titulaire à titre d'archives Chancellerie d'État GENÈVE

Signature Unterschrift Firma

Signature de l'épouse Unterschrift der Ehefrau Firma della moglie

Ce passeport est valable jusqu'au: Dieser Pass ist gültig bis zum: Questo passaporto è valevole fino al:

25 mai 1944 (quatrequatre)

Prolongations voir pages Verlängerungen siehe Seiten Prolungamenti vedi pagine 29.

Dieses Büchlein umfasst 48 Seiten Questo libretto consta di 48 pagine Dritte Seite Pagina terza

Page sixième № 175259 Ce livret est de 48 pages

Le Secrétaire de la Légation d'Afghanistan,

LÉGATION D'AFGHANISTAN — PARIS

Sechste Seite Pagina sesta Dieses Büchlein umfasst 48 Seiten Questo libretto consta di 48 pagine

Ella Maillart: Pass mit dem Visum für Afghanistan, ausgestellt im Mai 1939.
Ella Maillart : Passeport avec le visa pour l'Afghanistan, délivré en mai 1939.

Il est des personnes qui paraissent ne voyager que parce que c'est pour elles la seule façon de se sentir pleinement vivantes. Le fait d'aller d'un point à un autre leur donne le sentiment qu'elles sont maîtresses de leur destin. D'autres, dont les réactions sont plus compliquées, sont impatientes de voir si des indigènes d'autres pays vivent mieux que nous sans chaleur en tuyaux, froid en boîtes, soleil en ampoules, musique sur plaques noires, et ombres glissant sur un écran – tout ce qui nous fait vivre de seconde main. Ceux qui aiment les tribus simples où le pourquoi de chaque activité est immédiatement évident peuvent rester parmi elles, à la façon d'Alain Gerbault en Polynésie ou de Peter Freuchen chez les Esquimaux. Les autres reviennent… Paul Morand a dit qu'on ne saurait aller trop loin chercher le désir de rentrer chez soi.

Le voyage peut aussi être l'esprit d'aventure quelque peu apprivoisé pour ceux qui ne sont pas capables de découvrir les pôles ou les sources du Nil. On peut se sentir presque aussi brave que Christophe Colomb le jour de son appareillage, lorsqu'on pénètre dans une venelle chinoise d'enfants moqueurs, quand on descend dans une gargote tibétaine pour y manger un ragoût de viande trop faisandée, ou quand on demande par signes à visiter une kasbah berbère.

Mais j'ai souvent pensé qu'une des raisons principales du voyage est de développer en nous le sens de cette solidarité, de cette unité sans laquelle notre monde moderne aura de la peine à vivre. Ce sens représente, si l'on peut dire, le second mouvement de la pulsation du voyage. Tchuang Tzu le maître chinois disait: « Si l'on regarde les choses au point de vue de leurs différences, alors même la bile et le foie sont aussi distants l'un de l'autre que Tch'ou de Yûeh. Si l'on regarde les choses du point de vue de leur similitude et de leur identité, tout est un. » Pour moi, lors du premier « mouvement » du voyage, je remarquai surtout les turbans, les selles de bois, le lait de jument fermenté, le maniement des bâtonnets chinois, et cela fut décrit dans mes livres. Aujourd'hui je préfère noter ce qui souligne l'interdépendance ou même la base commune de toutes les sortes de pensées. J'aime à faire ressortir que, lorsque le cœur parle, son langage est le même sous toutes les latitudes.

Quand je regarde quelque chose, il est certain que pendant un instant je suis unie à ce que je vois. Et aussi, je suis certaine qu'instinctivement nous désirons être ou posséder le tout (sinon pourquoi ce besoin de cueillir la rose ou d'épouser le bien-aimé ?). Mais verrons-nous jamais « les dix millions de choses » de l'univers simultanément afin de devenir le tout de cette manière ? Je crois que c'est en réponse à ce besoin fondamental de l'homme que le Bouddha a dit: « Aucun voyage ne mène au bout du monde. En vérité, je le déclare, dans ce corps long de six pieds, avec ses facultés de perception et son mental, réside le monde, son apparition et sa disparition – ainsi que sa dissolution. » Aujourd'hui, je sais que vivre consiste à atteindre « le bout du monde », retournant ainsi à l'unité oubliée ; ou tout au moins, si les forces nous manquent, nous cherchons constamment les traces de cette unité.

Pour développer ce sens de la solidarité qui me tient à cœur, il convient de ne pas se déplacer comme cette charmante famille anglaise que je rencontrai alors qu'elle revenait d'un tour du monde. Je voulais savoir d'elle comment vit le Polynésien d'aujourd'hui, mais je ne pus en obtenir que des détails sur les clubs de tennis des différentes îles.

Non, il faut avoir davantage d'intérêt et de compréhension pour les gens que nous rencontrons, soit ici, soit à l'étranger. Comme nous-mêmes, ils sont passagers à bord de ce paquebot nommé « La Vie ». Plus nous apprendrons à être tous responsables à bord, au lieu de blâmer sans cesse les officiers, plus la navigation sera facile. Assurément, certains passagers isolés, hostiles ou convaincus qu'ils sont lésés, nous demandent un effort particulier. Oubliant les différences et insistant sur les traits communs à chaque être humain, notre compréhension ne doit en être que plus perçante, véritablement totale, se haussant ainsi à l'amour absolu, seul capable de donner une solution inspirée au chaos intérieur et extérieur qui fait de nous des épaves.

À chacun de mes grands départs, il me semblait que j'allais conquérir le monde – ou mieux encore, prendre possession de mon héritage. Nous aimons sentir que la terre entière est à nous, comme l'était la maison paternelle de notre enfance. Et je n'avais pas plutôt quitté l'école pour faire voile vers les îles de la Grèce que la question suivante surgissait en moi, question qui redevenait actuelle à chaque nouveau voyage: «Ne détruit-on pas la plus belle partie du voyage en l'accomplissant? Dans quelle mesure le voyage réalisé et la révélation d'un nouveau pays comblent-ils les promesses du voyage imaginé?» Quoique Arthur Waley n'ait pas été en Chine, ne la connaît-il pas mieux, à travers ses géniales traductions, que moi qui ai consciencieusement pratiqué ses auberges et ses punaises, ses fondrières et ses traits d'esprit, sans parler des gouverneurs évasifs de ce grand pays? Et voici Rimbaud écrivant son *Bateau ivre,* sans doute le plus dense des poèmes qu'on puisse lire sur la mer, et cela bien avant d'avoir vu l'Océan? De tels voyages dans l'abstrait ne sont-ils pas plus «vrais» qu'une concrète rencontre avec la planète?

Je me demande pourquoi il n'y a pas plus de livres sur ce sujet fascinant. J'en connais un, *Équipée, voyage au pays du réel,* par Victor Segalen qui décrit son voyage vers le Haut Yang Tsé. Avec un art simple, il évoque les longs jours de marche difficile, illuminés seulement par deux moments pleins de grâce et assez intenses pour lui donner le présent dans sa plénitude. Quant à moi, je pense que l'apport du voyage accompli ne se mesure pas au nombre de moments parfaits qu'il nous a donnés, mais aux modifications qu'il a apportées à notre caractère. Non seulement le voyage nous procure de nouveaux repères et des points de comparaison qui nous manquaient, mais au contact d'autres pays, des aspects latents de nous-mêmes s'éveillent: et nous nous découvrons nous-mêmes simultanément.

Ayant parcouru la terre, nous jugerons différemment notre voisin trop méthodique, notre climat trop brumeux. Si je n'avais pas vécu au désert, un fossé d'herbe verte ne m'aurait pas donné de joie; je m'aventurerai donc à donner du voyageur la définition suivante: le vrai voyageur est celui que pousse à partir un besoin physique, esthétique, intellectuel tout autant que spirituel.

Il est vrai qu'on part aussi pour échapper à la routine, cette pénible routine qui tue l'imagination et ronge l'aile de l'enthousiasme. On voyage afin de retrouver l'émerveillement de notre enfance. Bénis soient le poète et l'artiste qui jamais ne perdent leur capacité d'admirer.

Oui, on voyage aussi pour tout quitter. Mais c'est la grande illusion puisqu'on emporte ses facultés avec soi. C'était toujours moi-même que je trouvais au bout du voyage... et je regrette qu'il m'ait fallu gaspiller tant d'années avant d'avoir le courage de faire face à moi-même.

Lors de ma traversée d'Asie avec mon camarade Peter Fleming, pendant des mois nous n'avons pu parler qu'ensemble. Bien que nous ayons suivi le même itinéraire, mon voyage diffère complètement du sien. La pensée individuelle colore le voyage comme si chacun portait des lunettes teintées différemment. En fait c'est notre pensée que nous

Ella Maillart: Annemarie Schwarzenbach mit Ria Hackin, Jacques Meunié und Joseph Hackin von der «Délégation Archéologique Française en Afghanistan» bei einem Picknick, Kabul, Herbst 1939.
Ella Maillart : Annemarie Schwarzenbach avec Ria Hackin, Jacques Meunié et Joseph Hackin de la « Délégation Archéologique Française en Afghanistan » lors d'un pique-nique, Kaboul, automne 1939.

projetons au dehors pour la déchiffrer ensuite lorsque nous rencontrons le prétendu monde objectif.

Mais examinons tout d'abord ce besoin de fuir. Saint-Exupéry a écrit : « Une mauvaise littérature nous a parlé du besoin d'évasion. Bien sûr, on s'enfuit en voyage à la recherche de l'étendue. Mais l'étendue ne se trouve pas, elle se fonde. Et l'évasion n'a jamais conduit nulle part. » Ces mots résument ma vie.

L'étendue doit être en nous, ne peut être qu'en nous, car autrement il s'agit d'un mensuration géographique. Seul celui qui peut concevoir et mûrir l'étendue peut la posséder – après avoir trouvé le moyen de l'exprimer. (...)

ELLA MAILLART

Der Sinn des Reisens

Ich hatte Glück. Ich konnte meinen Reisehunger auf fünf Asienreisen stillen. Zuvor hatte ich mehrere Jahre auf kleinen Booten gesegelt. Als ich das Elternhaus verliess, war ich achtzehn und folgte einzig und allein meinem Instinkt. Aber heute verstehe ich mich besser und kann sehen, wohin mich mein Instinkt geführt hat.

Ich beschloss, zwei Fremdsprachen zu lernen, und musste darum Genf verlassen. Als ich mich in Paris, London oder Berlin aufhielt, wurde ich eine andere Person und begann ein unvorhersehbares Kapitel meines Lebens: Ich kleidete mich anders, traf andere Leute, las andere Zeitungen und eignete mir neue Ideen an.

Der Aufenthalt im Ausland war machmal von der Notwendigkeit der Arbeitsuche geprägt, wodurch ich mich nicht entmutigen liess. Den Geldbeutel zu füllen, war also vorrangig. Dennoch möchte ich den Kontakt mit den verschiedenen sozialen Schichten unserer angeblich demokratischen Zeit nicht missen. Ich lernte die Armut in den Grossstädten kennen, und die damit verbundene Verkümmerung machte mir Angst.

Ich wollte von Anfang an mein eigenes Leben leben und setzte diesen Wunsch geduldig gegen alle Widerstände durch. Das Studium an einer Universität oder Sekretariatsarbeiten interessierten mich nicht. Heute ist mir klar, warum ich so gewagte Träume hegte: Nur harterkämpfte Siege konnten mir das nötige Selbstvertrauen geben. Und ich brauchte tonnenweise davon, um nicht an der Diskrepanz zwischen meinem Ehrgeiz und meiner Schwäche zu verzweifeln.

Haben Sie sich je gefragt, warum man reist? Wir sprechen hier natürlich nicht von Geschäftsreisen, dem Sammeln von Fakten und Kenntnissen oder der Verbreitung von Ideen. Lassen wir mal die Gelehrten, Handwerker, Politiker, Geschäftsleute und Missionare beiseite. Befassen wir uns mit den Anhängern der von Masefield in seiner «Einführung zu Marco Polo» erwähnten «schädlichen Gewohnheit»: «Letztlich ist das Reisen nur eine Art und Weise, nachsichtig mit sich selbst zu sein. Wenn es nichts zu unserem Wissen beiträgt, ist es eine schädliche Gewohnheit.» Es ging lange, bis ich mit den Schuldgefühlen fertig wurde, die dieser Satz, den ich aus Bescheidenheit nicht zu kritisieren wagte, bei mir ausgelöst hatte.

Aber um welches «man» geht es in meiner Frage? Aus der Chromosomen-Theorie und der Genetik schliesst die Wissenschaft heute, dass die Menschheit aus unendlich viel verschiedenen Individuen besteht. Und vielleicht reist jeder von uns aus anderen Gründen. Darum spreche ich hier nur von den wichtigsten Beweggründen, die zum Aufbruch führen.

Es gibt Menschen, für die das Reisen die einzige Möglichkeit zu sein scheint, sich wirklich lebendig zu fühlen. Ständiger Ortswechsel vermittelt ihnen den Eindruck, ihr Schicksal zu meistern. Andere wiederum haben eine differenziertere Einstellung; sie möchten brennend gern erfahren, ob Naturvölker besser leben ohne Wärme aus Röhren, Eis aus Schränken, Sonne aus Glühbirnen, Musik von schwarzen Platten und flimmernde Schatten auf einer Leinwand – all jene Dinge, die uns ein Leben aus zweiter Hand verschaffen. Wer einfache Volksstämme liebt, deren Handeln unmittelbar verständlich ist, kann unter ihnen leben, wie Alain Gerbault in Polynesien oder Peter Freuchen bei den Eskimos. Die andern kehren zurück… Paul Morand hat gesagt, dass man die Sehnsucht zur Heimkehr nicht weit genug suchen könne.

Das Reisen kann für jene, die nicht fähig sind, den Nord- oder Südpol oder die Quelle des Nils zu entdecken, auch einer etwas gezähmten Abenteuerlust entspringen. Man kann sich fast so mutig fühlen wie Christoph Kolumbus bei der Landung, wenn man in ein chinesisches Gässchen voll spottender Kinder einbiegt, in die Tiefen einer tibetischen Taverne hinabsteigt und dort ein Ragout aus stark riechendem Fleisch isst oder mit Handzeichen darum bittet, eine Berberkasba besuchen zu dürfen.

Aber oft habe ich gedacht, dass einer der wichtigsten Beweggründe zum Reisen das Entwickeln des Gefühls für Solidarität, für die Verbundenheit ist, ohne die unsere moderne Welt kaum überleben kann. Dieses Gefühl ist sozusagen die zweite Stufe des Reisefiebers. Der chinesische Meister Dschuang Dsi hat gesagt: «Wenn man die Dinge auf ihre Unterschiede hin untersucht, sind selbst Galle und Leber so weit voneinander entfernt wie Tschu von Yüo. Wenn man die Dinge auf ihre Ähnlichkeit und Übereinstimmung hin untersucht, ist alles eins.» Ich sah bei der ersten Reisestufe vor allem Turbane, Holzsättel, fermentierte Stutenmilch, den Gebrauch von chinesischen Essstäbchen. Das alles wurde in meinen Büchern beschrieben. Heute notiere ich lieber, was die gegenseitige Abhängigkeit oder sogar den gemeinsamen Hintergrund allen Denkens betont. Ich weise gerne darauf hin, dass die Sprache des Herzens auf allen Breitengraden dieselbe ist.

Wenn ich etwas betrachte, bin ich einen Moment lang eins mit dem Gesehenen. Ich bin sicher, dass wir instinktiv das Ganze sein oder besitzen möchten (warum hätte man sonst das Bedürfnis, eine Rose zu pflücken oder den Geliebten zu heiraten?). Aber werden wir je die «zehn Millionen Dinge» des Universums gleichzeitig sehen, um auf diese Art das Ganze zu werden? Ich glaube, Buddha spielte auf dieses fundamentale Bedürfnis des Menschen an, als er sagte: «Keine Reise führt ans Ende der Welt. In Wirklichkeit, sage ich euch, ist die Welt, ihr Erscheinen und Verschwinden wie auch ihre Auflösung, in diesem sechs Fuss messenden Körper mit seinen Wahrnehmungen und seinem Geist enthalten.» Heute weiss ich, dass das Leben darin besteht, «das Ende der Welt» zu erreichen und dadurch zur vergessenen Einheit zurückzukehren oder wenigstens, wenn uns die Kraft dazu fehlt, ohne Unterlass die Spuren dieser Einheit zu suchen.

Um dieses mir so am Herzen liegende Solidaritätsgefühl zu entwickeln, sollte man eben nicht wie jene reizende englische Familie reisen, die ich nach ihrer Rückkehr von einer Weltreise traf. Ich wollte wissen, wie die Polynesier heute leben, aber sie erzählten nur von den Tennisclubs auf den verschiedenen Inseln.

Nein, man sollte für die Menschen, denen wir hier oder im Ausland begegnen, mehr Interesse und Verständnis aufbringen. Sie sind wie wir Passagiere an Bord des «Leben» genannten Schiffs. Je verantwortlicher wir alle handeln – ohne dauernd den Offizieren die Schuld in die Schuhe zu schieben –, desto leichter nimmt das Schiff seinen Kurs. Einzelne feindlich gesinnte Passagiere oder solche, die überzeugt sind, zu kurz zu kommen, fordern von uns eine besondere Anstrengung. Wenn wir jedoch die Unterschiede vergessen und uns an das halten, was allen Menschen gemeinsam ist, können wir zu einem geschärften, allumfassenden Verständnis gelangen und somit zur absoluten Liebe – die einzig mögliche Lösung für das innere und äussere Chaos, das uns zu Wracks macht.

Vor jeder grossen Reise war mir, als ob ich die Welt erobern oder vielmehr mein Erbe in Besitz nehmen wollte. Wir lieben das Gefühl, dass die ganze Welt uns gehört, wie das Elternhaus in der Kindheit. Kaum hatte ich die Schule verlassen und segelte zu den griechischen Inseln, da stellte sich mir bereits folgende, bei jeder weiteren Reise wieder auftauchende Frage: «Zerstört man durch das Reisen nicht den schönsten Teil der Reise? Inwieweit erfüllen die wirklich durchgeführte Reise und die Entdeckung eines unbekannten Landes die Versprechungen der imaginären Reise?» Kennt etwa Arthur Waley, der nie in China war, das Land durch seine genialen Übersetzungen nicht besser als ich, die ich mich doch gewissenhaft mit seinen Gasthäusern und Wanzen, seinen Wasserlöchern und witzigen Redensweisen vertraut gemacht hatte; ganz zu schweigen von den schwer zu fassenden Statthaltern dieses riesigen Landes. Schrieb nicht Rimbaud sein *Bateau ivre (Das trunkene Schiff),* zweifellos das dichteste Gedicht über das Meer, lange bevor er es überhaupt zu Gesicht bekam? Sind solche Reisen im Abstrakten nicht «wahrer» als die konkrete Begegnung mit diesem Planeten?

Ich frage mich, warum es zu diesem faszinierenden Thema nicht mehr Bücher gibt. Ich kenne eines, *Equipée, voyage au pays du réel (Aufbruch in das Land der Wirklichkeit),* von Victor Segalen, der seine Reise zum Oberlauf des Jangtse beschreibt. Auf einfache Art erzählt er seine lange und schwierige Fussreise, erleuchtet einzig von zwei erhabenen Momenten, intensiv genug, um ihm die Gegenwart in ihrer ganzen Vollendung erscheinen zu lassen. Ich denke jedoch, dass man den Gewinn einer Reise nicht an der Anzahl vollkommener Augenblicke messen kann, sondern daran, was sie aus uns macht. Die Reise verhilft uns nicht nur zu neuen Anhalts- und Vergleichspunkten; durch den Kontakt mit fremden Ländern enthüllen sich latente Züge unseres Wesens, so dass wir gleichzeitig uns selbst kennen lernen.

Wer gereist ist, sieht seinen allzu pedantischen Nachbarn oder unser allzu nebliges Klima anders. Wenn ich nicht in der Wüste gelebt hätte, würde mir ein dicht mit Gras bewachsener Graben nicht die gleiche Freude bereiten. Ich wage somit folgende Definition des Reisenden: Der wahre Reisende ist jemand, der sowohl aus physischen, ästhetischen und intellektuellen als auch aus spirituellen Gründen zum Aufbruch angetrieben wird.

Natürlich reist man auch, um der Gewohnheit zu entkommen, der schwer zu ertragenden Routine, welche die Phantasie tötet und dem Enthusiasmus die Flügel stutzt. Und man reist, um sein kindliches Staunen wieder zu finden. Gesegnet der Dichter und der Künstler, dessen Begeisterungsfähigkeit nie erlöscht.

Ja, man reist auch, um alles hinter sich zu lassen. Aber das ist eine grosse Illusion: Egal, wohin man geht, man nimmt seine Eigenheiten mit. Bei jeder Reise stand ich am Ende immer mir selbst gegenüber. Und ich bereue, so viele Jahre verschwendet zu haben, bis ich den Mut hatte, mir ins Gesicht zu schauen.

Als ich mit meinem Kameraden Peter Fleming durch Asien reiste, hatten wir monatelang nur einander als Gesprächspartner. Wir legten zwar dieselbe Strecke zurück, aber meine Reise war ganz anders als die seine. Die Gedanken eines jeden färben die Reise, als ob wir alle eine verschieden getönte Brille trügen. Im Grunde projizieren wir bloss unsere Gedanken nach aussen und entziffern sie dann beim Kontakt mit der angeblich objektiven Welt wieder.

Analysieren wir dieses Bedürfnis zu fliehen. Saint-Exupéry schrieb: «Schlechte Literatur spricht vom Bedürfnis nach Abwechslung. Natürlich laufen wir davon, weil wir uns nach Weite sehnen. Aber Weite kann nicht gefunden, sondern nur geschaffen werden. Und Flucht hat nie irgendwohin geführt.» Diese Worte fassen mein Leben zusammen.

Die Weite muss in uns sein, sie kann nur in uns sein, denn sonst würde es sich nur um ein geographisches Mass handeln. Nur wer die Weite erfassen und reifen lassen kann, kann sie besitzen – nachdem er das Mittel gefunden hat, sie auszudrücken. (...)

ANNEMARIE SCHWARZENBACH

«Fest des Aufbruchs»

Und ich breche auf. – Befreiung! Befreiung! Einzige Freiheit, die uns geblieben ist!

Ich war frei, durfte wählen! Archäologie, Reise und Abenteuer, Fundstätten auf den Alexander-Routen, den Trümmerfeldern Asiens – «Istanbul, Archäologisches Institut»: die erste Adresse der Ferne. Unvergessliche Stunde des Aufbruchs! Das Leben stand auf der Schwelle des Schlafwagens, der mich durch die Balkanländer trug – Länder, gehüllt in Dämmerung, Hirtentrauer auf gelben Hügeln ... Ich aber kannte die Bedeutung der Worte nicht; «Freiheit» und «Unfreiheit», sie konnten mir nichts anhaben.

Es mag (...) ein Unterschied sein, ob man auszieht, um Gold zu suchen oder um seinen Gläubigern zu entgehen, ob man nach «wit, learning, strangeness, loneliness» strebt oder ob es die Flucht ins Unerreichbare ist, die uns zwingt, Unbequemlichkeit und Einsamkeit auf uns zu nehmen und das gewohnte Leben willkürlich an einer Stelle abzubrechen, ohne dafür einen vernünftigen Grund angeben zu können.

Diese fernen Gegenden sind genau gemacht, um uns zittern zu lassen vor allem, was man nur ahnt und was einen doch angeht.

Reisen ist Aufbrechen ohne Ziel, nur mit flüchtigem Blick umfängt man ein Dorf und ein Tal, und was man am meisten liebt, liebt man schon mit dem Schmerz des Abschieds. Es gibt eine andere Art des Reisens: mit dem Baedeker in der Hand und dem fertigen Programm in der Tasche, da ist die Strecke zwischen der Kathedrale von Chartres und dem berühmten Seebad Biarritz nur eine lästige Unvermeidlichkeit, und man weiss, was einem die Unternehmung wert ist und was man von ihr erwarten darf. Aber der Zauber, unterwegs zu sein, das Geheimnis der Namen, die sich erst mit Inhalt und Leben füllen, das Wirklichkeitwerden eines Traums, das Entzücken an der Entdeckung!

«Landstrassen» ist gar nicht immer der richtige Ausdruck: manchmal sind es Karawanenwege, manchmal Maultierpfade, Pässe, Berg- und Talrouten, manchmal nichts als ein Bündel von schwach sichtbaren Spuren in der Wüste. Man spricht von Landstrassen, weil sie weit durch die Länder laufen, unendlich weit – manchmal so weit, dass man die Hoffnung aufgibt, sie hätten überhaupt eine Absicht und ein Ziel. Es ist wunderschön,

Da es von Annemarie Schwarzenbach keinen Text über das Reisen gibt, wurde mit Zitaten diese Textcollage zusammengestellt. R.P.

auf ihnen unterwegs zu sein – weder Eisenbahnen, noch sogar Flugzeuge geben so sehr das Gefühl, verloren zu sein mitten in der Welt, hinter dem Bosporus und dem Kaukasus, hinter den Toren des grossen Asien.

Sie sprechen immer mit so etwas wie Neid von der Freiheit des Reisens, von Ihrem soliden Redaktionstisch aus. (...) Muss ich Ihnen sagen, mit was, für gewisse Menschen, die Orient- und Abenteuer-Fahrten erkauft sind?

Vor jedem neuen Aufbruch zerriss mich die Angst: allein aufzubrechen. Und doch: so, wie man zögert an der Grenze zwischen Nacht und Tag, kurz vor der Morgendämmerung, und sich sagt «Es wird nie wieder Tag werden», während schon violettes Licht über den Horizont gleitet, die strahlende Wiedergeburt ankündigt – so brachte die erste Stunde des Aufbruches reichlichen Trost. Das Herz wurde leicht, leer, nüchtern, empfänglich. Die Angst fiel von mir ab. Vor mir eine weisse Strasse, eine Wüstenspur, ein Gebirgspfad, ich weiss nicht, wo sie enden – dem Himmel sei gedankt!

Wenn ich mich zu erinnern versuche, dann scheint mir, wir seien tage- und nächtelang durch jene grossen Einöden gefahren, schwefelgelben Sonnenaufgängen entgegen, die von den schwarzen Brandstätten der Halden und vom Schnee verschluckt wurden, bis nur noch trübes Zwielicht übrigblieb. Sonne und Mond lösten einander ab und hingen bleich am Firmament, vor uns setzte sich die Strasse fort, zwischen Himmel und Erde. War so der Weg ins Gelobte Land? Hätte ich ihn vermeiden, umkehren sollen, gestern noch? Hatte ich mich zu weit vorgewagt?

Diese Erinnerungen, die ich früher von mir fernhielt – ja, bis gestern! –, ich verbannte sie, ich wollte mich verbannen, kein Exil war mir einsam genug. Kein Fleck Erde, wo die Winde nicht Eingang finden? Wo keine Wege sich kreuzen, keine Strasse heimwärts führt? Überall Vogelstimmen, Segel und Wolken, überall Abend und Morgen, Kreislauf der Sterne, Mondlicht in den Zweigen?

«Unser Leben gleicht der Reise ...», und so scheint mir die Reise weniger ein Abenteuer und Ausflug in ungewöhnliche Bereiche zu sein als vielmehr ein konzentriertes Abbild unserer Existenz.

Wer nicht dreissig Jahre hinter Schloss und Riegel zubringen will, tut gut daran, sich rechtzeitig davonzumachen: es gibt neue Erden, neue Sprachen, andere Völker, die nicht in festen Häusern wohnen.

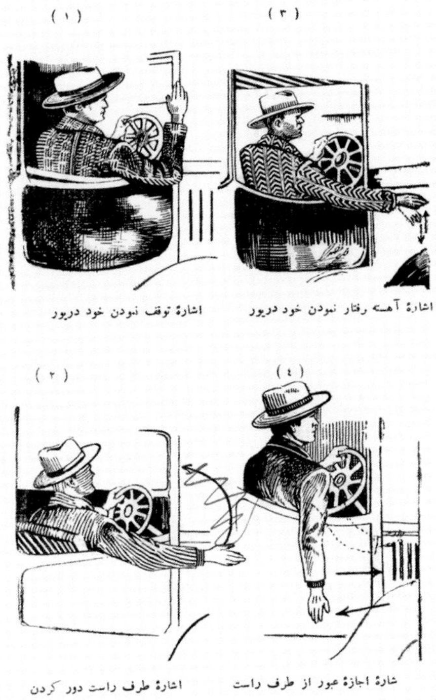

Annemarie Schwarzenbach: Fahrausweis (Motor Traffic Driving Licence), ausgestellt von der Direction de Police de Kaboul, Section de Circulation, Afghanistan 1939.
Annemarie Schwarzenbach : Permis de conduire, délivré par la Direction de Police de Kaboul, Section de Circulation, Afghanistan 1939.

Unterwegs mit unseren Fahrrädern oder Fordautos suchten wir keine Abenteuer, sondern nur eine Atempause, in Ländern, wo die Gesetze unserer Zivilisation noch nicht galten und wo wir die einzigartige Erfahrung zu machen hofften, dass diese Gesetze nicht tragisch, nicht unumgänglich, unumstösslich, unentbehrlich seien.

Ich: Gast, Fremder, Abenteurer, was noch? Neugierig, wissensdurstig, ungeduldig, unterwegs – allein.

Ich bin entschlossen, diese Laufbahn des Reisens, des Recherchierens, des Journalismus und des Schreibens fortzuführen. Im Moment brauche ich Nahrung von aussen, muss ich mich von mir selbst lösen, mich von unserer Welt aufnehmen lassen, sehen, lernen, verstehen.

«Sie wollen, zwei Frauen allein und ohne Türkisch zu sprechen, von Trabzon quer durch das Hinterland Anatoliens nach Iran fahren? Vielleicht werden Sie gar keine Schwierigkeiten haben, vielleicht aber deren genug, die Ihnen das Reisen für den Rest Ihres Lebens verleiden ...»

Reisende Journalisten pflegen untereinander zu sagen: «Bleibe sechs Wochen in einem Land, und du wirst unbeschwerten Gemüts ein Buch darüber schreiben. Bleibe sechs Monate, und du wirst mit Mühe ein paar Artikel fertigbringen. Wenn du sechs Jahre bleibst, dann schweigst du dich aus …»

Magische Namen, magische Anblicke, tausend Magien …

Es gab gnadenlos heisse Nächte, Wassermangel, vergebliche Kämpfe gegen Sandflöhe, Sanddünen, Sandstürme und andere ägyptische Plagen, es gab Stunden ratloser Einsamkeit, man blieb allein mit seinem Heimweh und einer ungewissen Zukunft, die Bäume wuchsen nicht immer in den Himmel, die Trauben nicht in den Mund. Manchmal wurden die Gewohnheiten des alten Ego wach, man wurde «nervös», wollte ein Ziel haben und es beim Namen nennen können, wollte einen Tisch im Schatten, eine funktionierende, von Staub befreite Schreibmaschine und einen Artikel, einen Brief zu Papier, die Gedanken ins Reine bringen: War man nicht zu Hause längst in Vergessenheit geraten? Wie würde sich, eines fernen Tages, die Heimkehr gestalten?

Es war wild und anstrengend und eisig kalt und sonderbar und weltfern … aber dafür bin ich ja unterwegs.

Ich verabscheue sightseeing as a tourist.

Es ist eine höchst wertvolle Erfahrung, so zu reisen, dass alle Gewohnheiten versagen und alle Brücken abbrechen. Man lernt dann, welcher unserer so schützenden und so blind machenden Gewohnheiten noch einen wirklichen Wert besitzen und welche, beim ersten Fanfarenstoss der Gefahr, zusammenfallen. Aber die neue Rangordnung, die man nach Hause bringt, trennt einen von der Gemeinschaft jener, die sich hüten, jemals den leeren Horizont zu erblicken.

Wenn ich (…) nach Osten fuhr, verliess ich Europa ganz – und wusste immer, was ich dort zurückgelassen hatte. Der Osten war die Wüste, die unaufhörliche Einöde des Sonnenaufgangs, die dornige Steppe der Besinnung. Aber man mag Jahre in der Wüste zubringen, allein, und nährt sich doch nur von der heimlichen Hoffnung, eines Tages zurückzukehren.

Der Abschied von Europa schien mir immer eine grosse und in der einen und anderen Weise entscheidende Stunde zu sein. Manchmal war es ein Fest des Aufbruchs;

ich war entschlossen, alles hinter mir zu lassen, alles zu vergessen, keiner wehmütigen Regung Glauben zu schenken und dem neuen Leben blindlings und mutig entgegenzusehen. Manchmal war es auch ein Angsttraum. Ich wollte auf der Passhöhe, kurz vor der Grenze, noch umkehren, und es schien mir dann, der Blick in das Gelobte Land könne nur der Blick zurück sein, in die von der Abendsonne verklärten Täler. (...) Natürlich bin ich niemals im letzten Augenblick umgekehrt, obwohl die Versuchung manchmal stark war.

Diese Zeit ist zum Reisen nicht geeignet. Die Rasse der Touristen ist ausgestorben, und die Verkehrsmittel, die es noch gibt, dienen anderen Zwecken als dem Vergnügen der Weltenbummler, ein Land mühelos mit dem nächsten zu vertauschen, römische Ruinen mit griechischen, die Sphinx mit mexikanischen Pyramiden, die persischen Totentürme mit nordischen Heldengräbern und den Tag im Osten mit der Nacht im Westen. Diese Touristen pflegen leicht die Meinung zu verbreiten, die Welt sei am Ende aller Enden ein nicht allzu grosser Tummelplatz und in langweilige und weniger langweilige Länder eingeteilt, nach Massgabe des Reizvollen, Neuen und Seltenen, das sie zu bieten hätten, und ohne dass doch der Unterschied zwischen den Kulis in Siam und denen auf Jamaika schliesslich nennenswert sei. Denn viele solche Weltreisende wurden durch die allzu zahlreichen Genüsse abgestumpft, so wie allzu raffinierte Speisen den Gaumen nicht verfeinern, allzu bunte Farben uns blind machen und in einem allzu tönenden Orchester die Geige ungehört verklingt. Im Inneren solcher Reisenden ging es zu wie auf dem babylonischen Turm, und wenn sie heimkehrten, hatten sie verlernt, die Sprache ihrer Mitmenschen, den Duft der Wiesenblumen, den Lerchenklang und die Kirchenglocken in ihrem Dorf zu erkennen: Ja, die Welt schien ihnen, weil sie abgestumpft waren, noch eintöniger und langweiliger als zuvor. Andere Menschen wieder, die selten oder nie auf Reisen gingen und sich zu Hause an den Ablauf von Sommer und Winter, Frühling und Erntezeit gewöhnt hatten und die vielleicht mit dem Leben, wie es ihnen gegeben war, nicht immer einverstanden und zufrieden waren, stellten sich unter der Fremde etwas Unerhörtes vor. Sie dachten an ewiges Nordlicht und Wüstenbrände, an Zaubergärten in Bagdad, an Rosenbalsam, an das reiche Amerika – ganz so, als genügten die fremden Genüsse und eine veränderte Umgebung, um den Menschen zu verändern, aus dem Kerker seiner eigenen Persönlichkeit zu befreien und glücklich zu machen. Was hätte dagegen genützt? Wie hätte man es allen, den Weltenbummlern und denen, die zu Hause blieben, überzeugend sagen können, dass die Welt zwar wahrhaftig ein Ort von Zaubergärten und babylonischen Türmen sei, so sehr wie ein Ort öder Langeweile und Kerkerhaft, dass aber der magische Schlüssel des Glücks an keinem Platz und Plätzchen auf der Erdkugel verborgen liege: das Leben dieser Erdkugel rolle sich gleichgültig gegen unser Glück oder Leiden ab, gleichmütig und majestätisch, stetig und überall, der Schlüssel aber, um es zu ertragen, immer und überall, sei in unsere eigenen Hände gegeben …

Wer heute noch als gewöhnlicher Reisender in ein Land kommt, fühlt sich wie einer jener ersten, seltenen Weltreisenden und Abenteurer, die nach langen Seefahrten, Gefahren, Wüstenritten und Karawanenwegen an den Hof eines Sultans, in eine Stadt im Orient, in eine Oase oder einen Rebengarten in Turkestan gelangten, in das Zeltlager eines Mongolenfürsten, auf die Marmorschwelle eines indischen Palasts, in einen türkischen Bazar oder Sklavenmarkt. Staunend sah er fremde Gesichter, Trachten und Sitten, schmeckte fremde Gerichte und lebte wie im Traum. Noch staunender gewöhnte er sich an so viel Fremdes und erkannte bald, dass trotzdem das Leben seinen Lauf nahm, die Menschen daran teilhatten, und er mit ihnen.

Ist die Welt irgendwo bewohnbar, vertraut, so dass man nur die Augen zu schliessen braucht, um sie tief im Inneren zu erkennen und wie einen heimatlichen Garten zu begrüssen, und ist sie dann anderswo zu Ende, wird ein Teil eines fremden Gestirns, das nur noch von den Gezeiten lebt? Läuft sie aus, an einem ins Meer sinkenden Sandstrand, oder wo Haine und Savannen in Wüsten zerfliessen, oder wo jäh das Meer sich auftut, und die Kontinente trennt? Und fürchtet man sich dann, sind wir irgendwo schutzlos, verloren? Oder sind wir es immer, wenn wir unser Herz nicht stärken für jede Begegnung, mit jedem Teil und Fleck der Erde, die unser vergänglicher Wohnort ist?

Dieser Wunsch, die Sehnsucht nach dem Absoluten, ist ja wohl der eigentliche Antrieb jedes echten Reisenden. Vermutlich bin ich ein solcher unheilbarer Reisender.

ANNEMARIE SCHWARZENBACH

« La fête du départ »

Et je m'en vais. - Libération ! Libération ! Seule liberté qui nous est restée !

J'étais libre, j'ai pu choisir. L'archéologie, les voyages et l'aventure, des fouilles sur les route d'Alexandre, sur les champs de ruines de l'Asie « Istanbul, Institut d'archéologie » : ma première adresse à l'étranger. Heures inoubliables du départ ! La vie était là, sur le seuil du wagon-lit qui m'emportait à travers les pays balkaniques - pays enveloppés d'obscurité, bergers mélancoliques sur de jaunes collines... Mais je ne connaissais pas la signification des mots « liberté » et « non-liberté », ils ne me concernaient pas.

Il y a (...) sans doute une différence si l'on part pour chercher de l'or ou pour échapper à ses créanciers, si l'on recherche « wit, learning, strangeness, loneliness » (« esprit, savoir, étrangeté, solitude »), ou si c'est la fuite dans l'inaccessible qui nous force à assumer inconfort et solitude, et à rompre sciemment le cours de la vie ordinaire sans pouvoir invoquer une raison valable.

Ces régions lointaines sont justement faites pour nous faire trembler devant tout ce que l'on ne fait que pressentir et qui, pourtant, nous concerne.

Voyager c'est partir sans but, n'embrasser que d'un rapide coup d'œil un village et une vallée, et ce qu'on aime le plus, on l'aime déjà dans la douleur de l'adieu. Il y a une autre façon de voyager : le Baedeker à la main et un programme complet en poche ; dans ce cas, la route entre la cathédrale de Chartres et la célèbre station balnéaire de Biarritz est une corvée incontournable, on connaît la valeur d'une telle entreprise et ce qu'on peut en attendre. Mais l'enchantement d'être en route ! Le mystère des noms qui prennent enfin corps et vie ! Le rêve qui devient réalité, le ravissement de la découverte !

« Routes » n'est pas toujours l'expression qui convient : parfois ce sont des pistes de caravanes, parfois des chemins muletiers, des cols, des chemins de montagnes et de vallées, parfois rien d'autre qu'un faisceau d'empreintes à peine visibles dans le désert. On parle de routes parce qu'elles mènent très loin à travers les terres, infiniment loin – parfois si loin que l'on perd tout espoir qu'elles aient vraiment un but. Il est merveilleux de les suivre – ni le train, ni même l'avion ne procurent autant le sentiment d'être perdu au

Annemarie Schwarzenbach n'a pas écrit sur le voyage en particulier, mais son œuvre est jalonnée de réflexions à ce sujet. Dans ces pages, nous avons réuni les plus marquantes. R.P.

beau milieu du monde, au-delà du Bosphore et du Caucase, au-delà des portes de l'Asie immense.

Depuis votre solide table de rédaction, vous parlez toujours avec une sorte d'envie de la liberté de voyager (…) Faut-il vous dire le prix que doivent payer certains voyageurs pour être partis à l'aventure en Orient ?

Avant chaque départ, la peur me transperçait : m'en aller seule. Et pourtant : de même que l'on hésite à la frontière entre la nuit et le jour, peu avant l'aube, et que l'on se dit : « Il ne fera jamais jour », alors qu'une lumière violette glisse déjà sur l'horizon, annonçant une glorieuse renaissance - de même la première heure du départ m'apportait une ample consolation. Mon cœur se faisait léger, vide, calme, réceptif. La peur tombait de moi. Devant moi une route blanche, une piste dans le désert, un sentier de montagne, je ne sais pas où ils conduisent – Dieu merci !

Lorsque j'essaie de me souvenir, il me semble que nous avons voyagé pendant des jours et des nuits à travers ces grands déserts, à la rencontre de levers de soleil jaune soufre, qui étaient avalés par le noir des pentes, là où il y avait eu des incendies, et par la neige, jusqu'à ce qu'il ne reste plus qu'un demi-jour trouble. Le soleil et la lune se séparaient et étaient suspendus, blafards, dans le firmament, devant nous la route continuait, entre le ciel et la terre. Était-il ainsi, le chemin vers la Terre promise ? Aurais-je dû l'éviter, faire demi-tour, hier encore ? Me suis-aventurée trop loin ?

Ces souvenirs jadis, je les tenais éloignés de moi - oui, jusqu'à hier ! -, je les bannissais en voulant me bannir et aucun exil n'était assez solitaire pour moi. Nulle part un coin de terre où les vents ne parviennent pas à entrer ? Où les chemins ne se croisent pas, où aucune route ne conduit au pays natal ? Partout des chants d'oiseaux, des voiles et des nuages, partout le soir et le matin, la trajectoire des étoiles, la lumière de la lune dans les branches ?

Moi : l'invitée, l'étrangère, l'aventurière, quoi d'autre ? Curieuse, avide de connaître, impatiente, errante - seule.

Si l'on ne veut pas passer trente ans sous les verrous, il faut s'évader à temps : il y a de nouvelles terres, de nouvelles langues, d'autres peuples qui n'habitent pas dans des maisons solides.

Voyageant à vélo ou en Ford, nous ne cherchions pas l'aventure, mais seulement un moment de répit dans des pays où les lois de notre civilisation n'étaient pas encore en vigueur, et où nous espérions faire une expérience unique en constatant que ces lois n'étaient ni tragiques, ni inévitables, irrévocables, indispensables.

« Notre vie ressemble à un voyage… » , et plutôt qu'une aventure et une excursion dans des régions inhabituelles, le voyage me semble être un symbole de notre existence.

Je suis décidée à suivre cette carrière de voyage, de recherche, de journalisme et d'écriture. En ce moment, il me faut de la nourriture du dehors, il faut que je me détache de moi-même, que notre monde m'absorbe, qu'il me fasse voir, apprendre, comprendre.

« Vous qui voyagez seules et ne parlez pas le turc, vous voulez gagner l'Iran en traversant l'arrière-pays de l'Anatolie ? Il est possible que vous ne rencontriez pas le moindre problème, mais peut-être en rencontrerez-vous suffisamment pour vous dégoûter de voyager le reste de votre vie… »

Les journalistes qui voyagent ont l'habitude de se dire entre eux : « Si tu restes six semaines dans un pays, tu n'auras aucun mal à écrire un livre. Si tu restes six mois, il te sera difficile de boucler quelques articles. Si tu restes six ans, tu te tairas … »

Noms magiques, spectacle magique, mille magies…

Il y eut les nuits abominablement torrides, le manque d'eau, les vaines batailles contre les puces de sable, les dunes de sable, les tempêtes de sable et autres plaies d'Égypte. Il y eut les moments de désarroi et de solitude, on demeurait seul avec son mal du pays et un avenir incertain ; les arbres ne poussaient pas toujours jusqu'au ciel ni les raisins dans la bouche. Parfois les habitudes du vieil ego se réveillaient, on devenait « nerveux », on voulait se fixer un but et pouvoir lui donner un nom, on voulait une table à l'ombre, une machine à écrire qui fonctionne, débarrassée de toute poussière ; on voulait rédiger un article, une lettre, et mettre ses idées au clair : n'avait-on pas été oublié depuis longtemps à la maison ? A quoi ressemblerait, un jour lointain, le retour ?

C'était sauvage, épuisant, glacial, étrange et si loin de tout… mais c'est pour cela que je suis partie.

Je déteste sightseeing as a tourist.

C'est une expérience très enrichissante de voyager de telle sorte que toutes nos habitudes soient caduques et tous les ponts rompus. On apprend alors que, parmi ces habitudes qui nous protègent et nous rendent aveugles, certaines ont encore une véritable valeur tandis que d'autres s'effondrent au premier signal de danger. Mais la nouvelle échelle des valeurs que l'on rapporte chez soi nous sépare de la communauté de ceux qui se gardent bien de jamais contempler l'horizon vide.

Quand je (…) partais vers l'Est, je quittais vraiment l'Europe – et je savais toujours ce que je laissais derrière moi. L'Orient, c'était le désert, l'infinie solitude des levers de soleil, la steppe épineuse de la méditation. Mais même si on passe des années entières dans le désert, complètement seul, on ne cesse de nourrir le secret espoir de rentrer un jour.

L'heure des adieux à l'Europe m'a toujours paru très importante et, d'une manière ou d'une autre, décisive. Parfois, le départ était une fête ; j'étais bien décidée à tout laisser derrière moi, à tout oublier, à ne pas céder à un accès de mélancolie, à aborder cette nouvelle vie tête baissée et avec courage. Parfois aussi, c'était un cauchemar. En haut du col qui précède la frontière, j'avais envie de faire demi-tour, et il me semblait qu'un regard vers la terre promise ne pouvait être qu'un regard jeté en arrière sur les vallées transfigurées par le soleil couchant. (…) Évidemment, je n'ai jamais fait demi-tour au dernier moment, et pourtant la tentation a été parfois très forte.

Cette époque n'est pas propice aux voyages. La race des touristes s'est éteinte, et les moyens de communication qui existent encore servent d'autres desseins que le plaisir qu'ont les globe-trotters à troquer un pays contre un autre, des ruines romaines contre des ruines grecques, le Sphinx contre des pyramides mexicaines, les tours des morts perses contre les tombeaux de héros nordiques, et le jour de l'Orient contre la nuit de l'Occident. Ces touristes ont coutume de répandre l'idée que le monde n'est en fin de compte qu'un terrain de jeu pas très grand, divisé en pays plus ou moins ennuyeux, en fonction de ce qu'ils ont à offrir d'attirant, de nouveau et de rare, et sans que la différence entre les coolies du Siam et ceux de la Jamaïque vaille en définitive la peine d'être mentionnée. Car nombre de ceux qui ont ainsi parcouru le monde voient leurs sens émoussés par trop de plaisirs, de même que trop de plats recherchés n'affinent pas le palais, que trop de couleurs rendent aveugle, et qu'on n'entend pas le violon dans un orchestre trop sonore. Dans le for intérieur de ces voyageurs, il se passait la même chose que dans la tour de Babel : quand ils rentraient chez eux, ils ne reconnaissaient plus la langue de leurs compatriotes, le parfum des fleurs, le chant de l'alouette et les cloches de l'église du village. Comme leurs sens s'étaient émoussés, le monde leur paraissait encore plus monotone et ennuyeux

Vorderasiatische Auto-Anekdoten

Im «Ford» von Zürich über Istanbul-Kabul nach Bombay in Indien

De Zurich à Bombay (Indes) via Constantinople-Kaboul sur une «Ford»

Annemarie Clark (= Schwarzenbach): «Vorderasiatische Auto-Anekdoten». In: Zürcher Illustrierte, 29.3.1940, Nr. 13.
Annemarie Clark (= Schwarzenbach) : « Vorderasiatische Auto-Anekdoten ». Dans : Zürcher Illustrierte, *29.3.1940, Nr. 13.*

qu'auparavant. Cependant, d'autres personnes qui ne voyageaient jamais ou rarement, qui s'étaient accoutumées à la succession de l'été et de l'hiver, du printemps et de la saison des moissons, et qui n'étaient peut-être pas toujours heureuses ou satisfaites de la vie telle qu'elle s'offrait à eux, imaginaient qu'une terre étrangère était quelque chose d'extraordinaire. Ils songeaient à l'éternelle lumière du Nord, aux incendies du désert, aux jardins féeriques de Bagdad, à l'essence de roses, à la riche Amérique - exactement comme s'il suffisait de jouissances inconnues et d'un environnement nouveau pour transformer un être humain, pour le libérer du carcan de sa propre personnalité et le rendre heureux. Qu'aurait-on pu faire contre cela ? Comment aurait-on pu expliquer de façon convaincante aux globe-trotters et à ceux qui étaient restés chez eux que le monde abrite certes autant de jardins féeriques et de tours babyloniennes que de lieux de morne ennui et de réclusion, mais que la clé magique du bonheur n'est cachée en aucun endroit du globe terrestre : la vie de cette planète se déroule dans l'indifférence face à notre bonheur ou à notre souffrance, impassible et majestueuse, toujours et partout, mais la clé qui permet de la supporter, toujours et partout, a été déposée entre nos mains…

Le voyageur ordinaire, qui arrive aujourd'hui dans un pays étranger, a le sentiment d'être semblable aux premiers grands voyageurs et aventuriers qui, après avoir franchi les mers, affronté les dangers, chevauché à travers les déserts et suivi les pistes des caravanes, arrivaient à la cour d'un sultan, dans une ville d'Orient, dans une oasis ou un vignoble du Turkestan, au camp de yourtes d'un prince mongol, au seuil de marbre d'un palais indien, dans un bazar ou un marché d'esclaves de Turquie. Ébahi, il découvrait des visages, des costumes et des usages étrangers, goûtait à des plats inconnus et vivait comme dans un rêve. Il était encore plus stupéfait de s'habituer à tant d'étrangeté et ne tardait pas à se rendre compte que la vie suivait quand même son cours, que les hommes y prenaient part, et lui avec eux.

Le monde est-il quelque part habitable, familier, si bien qu'il suffit de fermer les yeux pour le reconnaître en profondeur et l'accueillir comme un jardin du pays natal, et prend-il fin ailleurs, devenant partie d'un astre étranger qui ne vit plus que des marées? Se termine-t-il au bord d'une plage de sable s'enfonçant dans la mer, ou bien là où bosquets et savanes deviennent déserts, où la mer s'ouvre brutalement et sépare les continents? Est-on alors saisi par la peur, est-il un lieu où nous soyons perdus et sans protection? Ou bien le sommes-nous toujours, quand nous ne fortifions pas notre coeur pour chaque rencontre, avec chaque parcelle de cette terre qui est notre demeure éphémère?

Ce désir, cette nostalgie de l'absolu, c'est cela sûrement la véritable motivation de tout voyageur authentique. Je suis sans doute l'un de ces voyageurs inguérissables.

NICOLAS BOUVIER

Petite morale portative

Tous ceux qui, pendant quelques mois ou quelques trop brèves années, ont mené cette existence, donneront raison à Gobineau, et un doigt de chaque main pour la retrouver un jour : c'est une expérience dont on ne guérit jamais.

C'est le voyage, le « vivre ailleurs », la précarité d'une vie longtemps itinérante qui m'ont conduit à murmurer des histoires tout comme une bouilloire posée sur la braise se met à chantonner.

Sans cet apprentissage de l'état nomade, je n'aurais peut-être rien écrit. Si je l'ai fait, c'était pour sauver de l'oubli de toutes petites choses : ce nuage laineux que j'avais vu hâler son ombre sur le flanc d'une montagne, le chant ébouriffé d'un coq, un rai de soleil sur un samovar, une strophe égrenée par un derviche à l'ombre d'un camion en panne ou ce panache de fumée au-dessus d'un volcan javanais. On écrit pour sauvegarder – comme à l'ordinateur – et aussi pour se sauver. Si je n'avais pas lu, je n'aurais peut-être pas voyagé.

Lire

Comme tant d'autres, ce sont les lectures enfantines qui m'ont mis sur les routes. Reportez-vous au début des années trente : la télévision n'existait pas ; la radio balbutiait encore (les premiers matchs retransmis par Squibbs « Goaaaaaaal... »). Nous ne l'avions évidemment pas, mes parents jugeant le football vulgaire, et ce nouveau média subversif. À quatre ans, comme je m'embêtais, ma bonne m'a initié, sur le linoléum vert de la table de cuisine, aux merveilles de l'alphabet, véritable percée vers le monde des adultes.

Mon père était bibliothécaire et parlait quatre langues ; ma mère les parlait avec la même aisance et était probablement la plus mauvaise cuisinière à l'ouest de Suez, ce qui a fait de moi un voyageur endurci aux plus médiocres tambouilles. Tous deux extrêmement curieux de cette planète et très hospitaliers, la maison était pleine de livres mais aussi ouverte à tous les étrangers. C'est dire que le coupe-papier y comptait plus que le couteau à découper. Pas besoin de couper la B.D. : dans le *Journal de Mickey* ou dans *L'Épatant* avec Bibi Fricotin, Popeye, Mandrake le Magicien, Guy l'Éclair, elle se portait bien, merci ! Nous jubilions devant les arnaques des *Pieds Nickelés* aux dépens des bourgeois et des « caves » que, sans le savoir, déjà nous étions. Mais nous nous gardions bien de confondre ces divertissements avec les « vrais livres » qui méritaient autrement le respect.

Entre six et douze ans, mon frère et moi avons lu comme des malades dans la chambre que nous partagions ; à la chandelle furtive ou à la lampe de poche clandestine car ma mère, après nous avoir fait dire nos prières, dévissait les ampoules qu'elle emportait avec elle, nous laissant dans le noir d'un sous-marin en plongée. En quelques années assidues et insomniaques, tout Alexandre Dumas, tout Stevenson – la collection « Nelson » –, tout Jack London, tout Curwood, tout Fenimore Cooper – la Collection verte – et tout Jules Verne – les rutilants volumes rouge et or de l'éditeur Hetzel – y étaient passés. Nous dormions à l'école où la pratique de la grammaire ou de l'algèbre nous aurait beaucoup moins cultivés. Entre la baie d'Hudson et le Baïkal, entre Kandahar et Tucumán, nous tutoyions la géographie et ses anges. Sans compter les atlas que nous lisions comme des polars ni une découverte précoce de la scélératesse des adultes, car suite à une méprise propre à la génération de mon père, tout ce qui évoquait peu ou prou l'aventure était considéré comme littérature pour mômes et versé en vrac, sans aucune censure, dans des collections enfantines à reliures de toiles aux couleurs de layette. C'est sous cet habit innocent que j'ai découvert le terrifiant *Vagabond des étoiles* (Jack London) : prison, geôliers sadiques, camisoles de force, et le satanique *Docteur Jekyll et Mister Hide* que Stevenson n'avait certes pas écrit pour des marmots.

Tous ceux qui, comme moi, ont bouffé des livres à cette époque et, bien sûr, aujourd'hui encore, se souviennent de l'émerveillement que c'était de parcourir cet immense archipel, de dessiner une rose des vents dans sa tête, sans compter le plaisir du fruit défendu et de ces incursions clandestines dans le monde des « grands ». Il est évident que cette géographie rêvée, cette toponymie magique – on lit un nom, on se dit : un jour j'irai là-bas – vous mettent des fourmis dans les jambes. Plus tard, ces jambes, on se les fait par une série de flâneries ou d'escapades de plus en plus lointaines, de plus en plus risquées, jusqu'au jour où, larguant les amarres, on s'en va pour de bon.

De la lenteur et de l'exotisme

Dans un débat contradictoire sur l'avion « Concorde » à la télévision française, voici une quinzaine d'années, j'ai entendu Denis de Rougemont dire de sa voix sarcastique : « L'avenir est à la lenteur et au silence », profession de foi qui lui valut quasiment une interdiction d'antenne. Malgré la beauté de cette machine, il avait raison : si nous continuons à aller « toujours plus vite » nous risquons de finir au CERN, dans une chambre à bulle, après une existence aussi brève que celle d'un boson ou d'un proton. La lenteur et le silence : c'est particulièrement vrai du voyage qui, s'il n'est pas gourmand de devises fortes, souhaite au moins qu'on lui donne du temps. Ces deux paramètres sont d'ailleurs inversement proportionnels : si l'on est pressé – ce qui arrive et il n'en faut pas rougir – alors il faut être riche, au moins un peu. Lorsqu'on prend le temps (en fait on le donne) de musarder, de digresser, de se perdre, de fureter, de s'ennuyer souvent dans de sombres « culs-du-monde », d'y tomber malade et ensuite d'y guérir, d'être mal reçu puis, le lendemain, bien reçu par les mêmes sans qu'on n'y comprenne rien et qu'on supporte les traces de la route, alors la route vous rend ce temps tout cousu de souvenirs cocasses, de visages grêlés, d'yeux d'escarboucle, de grigris tenant dans la poche, ou d'une langue nouvelle qu'on a appris à baragouiner le long du chemin.

À ce train, l'exotisme s'évapore comme neige sur le poêle. L'exotisme n'est d'ailleurs qu'une forme de malentendu culturel : on ne comprend pas, c'est exotique. Ou alors, un rêve philatélique ; quoi de plus exotique qu'une collection de timbres, c'est une lanterne magique qui n'a pas fait voyager que les lettres : une loupe à la main, calé dans un fauteuil Voltaire, les charentaises aux pieds, quel voyage : c'est l'Ethiopie, c'est l'Islande, c'est Malte ou les îles Sandwich. Devant ces vignettes pâles et dentelées à boutres arabes, palétuviers, icebergs, crocodiles, on fait le tour de la terre en tapis volant, on exulte. L'exotisme serait donc plutôt affaire de sédentaires qui n'ont pas à en souffrir, qui ne vont pas exposer leurs rêves à un démenti et ne seront donc jamais déçus.

En revanche, pour qui voyage et vient – comme on venait autrefois – du village d'avant, du village d'en face, du village de l'autre côté de la montagne, à toutes petites étapes, une randonnée même planétaire prend l'allure d'une excursion provinciale, presque familière, ou plutôt de cent promenades mises bout à bout. Les visages, les coiffures, les nourritures, la musique, la dégaine des hameaux ne changent jamais sans crier gare, sauf sur de rares failles géologiques qui vous font payer si cher le passage (les cols de l'Hindu Kuch ou du Karakorum) que l'esprit du voyageur est préparé à une rupture. Le plus souvent, de gîte en gîte, on s'informe ; tout exotisme disparaît, mais pas la surprise qui est une expérience concrète et différente, et souvent une bonne surprise car, le voisinage étant père de la médisance, l'étape dont vos hôtes d'hier vous avaient dit pis que pendre peut prendre l'allure d'un petit jardin d'Éden.

Des grands et des petits voyages

J'ai mis plusieurs années à cheminer de Zagreb à Yokohama, avec de longues pauses hivernales. Revoyant la route, j'avais l'impression d'une succession de flâneries, ou d'un de ces trains de campagne que, dans mon enfance on appelait « train du lait » parce qu'il s'arrêtait à chaque gare pour ramasser les boilles. Et si ce bilan ne comportait guère d'exotisme, la surprise y était partout.

Il ne faut donc pas opposer les petites aux grandes randonnées, les paquebots de Blaise Cendrars au vélo bien graissé de Charles-Albert Cingria, le Brésil ou le Transsibérien à la Toscane ou à la Savoie.

Le monde commence à notre porte et je donne raison à Lao Tseu qui écrivait, voilà 2500 ans : « Un voyage, fût-il de mille li (environ 700 km), commence sous votre chaussure. » Le voyage n'est pas affaire de distance ou de kilomètres ; pas besoin d'aller en Mongolie pour se perdre : vous sortez de la Chaise-Dieu (Haute-Loire), vous tournez quatre fois à gauche pour finir par un chemin boueux dans une cour de ferme où un molosse tire en grondant sur sa chaîne et où même les flics ne pourraient pas vous retrouver. Perdu, oui, perdu. Le voyage est un état d'esprit, d'alerte rouge, de traque, de disponibilité extrême à de petits détails qui font la vie : l'eau d'un regard, une odeur d'herbe, le son d'un gong bouddhique qui va mourir sur le midi des rizières, la hauteur du soleil, une voix qui s'enroue à dire « oui ». Et surtout, les harmoniques qui existent entre ces éléments et conspirent à faire un de ces instants où l'unité du monde apparaît avec une évidence sereine que nous percevons trop rarement, par insuffisance centrale de l'âme et manque de « Da sein » (être vraiment là).

Ces instants de présence plénière ne sont pas l'apanage de l'état nomade, mais peuvent aussi bien survenir dans la cellule d'un moine, dans le lit d'une femme, ou dans la formule mathématique pondue comme un œuf, dont la craie étincelle encore au tableau noir et qui recadre l'Univers.

Du voyage comme béquille

Charles-Albert Cingria, véritable magicien de la maraude, écrivait : « On n'est pas mage dans la mesure où un romantisme vous y pousse, on est mage ou on ne l'est pas ; le plus souvent, on ne l'est pas. » Je ne le suis pas. Pour vivre mieux ma vie j'avais besoin d'un « Sésame ouvre-toi ». À dix-huit ans, dans la solitude absolue et paisible du nord lapon, j'ai cru comprendre que c'était l'espace, que le voyage était pour moi. Il y a bien d'autres sésames : la prière, la musique, l'absinthe, l'Éros, l'opium ; à chacun sa clé qu'il faut d'ailleurs s'empresser de perdre dès qu'elle a ouvert la première porte. Pour moi c'était le voyage : Chine centrale ou Suisse orientale, le tout étant, ayant atteint un point où les choses ne sont plus perçues comme disjointes et solitaires, mais comme complices, solidaires, harmoniques, de raconter ce lieu, du moins, le peu qu'on en aura compris.

Les mots

Au fait, pourquoi raconter ? Les voyages se passent de motifs et plus encore de mots. En tout cas pas pour faire « œuvre littéraire », projet puéril, autodestructeur et d'avance voué à l'échec. Deux raisons. La première : la vie était trop drue, drôle, colorée, égarante et bonne qu'on n'aurait pu la garder pour soi sous peine d'éclater comme la grenouille de la fable ; la seconde : elle était trop perfide, inquiétante, dangereuse pour qu'on ne soit pas tenté d'en savoir plus sur une expérience qui aurait pu vous tuer, et s'en débarrasser en lui donnant une forme. Jubilation et action de grâce ou exorcisme soigneusement élaboré, je ne vois rien entre deux sinon la fanfare et le kiosque à musique.

On ne voyage pas pour écrire et c'est heureux : beaucoup de voyages se brûlent sur place, ne souhaitent pas être racontés et disparaissent sans piper mot, vous laissant au retour une valise vide d'où monte un léger fumet d'oignon macédonien ou de canard laqué. Inutile d'insister : on le sait. D'autres, en revanche, désirent qu'on les raconte et viennent à la surprise, frapper fort à votre porte, parfois vingt ans après. On hésite un peu, puis on se résigne : on exhume quelques agendas cuits par la transpiration, une ou deux cartes au 25/1000 rongées par les souris, on convoque sa mémoire et ses ombres et on se met à l'établi. Le temps qu'il faudra – et ce peut être long – on sera plus casanier et plus frileux qu'un moine et plus soucieux qu'un jardinier : pour une fois on aura la chance de voir éclore les plantons qu'on avait mis en terre. Après une gestation patiente, les images perdues remontent comme bulles sur champagne avec une netteté qui surprend, qui peut être poignante, et l'on va alors dans l'immense bazar des mots chercher ceux qui pourraient leur rendre justice. Travail d'artisan plus que de démiurge : nous ne créons ni les mots ni les choses, mais il se trouve que chaque mot a une chose et que chaque chose a son mot. Le problème c'est que très souvent, ils – ou elles – ne se connaissent pas. C'est là qu'intervient l'écrivain, c'est le cœur même de son ouvrage : nous faisons donc, entre ces deux espèces, un travail d'entremetteur ou de postier, et lorsque le couple ainsi formé a bonne mine et promet des enfants, le lecteur se dit : « Nom de Dieu, c'est ça ! J'aurais pu y penser » et claque dans ses doigts. Non, il n'aurait pas pu, il a d'autres affaires, c'est notre travail et qu'on nous le laisse, sinon c'est les prud'hommes.

Lorsqu'on sait à peu près ce qu'on cherche et que l'humeur est bonne, c'est un plaisir que d'aller faire ses courses dans le grand marché du vocabulaire ; on fait tous les éventaires, jusqu'aux plus retirés, jusqu'aux plus odorants : parfums, épices, sons, couleurs, il nous faut tout passer au peigne fin, tout le *Grand Larousse* et même le *Littré,* surtout s'il s'agit de décrire une culture étrangère qui a un peu traînassé et vit dans un autre temps que le nôtre. Replacés dans ces contextes, même des mots désuets, oubliés, vieillots, voire « ex-coloniaux » feront l'affaire et retrouvent leur fraîcheur comme cresson sous l'averse. Il est ainsi inconcevable qu'un banian né quatre siècles avant le système métrique ait « 30 mètres », non, il a « 100 coudées ». On se fait alors taxer de préciosité, alors qu'il s'agit seulement de précision, mais peu importe : ces mots mis au rancart n'ont d'ailleurs jamais été remplacés et il nous les faut. Quel que soit leur âge, il faut aussi que ces denrées lexicales soient de première fraîcheur. Sans fraîcheur plus de langage, seulement des nécrologies et des épitaphes. Donc on hume, on renifle, on soupèse, on goûte, comme un chef « Trois toques » faisant ses achats. Il y a des jours bénis (trop peu) où l'on trouve de suite ce que l'on cherchait : des mots qui sonnent juste, exactement calibrés, qui brillent comme des galets, que l'on habite aussitôt. On s'en remplit les poches, deux gros cabas et, de retour à la maison on verse en vrac sur la table ce butin sémantique et on s'échine gaiement à cette besogne de postier des mots – tout en connaissant parfaitement leurs limites puisque l'essentiel ne pourra jamais être dit – ou si vous préférez de greffier du monde.

Sorte de colin-maillard joyeux (tu chauffes, tu brûles) qui amène quelques instants de félicité absolue, où l'on se dit en ronronnant : je fais exactement ce pour quoi j'étais fait.

Du bon usage des maladies

Il ne faut pas gommer comme le font tant de récits, les aléas, contrariétés, panique, maladies ou journées d'interminable ennui qui sont le prix de tout voyage. Il faut prendre exemple sur les Anglo-Saxons qui restent drôles dans les situations les plus critiques et dont le pouvoir d'autodérision n'est jamais en défaut. L'ornithologue anglais Redmond O'Hanlon, très connu pour ses récits sur Bornéo, intitule *Help!* le journal d'une misérable expédition au Nicaragua où tout va de travers : fièvres paludéennes, gabelous corrompus, colonnes de moustiques au-dessus de chaque tête, cartes au 25/1000 inexactes, incurie générale. Au pire de ces tribulations, les voilà attaqués par un essaim d'abeilles sauvages et obligés de se plonger jusqu'au cou dans un marigot puant. Ils n'auront ni vu ni entendu une seule fois l'oiseau qu'ils étaient tout spécialement venus observer. « Help indeed ! » Le lecteur éclate alors de rire, pourtant ces tracas sont objectivement odieux et parfois dangereux. Bernard Shaw avait bien raison d'écrire que « l'humour est la politesse du désespoir ». Nous savons tous que chaque route amène aussi ses déroutes et qu'on ne reste pas longtemps dessus sans s'être culotté une solide morale de la patience et de l'échec, trop peu cultivée dans l'Occident judéo-chrétien. D'autant plus que les sédentaires jugent nos entreprises absurdes et sans objet. Un de mes amis qui s'était mis en tête de traverser la Slovénie à pied sous une pluie battante arrive harassé et trempé jusqu'aux os à la dernière auberge encore allumée d'un village, s'enquiert d'une chambre et s'entend dire par le patron : *« Ich bin nicht verrückt, Meister, ich bleibe zu Hause. »* Ce gargotier sentencieux, bien abrité sous son porche, qui lâchait des ronds de fumée de sa longue pipe de porcelaine l'a fait un instant douter de sa vocation. Il est cependant reparti le lendemain, alors qu'il pleuvait toujours. Ce n'est pas lorsqu'on part, mais lorsqu'on repart malgré tout que la partie est gagnée. Je l'ai retrouvé quelques semaines plus tard à Belgrade, puis deux ans de route ensemble jusqu'à Kaboul, sans qu'il ait plus jamais bronché. Il ne faut pas non plus occulter la maladie qui vous retrouve dans les moments où l'on est le plus mal préparé à la recevoir : sur de petits quais de gare atterrants de chaleur et de misère ou dans des paysages qui vous agressent par leur insignifiance ou leur pauvreté. On se dit alors : c'est la fin du voyage, je n'irai pas plus loin, je vais crever ici. Sur quoi votre ange gardien intervient sous les déguisements les plus incongrus et, une fois de plus, on s'en tire.

Souvenirs : j'arrivai sous le fort de Gwalior dans la lumière ambrée d'une fin d'après-midi de décembre 1955. J'étais descendu de Delhi à toute petite allure, dormant souvent à côté de ma minuscule voiture (une Fiat « Topolino ») et m'émerveillant du charroi enchanteur des grandes routes de l'Inde si bien évoqué par Kipling : camions en panne aux carrosseries historiées dont le patron, assis sur ses talons, fume le hooka en attendant, parfois une semaine, les ressorts ou pignons commandés à la forge la plus proche, bateleurs, charrettes à bœufs avec la lampe-tempête suspendue sous la caisse, sadhous couverts de cendre, barbes teintées au henné portées par de grands rigolards, sosies de Gandhi pédalant dignement sur des vélos anglais bien graissés portant partout le regard de leurs lunettes rondes qui étincellent, véritable « Opéra de quatre roupies » de la route, cent fois plus picaresque que le fastidieux et pompeux cinéma indien. Même si les acteurs et les rôles se retrouvent, le scénario change tout le temps. On pourrait, assis sur le talus, observer ce manège, disons un an, sans s'ennuyer, ou placer une caméra « plan fixe » sous un arbre pipal, laisser tourner et ensuite raconter des histoires.

La citadelle de Gwalior, cent mètres au-dessus de la plaine, brillait de tous ses feux : forts bastions de grès rouge, façades vernies de faïence de palais tarabiscotés ; quelques couples de vautours tournaient haut dans le ciel cannelle. À l'entrée de la ville basse, j'arrêtai la voiture sous un banian dont l'immense ramure abritait une demi-douzaine d'échoppes et le samovar rutilant d'un marchand de thé. J'allai me désaltérer, blanc de poussière, le dos rompu par les cassis de la route, à moitié assoupi de fatigue, fébrile, une sorte de bonheur sourd me tapant dans les côtes.

J'étais là depuis quelques instants lorsqu'un tzigane noir comme la poix est venu s'installer à la table voisine avec une oursonne qu'il tenait à la chaîne. Il portait à la ceinture un tambourin à grelots et en bandoulière, une musette de toile élimée sur laquelle on pouvait encore lire « US Navy ». Tous deux étaient aussi fatigués que moi ; le pelage de l'oursonne était constellé de boules de bardane ; ils avaient dû quitter la route et couper par les collines et les taillis au nord de la ville. Elle lapait du Pepsi Cola que le gargotier avait versé pour elle dans une soucoupe. Il me regardait sans mot dire, ou plutôt, derrière moi, cette minuscule voiture qu'il aurait presque pu emporter dans sa grande besace de voleur. Je le regardais, tout heureux de retrouver ici un de ces tziganes que j'avais tant vus et écoutés sur les routes des Balkans. J'allais en voir bien d'autres en descendant vers le sud, avec leurs singes savants à gilet rouge et boutons de cuivre ou leurs petites forges à deux soufflets, réparant, soudant, rapiéçant toute la chaudronnerie qu'on leur apportait. L'oursonne une fois désaltérée, l'homme a posé quelques annas sur la table et est reparti avec sa bête qui trottinait à ses côtés. Elle s'est arrêtée et s'est retournée quatre fois pour me regarder avec une sorte de compassion. J'ai eu à peine le temps de me dire : « j'ai un ticket avec une ourse » que j'ai senti la fièvre revenir (cocktail d'hépatite et de malaria) comme une énorme vague, j'ai éloigné le bol de thé brûlant de devant mon visage et je suis paisiblement tombé dans le noir…

…Revenu à moi – mais qui était moi à l'époque, je ne me souviens plus – une poche de glace sur le front, bordé serré dans un lit blanc, dans une chambre austère et propre. Le gargotier, embarrassé par ce sahib évanoui m'avait fait transporter jusqu'au fort, où le collège «Scindia School» éduque des fils de maharadjahs ou de très riches bourgeois, attachés à la tradition rajpoute. J'étais l'hôte inattendu et bien involontaire du professeur J. M. Kanolkar qui enseignait l'histoire de l'Inde à ces nantis. Il n'avait pas hésité une seconde à héberger et soigner ce cataleptique dont il ne savait rien et c'est un geste que je n'oublierai jamais.

Sitôt réveillé, il m'assura qu'avec une solide cure de nivaquine, de dahl (purée de lentilles) et de citrons verts, je serais sur pied dans quelques jours, ce qui fut fait. Il m'a également prié, pour payer mon écot, de parler à ses élèves des pays que j'avais traversés, d'Istanbul à Agra. Ce qui fut également fait *ex cathedra* de mon oreiller, entouré de visages poupins et perlés de sueur d'héritiers si riches qu'aucun raisonnement, jamais, ne pourrait leur ôter de la tête l'idée qu'ils étaient les maîtres du monde et pour toujours. Comparé à l'enflure de ces jeunes nababs, le mot «suffisance» paraissait plus maigre et laborieux qu'une fourmi.

Cette année-là, l'Inde courtisait à la fois la Russie et la Chine, avec un regard en coin pour le maréchal Tito qui était justement à Gwalior pour y tirer un tigre appâté par une chevrette d'un petit mirador où il ne risquait rien (good sport!), et qui allait, après la conférence de Bandung (afro-asiatique) devenir avec l'Inde le leader du clan des «non-alignés». Dans ce contexte ambigu, je pouvais tenir à mes «élèves» les discours les plus subversifs, sans plus d'effet qu'un coup de poing dans un polochon. Une semaine plus tard, reposé et rétabli, je quittai le professeur Kanolkar et son épouse. Ils m'accompagnèrent jusqu'à la basse ville par cette sente vertigineuse bordée par les effigies géantes de patriarches Jaïn, les paupières baissées sur la fugacité du monde, avec leur air de dire «ne me la faites pas». Dans la ville basse, j'ai retrouvé ma voiture, briquée comme un joyau, le plein d'essence fait. Ne sachant trop que dire, je leur embrassai les mains et je démarrai. Dans le rétroviseur embué de chaleur, je les vis disparaître comme deux statues de sel. Un mois plus tard, je leur écrivis de Bombay, et six mois plus tard de Ceylan où j'étais aux prises avec les démons, les sorciers et les ombres. Sans réponse : lettres égarées, paresse ou la crainte de me voir revenir, je n'ai jamais su. Dans l'exemplaire de son livre qu'il m'a donné *The Struggle of Modern India,* Allahabad, 1953, le professeur avait écrit *« To N.B. who came as a stranger and left as a friend. »* Je n'ai plus jamais eu de ses nouvelles.

S'attacher et s'arracher sont les deux pôles de l'état nomade qui lui donnent son amertume, son parfum d'absinthe et que pudiquement, on passe trop souvent sous silence.

NICOLAS BOUVIER

Kleine tragbare Moral

Wer während einiger Monate oder allzu kurzer Jahre ein Wanderleben geführt hat, wird Gobineau zustimmen und einen Finger jeder Hand dafür hergeben, es eines Tages wiederzufinden: Es ist eine Erfahrung, von der man sich nie erholt.

Die Reise, das Anderswo-Leben, die Unsicherheit, die eine lange Wanderschaft mit sich bringt, haben mich erst dazu geführt, Geschichten zu flüstern, so wie ein auf die Glut gestellter Wasserkessel zu summen anfängt.

Ohne die Erfahrung des Nomadendaseins hätte ich vielleicht gar nie geschrieben. Ich tat es, um ganz kleine Dinge vor dem Vergessen zu bewahren: eine Wolke wie aus Wolle, die ihren Schatten über einen Berghang zieht, das verdutzte Krähen eines Hahns, ein Sonnenstrahl auf einem Samowar, eine Strophe, aufgesagt von einem Derwisch im Schatten eines defekten Lastwagens, oder die Rauchfahne über einem Vulkan auf Java. Man schreibt, um etwas abzuspeichern – wie mit dem Computer – und auch, um sich zu retten. Und hätte ich nicht gelesen, wäre ich vielleicht auch nicht gereist.

Lesen

Wie viele andere brachte mich in der Kindheit das Lesen zum Reisen. Versetzen Sie sich mal an den Anfang der Dreissigerjahre zurück: Es gab noch kein Fernsehen, und das Radio nahm stammelnd seinen Anfang (die ersten, von Squibbs kommentierten Fussballspiele «Goooool...»). Wir hatten natürlich keines, denn in den Augen meiner Eltern war Fussball vulgär und das neue Medium subversiv. Da ich mich langweilte, weihte mich mein Kindermädchen, als ich vier Jahre alt war, auf dem grünen Linoleum des Küchentischs in die Wunder des Alphabets ein, ein richtiger Durchbruch in die Welt der Erwachsenen.

Mein Vater war Bibliothekar und sprach vier Sprachen; meine Mutter sprach sie mit ebenso grosser Gewandtheit und war wahrscheinlich die schlechteste Köchin im Westen von Suez, wodurch ich zu einem gegen das mieseste Essen gefeiten Weltenbummler wurde. Beide waren unserem Planeten gegenüber sehr neugierig und gastfreundlich, das Haus war voller Bücher, aber auch offen für alle Fremden. Kurz, das Papiermesser war wichtiger als das Küchenmesser. Comics mussten aber nicht aufgeschnitten werden, und sie waren mit Bibi Fricotin, Popeye, Mandrake und Flash Gordon im *Journal de Mickey* oder in *L'Épatant* glücklicherweise gut vertreten. Wir bejubelten die Gaunerstreiche der *Pieds Nickelés* auf Kosten der Bürger und der Leute, die nicht den Ganovenkreisen angehörten und zu denen wir, ohne es zu wissen, bereits gehörten. Aber wir hüteten uns, diese Unterhaltungsbücher mit den «richtigen Büchern», die den gehörigen Respekt verdienten, in einen Topf zu werfen.

Im Alter von sechs bis zwölf Jahren lasen mein Bruder und ich im gemeinsamen Zimmer wie Kranke im Schein einer flackernden Kerze oder einer heimlich hineingeschmuggelten Taschenlampe, denn meine Mutter schraubte nach dem Nachtgebet die Glühbirnen aus und nahm sie mit, so dass wir im Dunkeln lagen wie im Bauch eines untergetauchten Unterseeboots. In einigen gierig durchlesenen, schlaflosen Jahren hatten wir das Gesamtwerk von Alexandre Dumas und Stevenson – die Reihe «Nelson» – Jack London, Curwood, Fenimore Cooper – die «Grüne Reihe» – und Jules Verne – die leuchtend rotgoldenen Bände des Verlegers Hetzel – verschlungen. Wir schliefen in der Schule, wo uns das Studium der Grammatik oder der Algebra viel weniger gebildet hätte. Wir standen zwischen der Hudson Bay und dem Baikalsee, zwischen Kandahar und Tucumàn mit der Geographie und deren Engeln auf vertrautem Fuss. Ganz zu schweigen von den Atlanten, die wir wie Krimis lasen, oder von der frühzeitigen Entdeckung der Niedertracht der Erwachsenen, denn dank einer Fehleinschätzung der Generation meines Vaters wurde alles, was irgendwie mit Abenteuern zu tun hatte, als Kinderliteratur abgetan und ohne weitere Umstände und ohne Zensur in Bücherreihen mit babyfarbenen Umschlägen gesteckt. In dieser unschuldigen Aufmachung entdeckte ich denn auch das erschreckende *The Star Rover* (Jack London) – Gefängnis, sadistische Gefängniswärter, Zwangsjacken – und den satanischen *Doktor Jekyll und Mister Hyde,* den Stevenson gewiss nicht für Knirpse wie uns geschrieben hatte.

Wer wie ich zu dieser Zeit und natürlich bis heute Bücher verschlungen hat, erinnert sich, wie wundervoll es war, diesen immensen Archipel zu durchwandern und sich die Windrose einzuprägen, ganz abgesehen vom Vergnügen an der verbotenen Frucht und den geheimen Exkursionen in die Welt der Erwachsenen. Klar, dass einem diese erträumte Geographie, diese magischen Ortsnamen – man liest einen und sagt sich: Dahin will ich eines Tages fahren – in den Beinen kribbelt. Später übt man dann seine Beine in einer Reihe von Ausflügen und in immer weiter reichenden und riskanteren Eskapaden, bis man eines Tages den Anker hebt und wirklich weggeht.

Von der Langsamkeit und dem Exotischen

Anlässlich einer Debatte im französischen Fernsehen über das Concorde-Flugzeug hörte ich vor etwa fünfzehn Jahren Denis de Rougemont in seinem sarkastischen Ton sagen: «Die Zukunft gehört der Langsamkeit und der Stille», ein Glaubensbekenntnis, das ihm praktisch ein Auftrittsverbot im Fernsehen eintrug. Er hatte Recht, trotz der Schönheit dieser Maschine: Wenn wir nicht aufhören, uns «immer schneller» fortzubewegen, landen wir schlussendlich in einer Partikelkammer im CERN, nach einer Existenz, die so kurz war wie die eines Bosons oder Protons. Langsamkeit und Stille: Das trifft ganz besonders fürs Reisen zu, welches nicht viel Devisen braucht, aber verlangt, dass man sich

Zeit lässt. Diese beiden Parameter sind übrigens umgekehrt proportional. Wenn man es eilig hat – was vorkommt und keine Schande ist –, sollte man zumindest ein wenig reich sein. Wenn man sich die Zeit nimmt (oder vielmehr gibt), zu schlendern, abzuschweifen, sich zu verirren, herumzuschnüffeln und sich an dunklen Ecken der Welt zu langweilen, da krank zu werden und danach wieder zu genesen, schlecht aufgenommen und am nächsten Tag von den gleichen Leuten wieder gut empfangen zu werden, ohne dass man versteht warum, und die Plackereien des Unterwegsseins erträgt, gibt einem die Reise diese Zeit wieder zurück, voller komischer Erinnerungen mit pockennarbigen Gesichtern, Augen wie Karfunkelsteinen, Talismanen, die in einer Westentasche Platz haben, oder mit einer neuen Sprache, die man unterwegs gelernt hat zu radebrechen.

In diesem Tempo schmilzt das Exotische wie Schnee auf dem Ofen. Das Exotische ist übrigens nur eine Art von kulturellem Missverständnis: Man versteht sich nicht, und das ist exotisch. Oder der Traum eines Philatelisten: Was gibt es Exotischeres als eine Briefmarkensammlung, das ist wie eine Laterna magica, mit der nicht nur Gebildete gereist sind. Eine Lupe in der Hand, bequem in einem Voltaire-Sessel sitzen, Filzpantoffeln an den Füssen, was für eine Reise! Das hier ist Äthiopien, das Island, das Malta oder die Sandwich-Inseln. Beim Anblick dieser blassen, gezähnten Marken mit kleinen arabischen Segelschiffen, Mangrovenbäumen, Eisbergen, Krokodilen reist man auf einem fliegenden Teppich rund um die Welt und frohlockt. Das Exotische wäre also eher etwas für Sesshafte, da sie nicht darunter leiden, ihre Träume nicht vor Ort zerstören lassen und somit auch nie enttäuscht sein werden.

Für jemanden hingegen, der reist und – wie früher – vom vorherigen Dorf kommt, vom gegenüberliegenden Dorf, vom Dorf auf der andern Bergseite, in ganz kleinen Etappen, hat sogar eine Reise um die Welt etwas von einem fast familiären Provinzausflug oder eher von hundert aneinandergereihten Spaziergängen. Die Gesichter, die Frisuren, die Nahrung, das Aussehen der Weiler verändern sich nämlich nie ohne Vorankündigung, ausser bei seltenen geologischen Verwerfungen, bei denen der Übergang so teuer bezahlt werden muss (die Pässe im Hindukusch oder im Karakorum), dass der Reisende geistig auf brüske Veränderungen vorbereitet ist. Meistens informiert man sich von einer Unterkunft zur andern, und alles Exotische verschwindet, nicht aber die Überraschung, die eine konkrete, andersartige Erfahrung ist und oft eine gute Überraschung, denn die Nachbarschaft ist der Vater der Verleumdung, und es kann sich herausstellen, dass die Etappe, von der einem so viel Schlechtes erzählt wurde, manchmal wie ein kleiner Garten Eden aussieht.

Von kleinen und grossen Reisen

Ich brauchte mehrere Jahre, um von Zagreb nach Yokohama zu gelangen, mit langen Winterpausen. Wenn ich an dieses Unterwegssein zurückdenke, hatte ich den Eindruck von aufeinander folgenden Spaziergängen oder von einem dieser Bummelzüge, die man in meiner Kindheit «Milchzüge» nannte, da sie an jedem Bahnhof anhielten, um die Milchkannen einzusammeln. In dieser Hinsicht gab es also nichts Exotisches, aber Überraschungen erwarteten einen überall.

Man sollte darum kleine und grosse Ausflüge nicht gegeneinander ausspielen, Blaise Cendrars' Dampfschiffe gegen Charles-Albert Cingrias gut geöltes Fahrrad, Brasilien oder die Transsibirische Eisenbahn gegen die Toskana oder Savoyen.

Die Welt beginnt gleich vor der Tür, und ich gebe Laotse recht, der vor 2500 Jahren schrieb: «Auch eine Reise von tausend Li (etwa 700 Kilometer) beginnt unter den Schuhsohlen.» Beim Reisen geht es nicht um Distanzen oder Kilometer; man braucht nicht bis in die Mongolei zu fahren, um sich zu verirren. Wenn Sie die Chaise-Dieu (Haute-Loire) verlassen, viermal nach links abbiegen und auf einem aufgeweichten Weg zu einem Bauernhof kommen, wo ein Furcht einflössender Hofhund knurrend an der Kette zieht, kann Sie sogar die Polizei nicht mehr finden. Verirrt, ja, verirrt. Reisen ist eine Frage der Einstellung, der äussersten Alarmbereitschaft, des Spürsinns und grösster Aufnahmefähigkeit für all die Einzelheiten, die das Leben ausmachen: glasklare Augen, der Geruch des Grases, ein buddhistischer Gong, der am Mittag über den Reisfeldern ausklingt, der Sonnenstand, eine Stimme, die beim Ja-Sagen heiser wird. Und vor allem das Zusammenschwingen von verschiedenen Elementen, die, aufeinander abgestimmt, Augenblicke schaffen, in denen sich die Einheit der Welt mit heiterer Evidenz zeigt und die wir wegen des zentralen Ungenügens der Seele und mangelnden «Da-Seins» nur allzu selten erleben.

Solche Momente des vollen Daseins tauchen nicht nur im Nomadenleben auf, sie können genauso gut in der Zelle eines Mönchs, im Bett einer Frau oder in einer wie ein Ei gelegten mathematischen Formel erscheinen, die mit noch frischer Kreide schillernd auf der Wandtafel steht und das Universum in neuem Licht erscheinen lässt.

Die Reise als Krücke

Charles-Albert Cingria, ein wahrer Zaubermeister des Herumtreibens, schrieb: «Man ist nicht Magier, weil ein romantisches Gefühl einen dazu bringt, man ist Magier oder man ist es nicht; meistens ist man es nicht.» Ich bin es nicht. Um mein Leben besser zu leben, brauchte ich ein Sesam-öffne-dich. Als ich mit achtzehn Jahren in der vollständigen, friedlichen Einsamkeit im Norden Lapplands war, glaubte ich zu erkennen, dass mein Sesam die Weite und meine Bestimmung das Reisen sei. Es gibt aber noch viele andere: Gebet, Musik, Absinth, Eros, Opium; jedem sein eigener Schlüssel, den man übrigens schnell wieder verlieren sollte, sobald die erste Tür geöffnet ist. Für mich war es das Reisen – Zentralchina oder die Ostschweiz. Wenn ich an einem Punkt angekommen

15

ZIGANES DES CHAMPS

Un village en Batchka.

Aujourd'hui les Tziganes ont presque disparu des campagnes de Serbie. Les uns sont morts pendant la guerre, massacrés ou déportés; beaucoup d'autres ont rejoint, avec leur cheval et leurs chaudrons, les banlieues de Belgrade, de Nisch ou de Subotica et sont devenus citadins. Cependant, dans le nord-est du pays, on trouve encore quelques villages de Tziganes sédentaires, cachés au fond des campagnes qui longent les frontières de Roumanie et de Hongrie. Villages qui apparaissent et disparaissent; un jour, après quelques années, ils sont abandonnés pour être rebâtis ailleurs, dans un coin plus solitaire. Mais personne à Belgrade ne saurait dire où.

*

Un après-midi d'août, dans une guinguette ... grade-Budapest, nous avons appris le nom d'un de ces villages fantômes: Bogoievo en Batchka, au sud de la petite ville de Sombor, cent vingt kilomètres à l'ouest de la tonnelle où nous buvions du vin blanc avec notre ami Mileta, peintre à Belgrade. Nous avons payé nos verres et les trois dans la *Topolino* nous sommes partis pour Bogoievo. L'été s'en allait doucement vers l'automne et les dernières cigognes tournaient au-dessus des prés.

Les routes de Batchka sont les plus mauvaises du pays. Elles appartiennent aux furets, aux meneuses d'oies, aux carrioles noyées de poussière. Il arrive qu'elles s'interrompent et coupent à travers champs. A l'abri de ses chemins jamais réparés, la Batchka a gardé le charme d'un temps disparu. La guerre et les camions du parti communiste n'ont pas ...

Nicolas Bouvier – Thierry Vernet... Deux amis, deux inséparables. Ils ont déjà accompli plusieurs randonnées ensemble, mais cette fois, c'est la grande aventure. Le tour du monde, pas moins. Les jeunes aujourd'hui n'ont peur de rien! Et comme beaucoup de nos lecteurs ont souvent rêvé sans doute d'une telle aventure, nous allons les suivre, ces deux jeunes. C'est-à-dire que Nicolas nous enverra ses articles au gré des étapes, quand ses loisirs lui permettront de les préparer. Car Nicolas écrit — et vous allez pouvoir apprécier le remarquable talent qu'il possède. Thierry, lui, est un artiste plein de sensibilité. Ses dessins viendront compléter l'illustration des reportages. Mais, il faut vivre en route et alimenter la vieille Topolino. Quelques collaborations à des journaux seraient insuffisantes pour couvrir les frais d'un tel voyage. Aussi, tandis que Thierry vend ses tableaux partout où il peut, et donne des leçons d'accordéon, Nicolas, en plus des articles qu'il essaye de placer ici ou là, donne des leçons de français et de littérature chaque fois que l'occasion s'en présente.

Le but de ce voyage: « Voir du pays » comme l'on dit, bien sûr! mais surtout essayer de mieux connaître et mieux comprendre les pays traversés, leurs mœurs, leur folklore, récolter des chansons, découvrir les Tziganes et prendre contact avec eux, étudier les hommes dans un livre de vie au format du globe.

Quittant Genève, ils sont partis vers l'Orient à peu près comme le dit Nicolas, au rythme de la Première Croisade, dont ils ont d'ailleurs suivi l'itinéraire un bon bout de chemin. Trieste, Yougoslavie, Grèce, Turquie, Iran. Leur premier hiver ils l'ont passé à Talbriz, ils comptent être à Tokio pour le prochain. Ensuite, ce sera le Pacifique et la Californie. Un magnifique voyage que vous aurez le plaisir, amis lecteurs, de faire avec eux.

Bonne route! Nicolas et Thierry.

hongroise qui est *restée ce* qu'elle était: riche, patriarcale, catholique. C'est déjà la plaine à chevaux, l'horizon de pâtures vertes où s'élèvent de lointains bouquets de noyers et l'antenne des puits à balancier. On y voit des femmes très belles qui portent le dimanche un costume d'une opulence mélancolique, des hommes petits, bavards, obligeants, qui vont à la messe de midi en souliers à boucles d'argent. L'ambiance est capricieuse et triste; en une journée, on est ensorcelé.

*

La nuit bien tombée, nous avons fini par trouver Bogoievo, village cossu et silencieux, centré sur une lourde église baroque blanchie à la chaux. Deux rangées de fermes toutes pareilles tournées vers les cours où se devinait le feuillage des tilleuls. Une paix saisissante. Pas de lumière sauf à l'auberge d'où venaient les bruits feutrés d'une partie de billard. Nous sommes entrés pour demander une chambre. La salle était sombre et l'ombre des joueurs bougeait sur les murs; trois paysans en complet noir qui combinaient sans dire un mot des coups rapides, astucieux. Un ancien portrait de Lénine pendait accroché très haut au-dessus du comptoir, Lénine en cravate Lavallière, frisotté, attendri, moitié prophète, moitié ténor. Assis vers la fenêtre, sa pelisse sur les genoux, le diable tournait du pain dans sa soupe; mais pas trace de Tziganes. Nous nous étions trompés de Bogoievo; parce qu'il y a deux villages: Bogoievo des paysans et Bogoievo-Tzigane, le côté Ramuz et le côté Stravinsky. On a interrogé le patron; les Tziganes étaient à quelques kilomètres sur la digue du Danube, leur village dormait déjà, mais on trouverait les hommes au bord du fleuve, dans le cabanon d'un pêcheur où ils allaient le soir boire et chanter.

*

C'était une baraque isolée couverte de liserons. Elle trempait dans le brouillard devant un pont rompu. La tonnelle était vide, mais de la cuisine éclairée au pétrole montait une musique d'une gaieté canaille. On s'est approché de la fenêtre: il est rare de prendre les Tziganes au gîte, mais cette fois, c'était vraiment le terrier; une lourde campagnarde, pieds nus, dansait avec un militaire; le pêcheur près de la lampe vidait des anguilles, cinq Tziganes assis en rang derrière une table chargée de litres grattaient leurs instruments rapiécés et chantaient. Un violon crin-crin, une contrebasse, une guitare et deux tamboritza, les guitares à cinq cordes des Balkans. Cinq Tziganes dans la quarantaine, pouilleux, tendres, futés, distingués. Larges pommettes, cheveux noirs et plats assez longs sur la nuque. Des têtes d'hindous, mais dont les yeux reflétaient mille ans passés sur les chemins d'Europe; des hindous cachant l'as de cœur et la clef des champs au fond de leurs chapeaux, ces vieux feutres gris bord-cassé qui sont le coup d'épate des Tziganes du pays.

Quand un Tzigane est au travail, le violon n'est pas loin...

Mère tzigane.

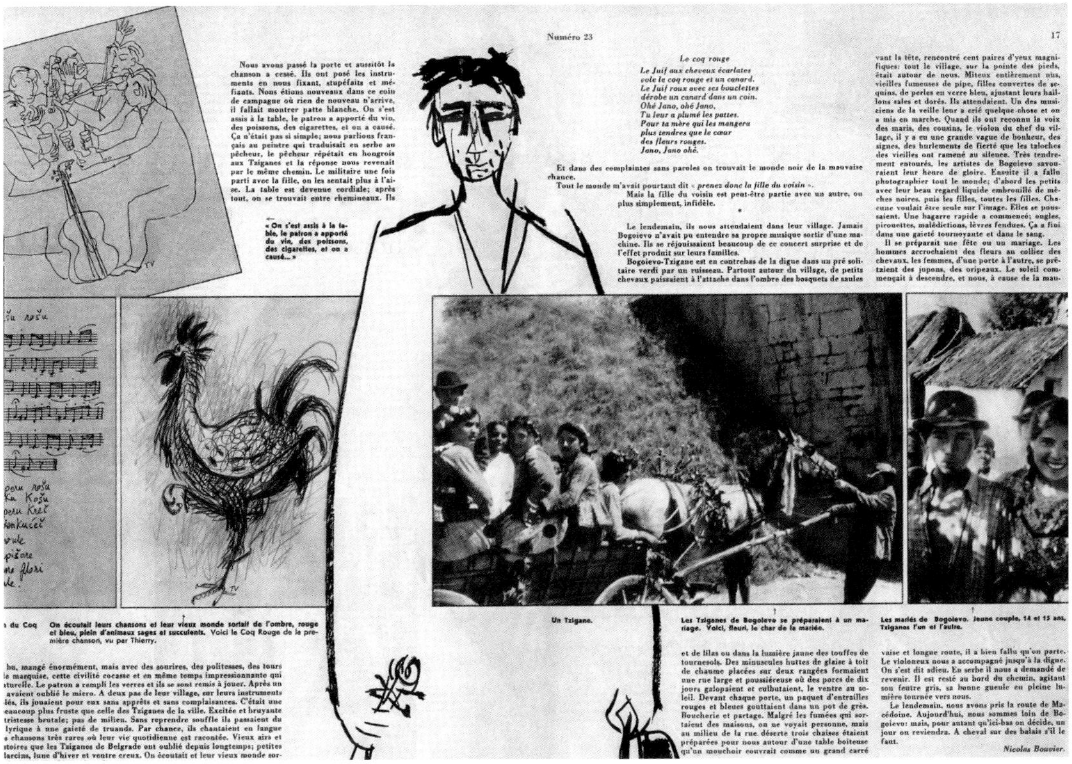

Numéro 23 17

Nous avons passé la porte et aussitôt la chanson a cessé. Ils ont posé les instruments en nous fixant, stupéfaits et méfiants. Nous étions nouveaux dans ce coin de campagne où rien de nouveau n'arrive, il fallait montrer patte blanche. On s'est assis à la table, le patron a apporté du vin, des poissons, des cigarettes, et on a causé. Ça n'était pas si simple; nous parlions français au peintre qui traduisait en serbe au pêcheur, le pêcheur répétait en hongrois aux Tziganes et la réponse nous revenait par le même chemin. Le militaire une fois parti avec la fille, on les sentait plus à l'aise. La table est devenue cordiale; après tout, on se trouvait entre chemineaux. Ils ... bu, mangé énormément, mais avec des sourires, des politesses, des tours ... le marquise, cette civilité cocasse et en même temps impressionnante qui ...turelle. Le patron a rempli les verres et ils se sont remis à jouer. Après un ... avaient oublié le micro. A deux pas de leur village, sur leurs instruments ...lés, ils jouaient pour eux sans apprêts et sans complaisances. C'était une ...eaucoup plus fruste que celle des Tziganes de la ville. Excitée et bruyante ... tristesse brutale; pas de milieu. Sans reprendre souffle ils passaient du ... lyrique à une gaieté de truands. Par chance, ils chantaient en langue ... chansons très rares où leur vie quotidienne est racontée. Vieux airs et ...stoires que les Tziganes de Belgrade ont oublié depuis longtemps; petites larcins, lune d'hiver et ventre creux. On écoutait et leur vieux monde sor...

« On s'est assis à la table, le patron a apporté du vin, des poissons, des cigarettes, et on a causé... »

Le coq rouge

Le Juif aux cheveux écarlates
vole le coq rouge et un canard.
Le Juif roux avec ses bouclettes
dérobe un canard dans un coin.
Ohé Jano, ohé Jano,
Tu leur a plumé les pattes.
Pour ta mère qui les mangera
plus tendres que le cœur
des fleurs rouges.
Jano, Jano ohé.

Et dans des complaintes sans paroles on trouvait le monde noir de la mauvaise chance.

Tout le monde m'avait pourtant dit « *prenez donc la fille du voisin* ».

Mais la fille du voisin est peut-être partie avec un autre, ou plus simplement, infidèle.

*

Le lendemain, ils nous attendaient dans leur village. Jamais Bogoievo n'avait pu entendre sa propre musique sortir d'une machine. Ils se réjouissaient beaucoup de ce concert surprise et de l'effet produit sur leurs familles.

Bogoievo-Trigane est en contrebas de la digue dans un pré solitaire verdi par un ruisseau. Partout autour du village, de petits chevaux paissaient à l'attache dans l'ombre des bosquets de saules et de lilas ou dans la lumière jaune des touffes de tournesols. Des minuscules huttes de glaise à toit de chaume placées sur deux rangées formaient une rue large et poussiéreuse où des porcs de dix jours galopaient et culbutaient, le ventre au soleil. Devant chaque porte, un paquet d'entrailles rouges et bleues gouttaient dans un pot de grès. Boucherie et partage. Malgré les fumées qui sortaient des maisons, on ne voyait personne, mais au milieu de la rue déserte trois chaises étaient préparées pour nous autour d'une table boiteuse qu'un mouchoir couvrait comme un grand carré ... vant la tête, rencontré cent paires d'yeux magnifiques: tout le village, sur la pointe des pieds, était autour de nous. Miteux entièrement nus, vieilles fumeuses de pipe, filles couvertes de sequins, de perles en verre bleu, ajustant leurs haillons sales et dorés. Ils attendaient. Un des musiciens de la veille leur a crié quelque chose et on a mis en marche. Quand ils ont reconnu la voix des maris, des cousins, le violon du chef du village, il y a eu une grande vague de bonheur, des signes, des hurlements de fierté que les taloches des vieilles ont ramené au silence. Très tendrement entourés, les artistes de Bogoievo savouraient leur heure de gloire. Ensuite il a fallu photographier tout le monde; d'abord les petits avec leur beau regard liquide embrouillé de mèches noires, puis les filles, toutes les filles. Chacune voulait être seule sur l'image. Elles se poussaient. Une bagarre rapide a commencé; ongles, pirouettes, malédictions, lèvres fendues. Ça a fini dans une gaieté tournoyante et dans le sang.

Il se préparait une fête ou un mariage. Les hommes accrochaient des fleurs au collier des chevaux, les femmes, d'une porte à l'autre, se prêtaient des jupons, des oripeaux. Le soleil commençait à descendre, et nous, à cause de la mauvaise et longue route, il a bien fallu qu'on parte. Le violoneux nous a accompagné jusqu'à la digue. On s'est dit adieu. En serbe il nous a demandé de revenir. Il est resté au bord du chemin, agitant son feutre gris, sa bonne gueule en pleine lumière tournée vers nous.

Le lendemain, nous avons pris la route de Macédoine. Aujourd'hui, nous sommes loin de Bogoievo: mais, pour autant qu'ici-bas on décide, un jour on reviendra. A cheval sur des balais s'il le faut.

Nicolas Bouvier.

... du Coq

On écoutait leurs chansons et leur vieux monde sortait de l'ombre, rouge et bleu, plein d'animaux sages et succulents. Voici le Coq Rouge de la première chanson, vu par Thierry.

Un Tzigane.

Les Tziganes de Bogoievo se préparaient à un mariage. Voici, fleuri, le char de la mariée.

Les mariés de Bogoievo. Jeune couple, 14 et 15 ans, Tziganes l'un et l'autre.

Nicolas Bouvier: *Ziganes des champs.* In: L'Écho illustré, 5.6.1954. Der Artikel verwendet Fotografien von Nicolas Bouvier und Zeichnungen von Thierry Vernet.

Nicolas Bouvier: Ziganes des champs. *Dans: L'Écho illustré, 5.6.1954. L'article est illustré de photographies de Nicolas Bouvier et de dessins de Thierry Vernet.*

war, wo ich die Dinge nicht mehr als vereinzelt und getrennt, sondern als miteinander verbunden, solidarisch, harmonisch wahrnahm, ging es für mich darum, den Ort oder zumindest das Wenige, das ich davon begriffen hatte, zu erzählen.

Die Wörter

Aber warum erzählen? Eine Reise braucht keinen Grund und noch weniger Wörter. Auf jeden Fall nicht, um ein «literarisches Werk» zu schaffen, ein kindisches, selbstzerstörerisches und von vornherein zum Scheitern verurteiltes Unterfangen. Es gibt zwei Gründe. Der erste: Das Leben war zu dicht, zu farbig, verwirrend und gut, als dass man es für sich behalten könnte, ohne, wie der Frosch aus der Fabel, zu platzen; der zweite: Es war so heimtückisch, beunruhigend, gefährlich, dass man versuchen musste, mehr über das zu erfahren, was einem fast das Leben gekostet hatte, und sich von dieser Erfahrung zu befreien, indem man ihr Form gibt. Entzücken und Erfülltsein oder fein säuberlich ausgearbeiteter Exorzismus, dazwischen gibt es meiner Meinung nach nur Blechmusik und Musikpavillon.

Man reist nicht, um zu schreiben, und das ist gut: Viele Reisen verzehren sich an Ort und verlangen nicht danach, erzählt zu werden. Sie verschwinden, ohne ein Wort von sich zu geben, und lassen einen nach der Heimkehr vor einem leeren Koffer zurück, aus dem nur ein leichter Geruch von mazedonischen Zwiebeln oder Pekingente aufsteigt. Es hat keinen Wert, weiter zu bohren, man weiss es einfach. Andere Reisen wiederum wollen erzählt werden und klopfen ganz unerwartet heftig an die Tür, manchmal zwanzig Jahre später. Man zögert ein wenig, und dann ergibt man sich. Man gräbt ein paar von Schweiss gegerbte Tagebücher aus, eine oder zwei von Mäusen angenagte Landkarten im Massstab 1:25000, man lädt sein Gedächtnis und seine Schatten vor und setzt sich an die Werkbank. Während der Zeit, die es braucht – und das kann lange sein –, ist man häuslicher und fröstelnder als ein Mönch und pingeliger als ein Gärtner. Diesmal wird man das Glück haben, die Setzlinge, die man in die Erde gesteckt hat, wachsen zu sehen. Nach geduldigem Ausbrüten steigen die verloren geglaubten Bilder hoch wie Champagnerblasen, überraschend präzise und manchmal schmerzhaft, und danach geht man im riesigen Basar die Worte suchen, die ihnen gerecht werden könnten. Eher die Arbeit eines Handwerkers als die eines Demiurgen; wir erschaffen ja weder die Worte noch die Dinge, aber es erweist sich, dass zu jedem Wort eine Sache gehört und zu jeder Sache ein Wort. Das Problem ist bloss, dass sie sich sehr häufig nicht kennen. Und da kommt nun der Schriftsteller ins Spiel. Seine Arbeit besteht nämlich darin, zwischen den beiden die Funktion eines Kupplers oder eines Postboten zu erfüllen, und wenn das so gebildete Paar gut aussieht und Kinder erwarten lässt, sagt sich der Leser: «Verdammt nochmal, genau das ist es. Ich hätte selbst darauf kommen können», und schnalzt mit den Fingern. Nein, er konnte es nicht, denn er hat anderes zu tun, das ist unsere Arbeit, und man sollte sie uns lassen, sonst beschweren wir uns beim Arbeitsgericht.

Wenn man ungefähr weiss, was man sucht, und guter Laune ist, ist es ein Vergnügen, im grossen Wortschatzmarkt einzukaufen. Man schaut sich alle Auslagen an, auch die hintersten und am stärksten duftenden: Gerüche, Gewürze, Töne, Farben, alles muss genauestens durchkämmt werden, der ganze «Grand Larousse» und sogar der «Littré», besonders wenn es darum geht, eine fremde Kultur zu beschreiben, die sich nicht allzu sehr beeilt hat und in einer anderen Zeit als der unseren lebt. In diesem Kontext können sogar ungebräuchliche, vergessene, veraltete und «ex-koloniale» Wörter gute Dienste leisten und wieder die Frische von gewitterfeuchter Kresse erhalten. Darum ist es auch undenkbar, dass ein vierhundert Jahre vor dem metrischen System gepflanzter Banianbaum «dreissig Meter» hoch ist, nein, es sind «100 Ellen». Das Streben nach Genauigkeit kann einem dann als Manieriertheit angekreidet werden, aber das ist unwichtig. Diese ausrangierten Wörter wurden nämlich nie ersetzt, und wir brauchen sie. Auch die älteste lexikalische Ware muss ganz frisch sein. Ohne Frische gibt es keine Sprache mehr, nur noch Nekrologe und Epitaphe. Man beriecht und beschnuppert also diese Wörter, man wägt sie ab und kostet sie wie ein Dreisternküchenchef beim Einkaufen. Es gibt gesegnete Tage (zu wenige), wo man sofort findet, was man sucht: Wörter, die richtig klingen, die genau stimmen, wie Kieselsteine glänzen und die man gleich bewohnen kann. Man füllt seine Westentaschen und zwei grosse Körbe, und zu Hause leert man diese semantische Beute auf den Tisch und macht fröhlich seine Arbeit als Wort-Postbote – wobei man immer deren Grenzen vor Augen hat, da das Wichtigste nicht gesagt werden kann –, oder wenn Sie es vorziehen, als Amtsschreiber der Welt.

Das ist eine Art fröhliches Blindekuh-Spiel (warm, heiss), bei dem man manchmal Momente totalen Glücks erlebt und sich schnurrend sagt: Ich mache genau das, wofür ich geschaffen wurde.

Vom guten Gebrauch der Krankheiten

Man sollte nicht wie viele Reiseberichte unangenehme Überraschungen, Panik, Krankheiten oder Tage unendlicher Langeweile verschweigen, die jede Reise mit sich bringt. Man nehme sich die Angelsachsen zum Vorbild, die ihren Humor und ihre Selbstironie selbst in den schwierigsten Situationen nicht verlieren. So wie der englische Ornithologe Redmond O'Hanlon, berühmt für seine *Help* titulierten Erzählungen über Borneo, der in seinem Tagebuch eine himmeltraurige Expedition in Nicaragua beschreibt, bei der alles schief ging: Malaria, korrupte Zöllner, Mückenschwärme über allen Köpfen, ungenaue 1:25000-Karten, allgemeine Schlamperei. In der schlimmsten Phase ihres Abenteuers wurden sie von einem Schwarm wilder Bienen angegriffen und waren gezwungen, bis zum Hals in einen stinkigen Morast zu tauchen. Nicht ein einziges Mal sahen oder hörten sie den Vogel, für den sie die Reise unternommen hatten. «Help indeed!». Der Leser kann sich vor Lachen kaum halten, obwohl diese Widrigkeiten objektiv schrecklich und manchmal sogar gefährlich waren. Bernhard Shaw hatte Recht, wenn er schrieb, dass «der Humor die Höflichkeit der Verzweiflung» ist. Wir wissen alle, dass jede Reise auch Missgeschicke mit sich bringt, und dass man unmöglich lange unterwegs sein kann, ohne sich eine solide Gedulds- und Misserfolgs-Moral anzueignen, die im jüdisch-christlichen Westen viel zu wenig gepflegt wird. Umso mehr, als die Sesshaften unsere Unternehmen als absurd und zwecklos ansehen. Ein Freund von mir, der sich in den Kopf gesetzt hatte, Slowenien bei starkem Regen zu Fuss zu durchwandern, kam erschöpft und völlig durchnässt in der letzten noch erleuchteten Herberge eines Dorfes an und fragte nach einem freien Zimmer, worauf ihm der Wirt antwortete: «Ich bin nicht verrückt, Meister, ich bleibe zu Hause.» [Im Original in Deutsch] Wegen dieses schulmeisterlichen Beizers, der, unter seinem Vordach geschützt, Rauchwölkchen aus seiner langen Porzellanpfeife aufsteigen liess, zweifelte er einen Moment an seiner Bestimmung. Er ging jedoch am nächsten Tag weiter, obwohl es immer noch regnete. Die Partie ist nicht gewonnen, wenn wir weggehen, sondern wenn wir trotz allem weitergehen. Ich traf ihn einige Wochen später in Belgrad, und dann reisten wir zwei Jahre zusammen, bis Kabul, ohne dass er je wieder gezweifelt hätte. Auch Krankheiten sollte man nicht verschweigen, die einen erwischen, wenn man am schlechtesten darauf vorbereitet ist: auf kleinen, vor Hitze und Elend niederschmetternden Bahnhöfen oder in Landschaften, deren Unwichtigkeit oder Armut bedrohlich wirken. Dann sagt man sich: Das ist das Ende der Reise, jetzt geht's nicht mehr weiter, ich werde hier verrecken. Worauf Ihr Schutzengel in der ungewohntesten Verkleidung erscheint und man einmal mehr heil davonkommt.

Erinnerungen: Ich kam im Bernsteinlicht eines späten Nachmittags im Dezember 1955 unter dem Fort von Gwalior an. Ich war ganz gemächlich von Delhi hierhergefahren, hatte oft neben meinem winzigen Auto (einem Fiat Topolino) geschlafen und mit Vergnügen dem faszinierenden Verkehr auf den grossen indischen Strassen zugeschaut, die Kipling so gut beschrieben hat: defekte Lastwagen mit vollbemalten Karrosserien, deren Besitzer, auf den Fersen hockend, ihre Hooka rauchen und manchmal eine Woche lang auf die in der nächsten Schmiede bestellten Federn oder Ritzel warten, Gaukler, Ochsenkarren mit einer Sturmlampe unter dem Kasten, mit Asche bedeckte Sadhu, froh gesinnte Kerle mit hennagefärbten Bärten, Doppelgänger von Gandhi, die würdig auf gut geölten englischen Fahrrädern fuhren und durch ihre runden, blitzenden Brillengläser alles beobachteten, eine richtige «Dreirupien-Oper» der Strasse, hundertmal abenteuerlicher als die pompösen indischen Filme. Auch wenn immer wieder die gleichen Schauspieler und Rollen auftauchen, ist das Drehbuch nie das gleiche. Man könnte diesem Treiben, auf einer Strassenböschung sitzend, sagen wir mal, ein Jahr lang zuschauen, ohne sich zu langweilen, oder eine Kamera unter einem Pipalbaum aufstellen, mit fester Einstellung laufen lassen und dann Geschichten erzählen.

Die hundert Meter über der Ebene thronende Zitadelle Gwalior strahlte in ihrer ganzen Pracht: Forts mit Bollwerken aus rotem Sandstein, mit überladenem Palastporzellan verzierte Fassaden; einige Geierpaare drehten hoch oben am zimtfarbenen Himmel ihre Kreise. Ich hielt mit dem Auto am Eingang zur Unterstadt bei einem Banianbaum an, unter dessen weit ausladenden Ästen sich ein halbes Dutzend Verkaufsstände und ein Teeverkäufer mit seinem blitzenden Samowar niedergelassen hatten. Da wollte ich mich erfrischen, weiss von Staub, der Rücken gemartert von den Querrinnen der Strasse, vor Müdigkeit halb eingenickt, fiebrig, in einer Art von dumpfem Glück, das an meine Rippen pochte.

Ich sass erst kurze Zeit da, als sich ein pechschwarzer Zigeuner, der an einer Kette eine Bärin mit sich führte, am Nebentisch niederliess. Am Gürtel trug er ein Tamburin mit Schellen und hatte einen Brotbeutel aus abgenütztem Tuch über die Schulter gehängt, auf der noch «US Navy» zu lesen war. Die beiden waren genauso müde wie ich. Das Fell der Bärin war von Klettenkugeln verklebt; sie hatten wohl die Strasse verlassen und eine Abkürzung über die Hügel und durch den Buschwald im Norden der Stadt genommen. Sie lappte das Pepsi Cola, das ihr der Wirt in eine Untertasse geleert hatte. Er schaute schweigend zu mir hin, oder vielmehr zum winzigen Auto hinter mir, das er fast in seiner grossen Diebestasche hätte mitnehmen können. Ich schaute ihn an und war glücklich, hier einen dieser Zigeuner zu treffen, die ich so oft im Balkan auf den Strassen gesehen und gehört hatte. Ich sollte bei meiner Fahrt in den Süden noch viel mehr von ihnen treffen, mit ihren gelehrten Affen in rotem Wams mit Kupferknöpfen oder mit ihren kleinen Schmieden mit zwei Blasbälgen, die alle Blechwaren, die man ihnen brachte, reparierten, löteten, flickten. Als die Bärin ihren Durst gelöscht hatte, legte der Mann einige Annas auf den Tisch und ging weg, begleitet von dem neben ihm her trottenden Tier. Da blieb die Bärin stehen, drehte viermal den Kopf nach mir um und betrachtete mich mit einer Art Mitleid. Ich konnte mir gerade noch sagen: «Ich habe Chancen bei einer Bärin», und schon fühlte ich einen Fieberschub (ein Cocktail von Gelbsucht und Malaria) wie eine riesige Welle über mich kommen. Ich schob die Schale heissen Tee vor meinem Gesicht weg, und es wurde mir friedlich schwarz vor den Augen.

… Als ich wieder zu mir kam – aber wer war dieses Ich damals schon, ich erinnere mich nicht mehr –, hatte ich einen Eisbeutel auf der Stirn und lag gut eingepackt in einem weissen Bett in einem nüchternen, sauberen Zimmer. Der Inhaber des Teestands hatte nicht gewusst, was mit dem ohnmächtigen Sahib anfangen, und hatte mich ins Fort bringen lassen, in die «Scindia School», ein Collegium für die Söhne von Maharadschas oder reichen, an der Rajput-Tradition hängenden Bürgern. Ich war ungewollt der unerwartete Gast von Professor J.M. Kanolkar, der diesen wohlhabenden Sprösslingen indische Geschichte beibrachte. Er hatte keine Sekunde gezögert, diesen ohnmächtig Umgefallenen, von dem er nichts wusste, aufzunehmen und zu pflegen, und das werde ich ihm nie vergessen.

Kaum war ich aufgewacht, versicherte er mir, dass ich mit einer guten Kur Nivaquin, Dahl (Linsenpuree) und grünen Zitronen in einigen Tagen wieder auf den Beinen sein würde, was auch geschah. Er bat mich, als Gegenleistung seinen Schülern von den Ländern zu erzählen, durch die ich von Istanbul bis Agra gereist war. Was ebenfalls geschah, ex cathedra von meinem Kopfkissen aus, umgeben von den pausbäckigen, schweissperlenden Gesichtern dieser Erben, die so reich waren, dass es unmöglich sein würde, ihnen mit wie auch immer gearteten Argumenten je die Idee auszutreiben, Herren der Welt zu sein und zu bleiben. In Bezug auf die Aufgeblasenheit dieser jungen Nabobs schien das Wort «Dünkel» schmächtiger und bemühter als eine Ameise.

In diesem Jahr machte Indien Russland und China den Hof, mit einem Blick aus den Augenwinkeln zu Marschall Tito, der eben in Gwalior war, um einen von einem Zicklein angelockten Tiger von einem kleinen Wachturm aus abzuschiessen, wo er sicher nichts riskierte (good sport!), und der nach der (afro-asiatischen) Konferenz von Bandung zusammen mit Indien Leader der blockfreien Länder werden sollte. In diesem zweideutigen Kontext konnte ich meinen «Schülern» die subversivsten Reden halten, ohne dass sie mehr Wirkung gehabt hätten als ein Faustschlag auf ein Kopfkissen. Eine Woche später verliess ich Professor Kanolkar und seine Frau ausgeruht und genesen. Sie begleiteten mich bis zur Unterstadt über den steilen Weg, gesäumt von riesigen Statuen von Jain-Patriarchen mit vor der Unbeständigkeit der Welt gesenkten Augenlidern und einem Mir-könnt-ihr-nichts-vormachen-Ausdruck. In der Unterstadt fand ich mein Auto wieder, blank geputzt wie ein Edelstein und mit vollem Benzintank. Da ich nicht recht wusste, was sagen, küsste ich ihnen die Hand und fuhr los. Im von der Hitze beschlagenen Rückspiegel sah ich sie wie zwei Salzsäulen verschwinden. Einen Monat später schrieb ich ihnen von Bombay und sechs Monate später von Ceylon, wo ich mit Dämonen, Hexenmeistern und Schatten kämpfte. Keine Antwort: verlorene Briefe, Faulheit oder die Furcht, mich wiederzusehen, ich weiss es bis heute nicht. In sein Buch *The Struggle of Modern India,* Allahabad, 1953, das der Professor mir geschenkt hatte, hatte er geschrieben: «To N.B. who came as a stranger and left as a friend.» Ich erfuhr nie, was aus ihm wurde.

Sich binden und sich losreissen, diese beiden Pole verleihen dem Nomadenleben seine Bitterkeit und seinen Absinthgeruch und werden nur allzu oft schamvoll verschwiegen.

ROGER PERRET

«Das Staunen, die Abnützung und das Lied der Reise»[1]

I.

Warum verlassen zwei Frauen 1939 die Schweiz, «das schönste Land der Erde»? Was treibt Annemarie Schwarzenbach und Ella Maillart an, statt der Idylle mit dem Blumenmädchen auf dem Simplon (S. 15) eine Welt aus Steinen, Staub und Hitze aufzusuchen? Warum folgen fünfzehn Jahre später Nicolas Bouvier und Thierry Vernet den Spuren jener Fahrt? Weshalb haben sich diese heute fast kultisch verehrten Reisenden überhaupt nach Afghanistan begeben? Vier Beteiligte, zwei Reisen, ein Ziel – aber welche Gemeinsamkeiten, welche Unterschiede?

Als Annemarie Schwarzenbach und Ella Maillart im Juni 1939 von Genf aufbrachen, hatten sie ein klares Ziel: Afghanistan. Dazu sollte die Reise auch eine therapeutische Funktion erfüllen: Unter den Augen der moralisch integren Ella Maillart wollte sich Annemarie Schwarzenbach von ihrer Drogensucht lossagen. Der geographische Ort wurde von den beiden erfahrenen Asienreisenden relativ problemlos erreicht, während die Begleiterscheinungen des Unternehmens mehr Fragen als Antworten evozierten. Schon die Zeitumstände dieser Fahrt waren ungünstig: In Europa herrschte ein unsicheres, bedrohliches Klima, was auch auf die psychische Verfassung der beiden Frauen abfärbte. Nicht zuletzt der Zweite Weltkrieg, der nach ihrer Ankunft in Afghanistan ausbrach, und sein deprimierender Schatten machten die Fahrt zu einem «bitteren Weg». Die Konflikte entzündeten sich auch zwischen den Reisenden selbst, weil sie charakterlich und weltanschaulich unterschiedlich waren. Von Glück und Lachen ist deshalb in den Berichten der beiden Frauen nur selten die Rede: Ella Maillart beschreibt eindrücklich, wie ihr die vom eigenen und fremden Leid besessene Annemarie Schwarzenbach den Zauber des Reisens vermasselte.

Ganz andere Voraussetzungen bei Nicolas Bouvier und Thierry Vernet: Beide reisten zum ersten Mal nach Asien und standen am Anfang ihrer Laufbahn als Reisende und Künstler. Im Gegensatz zu den beiden Frauen hatten sie keinen Auftrag, über ihre Fahrt ein Buch oder Reportagen zu verfassen. Und deren Suche nach einem ursprünglichen, nomadischen Leben in Afghanistan teilten sie auch nicht. Eher war die durch den Weltkrieg und danach durch den Kalten Krieg bedingte Igelhaltung der Schweiz ein Grund, dass die zwei Freunde dem muffigen Klima der Heimat den Rücken kehren wollten. Nicolas Bouvier hatte einfach «Lust, alles stehen- und liegenzulassen»[2], und unterwegs – on the road – zu sein, vielleicht bis nach Afghanistan, vielleicht aber auch bis ans Ende der Welt. Denn das Ziel lag an keinem bestimmten Ort, sondern im Unterwegssein.

Mit «zwei Jahre Glück» betitelte Nicolas Bouvier später die Reise mit seinem Freund. So ungenau die Dauer des im Grunde nicht messbaren Glücksgefühls angegeben wurde (das gemeinsame Unterfangen dauerte in Wirklichkeit achtzehn Monate), so verklärend war auch der Rückblick: Krankheit, Angst, Überdruss, Einsamkeit und, selten, Streit mit Thierry Vernet manifestierten sich ebenso sehr wie zuvor bei der Fahrt der beiden Frauen. Und während deren Reise nach Afghanistan noch stark einem Aufbruch ins Unbekannte glich, konnten Nicolas Bouvier und Thierry Vernet einer bereits vertrauten Spur ihre eigene Schattierung verleihen: «Alle Bilder dieser *Voie cruelle* (...) berühren mich und sprechen mich an. Zu fast jedem gehört für mich ein Ton, ein Geruch, eine Farbe, ein Gesicht».[3]

II.

Beide Reisen waren geprägt von der Abenteuerlust, dem Fernweh und der Sehnsucht nach den Weiten Asiens. Dem Pathos des allein reisenden Weltentdeckers zog man die pragmatische Verbindung mit einem Partner vor. Was Katharina Sykora als Bestandteile der «personellen Doppel-Konstellation» von Annemarie Schwarzenbach und Ella Maillart ausmacht: «Arbeitsteilung, Finanzierungsmodalitäten und der Austausch von Know How»[4], gilt auch für Nicolas Bouvier und Thierry Vernet.

Genauer gesagt, gab es noch einen dritten, den robustesten und treuesten, Partner: das Auto! Die bescheideneren oder vielleicht naiveren Zielsetzungen der beiden Männer zeigen sich in der Wahl des Fahrzeuges. Im Vergleich zum schon äusserlich imponierenden Ford Cabriolet nimmt sich ihr Fiat Topolino wie ein Winzling aus, der in den riesigen Landschaften zu verschwinden scheint. Wie sehr das Auto personalisiert wurde, zeigt sich nicht nur in Beschreibungen Annemarie Schwarzenbachs oder Nicolas Bouviers, sondern im Umgang mit ihm. So liessen sich sowohl die Zürcherin als auch der Genfer vor der Fahrt in einer Garage in die technischen Details einweihen, wobei dieser das Auto übungshalber in zahlreiche Einzelteile zerlegte und wieder zusammensetzte. Unterwegs mussten er und sein Freund den am Berg bockenden Topolino manchmal gar entladen, damit sie ihn wie ein trotziges Kind geduldig hinaufbugsieren konnten. Die körperlichen Strapazen der Reisenden werden öfters als Belastungen des Fahrzeuges interpretiert. In diesem Sinne nannte Thierry Vernet nicht ihr Tun, sondern den «staubbedeckten» Topolino «heldenhaft» (S. 258).

Das Auto als Inbegriff der Fortbewegung erlaubt es, immer weiter in das «Herz Asiens» einzudringen. Es ermöglicht die Kontaktnahme mit dem Fremden und verkörpert zugleich den Abstand zu ihm. Nur mit rudimentären Sprachkenntnissen bewandert, versuchen die Reisenden mittels der «stummen Schönheit» ihres vierrädrigen Partners in einen Dialog mit den Einheimischen zu treten. Durch einen Kniff gelingt Nicolas

Bouvier und Thierry Vernet dieser Brückenschlag: Mit Schriftzeichen des fremden Landes – Versen des persischen Dichters Hafis – auf einer Tür ihres Topolino (S. 127) lässt sich das Herz des Orients, die Gastfreundschaft, leichter erobern. Zugleich schützt dieser Verfremdungs- wie Anpassungseffekt den Wagen erfolgreich vor einem unerlaubten Zugriff. Aber täuscht der enge Kontakt zwischen Auto und Einheimischen auf einigen Fotografien nicht eine Annäherung von zwei sonst gegensätzlichen Kulturen vor?

Strukturiert die Reisegeschwindigkeit nicht die Erfahrung der Fremde? Die Fahrt der beiden Frauen war vom Zeitdruck beeinflusst, regelmässig Artikel für Zeitungen und Zeitschriften zu verfassen. Die grössere Pferdestärke des Ford und das fest umrissene Ziel prägten ebenso ihre Reise, wie die beschränkte Geschwindigkeit des Topolino das langsame Aufnehmen von Landschaft und Bewohnern begünstigte. Da Nicolas Bouvier und Thierry Vernet die Reise unterbrechen mussten, um den Lebensunterhalt und die Fortsetzung der Fahrt zu finanzieren, konnten sie sich länger mit der äusseren und inneren Topographie eines Ortes auseinander setzen. Auch deshalb stand ihr Unterfangen im Zeichen einer Art Schildkrötentempo und der produktiv genutzten Langeweile. Sie mussten und konnten etwas lange anschauen, um sich von ihm einen richtigen Begriff zu machen.

III.

Reisen Frauen anders als Männer? Bewegen sie sich anders in orientalischen Ländern? Nehmen sie andere Tatsachen und Vorgänge wahr? Wie äussert sich das in ihren Berichten? Die von Nicolas Bouvier und Thierry Vernet beschriebenen Besuche von männlich dominierten Orten wie Spelunke und Garage tauchen bei den beiden Frauen nur am Rande auf. Sie standen als Frauen gerade in Afghanistans patriarchalischer Gesellschaft unter besonderer Beobachtung, aber auch unter einem traditionell verbürgten Schutz. Im Gegensatz zu den beiden Männern konnten die Europäerinnen unverschleierte Frauen in einem geschützten Garten sprechen und fotografieren. Eines dieser Bilder fängt gar ein Lächeln der sonst öffentlich unsichtbaren Geschlechtsgenossinnen ein (S. 83).

Während Ella Maillart von einer fast naiven Bewunderung der Männerwelt Afghanistans erfüllt ist, dabei aber die Rolle der Frau in diesem Land wenig reflektiert, betont Annemarie Schwarzenbach die fatale Modernisierung, den Verlust der Ursprünglichkeit und des Nomadentums, ohne an die modernen Hilfsmittel wie Auto, Fotoapparat und Schreibmaschine für die Registrierung ihrer Analyse zu denken. Und obwohl ihr Urteil über den Tschador treffend ist, drückt es einen an europäischen Wertvorstellungen orientierten Blick aus. Diesen kann auch Nicolas Bouvier nicht vermeiden. Weil er aber die Details einer zufälligen Begegnung mit dem afghanischen König (S. 100) genau beobachtet und sachlich schildert, erfahren wir ohne Belehrung einiges über die Strukturen und Abhängigkeitsverhältnisse einer verkrusteten Gesellschaft. Die Gegenwart Afghanistans ist hingegen in einigen Feuilletons und Tagebuchnotizen Annemarie Schwarzenbachs über Afghanisch-Turkestan[5] – man möchte sie lieber Reise-Dichtungen nennen – am eindrücklichsten dargestellt. Die Qualität dieser Texte liegt darin, dass die Autorin ihre Verzweiflung und Verwundbarkeit rücksichtslos auf die wüstenartige Landschaft und ihre Bewohner überträgt. In den alptraumhaften Bildern dieser Begegnung lassen sich auch das heutige, vom Krieg und von anderen Katastrophen verwüstete Land erkennen.

IV.

Das Vorwärtskommen war bedingt durch eine funktionierende Beziehung zwischen den Reisepartnern einerseits und zwischen Mensch und Technik anderseits. Von diesem Abhängigkeitsverhältnis zeugen verschiedene Fotografien von Annemarie Schwarzenbach, Ella Maillart und Nicolas Bouvier: Unterwegs werden immer wieder Auto, Mitreisende und die Landschaft ins Bild gesetzt – Hinweis auch auf das Durchmessen des Raums und die Wirklichkeit der Fremde im Spannungsfeld zwischen Aneignung und Verfehlen. Eng damit verbunden sind Aufnahmen von Landstrassen, die sich im Unendlichen verlieren und die Offenheit der Erwartungen und der immensen asiatischen Weite betonen. Bilder von Nomaden und Karawanen spiegeln den Wunsch der Reisenden, ebenfalls ortlos zu sein und doch die ersehnte Ankunft nicht aus den Augen zu verlieren. Dem Zustand der Route wird höchste Aufmerksamkeit geschenkt: Eine schlechte Naturstrasse wird aus der Nähe fotografiert, als Beweis, dass man auch eine solche Strecke erfolgreich meistern kann. Neben der Fortbewegungsthematik mancher Bilder sind andere von einem Verharren an Ort und von grosser Ruhe erfüllt: Meist sitzen, stehen oder beten die Menschen; sie widmen sich dem Zuschauen und lassen sich anschauen, erwidern den fotografischen Blick.

Die Fotografien der beiden Frauen wirken oft, als seien sie zur Illustrierung eines Reportagetextes aufgenommen worden. Der dokumentarische Charakter zeigt sich zum Beispiel in Bildern von Menschen bei der Arbeit. Das missmutige Gesicht des Arbeiters, eines früheren Nomaden, beim Bau eines Kraftwerks (S. 145) scheint den Missmut der Fotografin über die definitive Veränderung einer einst im Einklang mit der Natur stehenden Lebensweise auszudrücken. Eine andere Aufnahme – Ella Maillarts Porträt einer Frau im Tschador (S. 157) – betont die Anonymität und Gesichtslosigkeit der Dargestellten. Doch könnte sich darunter nicht die von Annemarie Schwarzenbach beschriebene Europäerin verbergen? Wäre dann die Botschaft der Aufnahme nicht komplexer? Und die Situation der Frau in Afghanistan weniger bedenkenswert? Nicolas Bouvier hingegen scheint dem Muster des Überwurfes mehr Aufmerksamkeit zu schenken als der Verschleierung selbst (S. 160).

Überhaupt wirken seine Bilder oft wie absichtslos, hingetuscht. Sie wollen nichts demonstrieren und verkünden keine Weltanschauung, bleiben vielleicht deshalb manchmal im Unscharfen, ja Nebulösen. Als Sujets tauchen häufig Menschen und Tiere auf, eingefangen in ihrem Alltag. Ob schön oder hässlich, sind sie ein Ausdruck des unergründlichen Lebens. Die Zuwendung zu den verschiedensten Formen unserer Existenz verrät trotz der Ernsthaftigkeit eine gewisse Leichtigkeit, weil sie von Distanz und Ironie begleitet ist.

Doch was für ein Bild Afghanistans erhalten wir durch die Aufnahmen in diesem «weltfernen, weltabgeschlossenen Staat»? Sind zum Beispiel die altertümlichen Schnabelschuhe (S. 150) nicht eine Bestätigung dieser «äussersten Fremde»? Oder ist uns dieses Land näher beim Anblick einer Mutter im zärtlichen Umgang mit ihrem Kind? Was verbergen die gewaltigen Stadtmauern von Ghazni, was das ornamentale Fensterwunder in einer namenlosen Karawanserei? Ist der Tschador nicht der Inbegriff des geheimnisvollen Afghanistans, seiner vielen unbekannten Gesichter? Die riesigen Buddhafiguren in Bamiyan haben seit langem kein Gesicht und heute auch keine Gestalt mehr (S. 94, 137): Dadurch wurde ihre Bildhaftigkeit wie ihre Geschichte zerstört. Können wir uns deshalb überhaupt noch ein Bild machen, von diesem Land?

V.

«Dieser Ort ist wirklich das Ende der verdammten Welt, und ich habe es immer gewusst.»[6] Bruce Chatwin sah das Land seiner Träume – Afghanistan – Ende der sechziger Jahre durch die Hippies, Drogen und den Einfluss des westlichen Lebensstils zugrunde gerichtet. Für Nicolas Bouvier war Kabul noch der Mittelpunkt, und nicht das Ende der Welt (er reiste danach weiter bis nach Japan). Die äusserlich erfolgreichen, aber manchmal stark belasteten Reisegemeinschaften gingen jedoch in Afghanistan zu Ende. Als wäre dieser Ort der extremen Erfahrungen der geeignete für eine Trennung, als würde er Nicolas Bouviers Definition des Nomadischen – «sich binden und sich losreissen» – bestätigen. Alle vier Beteiligten verliessen denn auch das Land allein, mit der Absicht, ihm und dem Weg dorthin schreibend oder zeichnend Reverenz zu erweisen. Dies gelang nicht in jedem Fall wie geplant oder dauerte eine ganze Weile.[7]

Die Verarbeitung der Fahrt (oder des Ziels Afghanistan?) forderte also einen besonderen Tribut. Während Annemarie Schwarzenbachs diesbezügliche Schilderungen einen Höhepunkt in ihrem reisejournalistischen Schaffen bedeuten und die gemeinsame Zeit mit Ella Maillart ihre Weltanschauung nach und nach beeinflusste[8], wandte sich Letztere den inneren Erkundungen zu, die an keinen Ort und keine Umstände gebunden sind. Da für sie das Unterwegssein mit Fragen verbunden war, stellte Ella Maillart konsequenterweise den Sinn dieses Reisens selbst in Frage: In Indien versuchte sie, sitzend und meditierend, die Weite des Horizontes in sich selbst zu erschaffen, um dadurch zu einem neuen, tieferen Verständnis des Menschseins wie des Mitmenschen zu gelangen. Annemarie Schwarzenbach interpretierte die Afghanistan-Fahrt als Ausdruck eines umfassenderen Unternehmens: einer eigentlichen Lebens-Reise. Der «unheilbare Reisende», wie sie den unermüdlich und vergeblich nach dem Absoluten Strebenden nennt, wird zu einer Metapher für die Existenz des Menschen, der immer und überall der Fremde ist. Ella Maillarts «wahrer Reisender», der auch «aus spirituellen Gründen zum Aufbruch angerieben wird», gehört ebenfalls zu jenem Typus.

Wie bei den beiden Frauen bedeutete das Afghanistan-Unternehmen für Nicolas Bouvier eine Zäsur in seinem Schaffen. Es war die Quelle mehrerer Bücher, weiterer Fahrten sowie die Grundlage seiner Reflexionen über das Unterwegssein. Der Verlust der ersten Fassung seiner Reiseaufzeichnungen in Quetta (siehe S. 259) führte zu einem langjährigen, mühseligen Vergegenwärtigungs- und Überarbeitungsprozess. Sich an die Ferne, ihre Bilder, Gerüche und Töne erinnern, heisst bei diesem Autor, Wort für Wort den Kosmos der Sprache zu entdecken. Erst durch die Genauigkeit des Benennens, erst durch den Reichtum der Worte wird die Reise, und damit die durch sie erfahrene Welt, zu einem Sinnbild des Lebens (und des Todes), unvergesslich. Bedeutet dies nicht, dass die eigentliche Fahrt vergessen, buchstäblich Asche werden muss, bevor sie auf dem Papier neu erschaffen werden kann?

Annemarie Schwarzenbach selbst bezeichnete einen derart entstandenen Text, die Ver-Dichtung der Eindrücke, als «vielleicht das einzige Resultat»[9] ihrer Afghanistan-Reise.

VI.

«Why do we leave this loveliest country in the world? What urges us to go east on desert roads?» Diese Fragen haben unzweifelhaft auch einen rhetorischen Charakter. Aber beschwört Annemarie Schwarzenbach – unter dem Einfluss des konservativen «Landi-Geistes» der späten dreissiger Jahre – nicht die Schweiz als kleines irdisches Paradies, gerade weil sie, wie viele vor und nach ihr, der Heimat entfliehen will, ja muss? Und sind das unstillbare Fernweh oder die Reise als Antrieb für ein – unspektakuläres – Schreibabenteuer nicht weitere Antworten auf Annemarie Schwarzenbachs Frage? Sicher haben Verheissungen wie das «unsterbliche» oder das «unnachahmliche» Blau an Bauwerken im Iran und in Afghanistan ebenfalls einen starken Sog auf die Reisenden ausgeübt.

Und die Rückkehr? Nicolas Bouvier beschreibt, wie ihn das «Erlebnis des Mangels und der fruchtbaren Entbehrung»[10] von der Heimat mit ihrem materiellen und geistigen Überfluss entfremdet. Diese negative Erfahrung macht ihn zu einem Nachzügler unter den enttäuschten Heimkehrern der Schweizer Literatur und Kunst in der ersten Hälfte des letzten Jahrhunderts wie Robert Walser, Hans Morgenthaler oder Louis Soutter.

Zurück zu den Fotografien: «High noon» in Indien. Die Zeit scheint stillzustehen. Licht und Schatten. Spiele von Schatten und Licht, eine spiralartige Form, ohne Anfang, ohne Ende. Ist es das, was von einer Reise übrig bleibt? Reisen, um einen Traum zu erfahren? Der «Traum des Weges»[11]?

Anmerkungen

1 Nicolas Bouvier (= N.B.), *L'Échappée belle. Éloge de quelques pérégrins*. Genève, Les Éditions Metropolis 1996, S. 125. Übersetzung: Barbara Erni.

2 N.B., *Die Erfahrung der Welt*. Aus dem Französischen übersetzt von Trude Fein, überarbeitet von Regula Renschler. Hg. von Roger Perret. Mit einem Nachwort von Gérald Froidevaux. Basel, Lenos Verlag 2001, S. 8.

3 Zitiert nach Ella Maillart (E. M.), *La Vie immédiate*. Photographies. Textes de Nicolas Bouvier. Postface de Charles-Henri Favrod. Lausanne, Éditions 24 heures 1991, S. 126. Übersetzung: Barbara Erni.

4 Katharina Sykora, «Ausser Kurs. Zu den Reisefotografien von Marianne Breslauer, Annemarie Schwarzenbach und Ella Maillart». In: Fotogeschichte. Beiträge zur Geschichte und Ästhetik der Fotografie, 1993, Heft 48, S. 30.

5 Siehe S. 89, und die Texte «Das Nachbardorf» und «Das Oxus-Ufer» in Annemarie Schwarzenbach (A. S.), *Alle Wege sind offen. Die Reise nach Afghanistan* 1939/1940. Ausgewählte Texte. Hg. und mit einem Essay von Roger Perret. Basel, Lenos Verlag 2000 (Ausgewählte Werke, Bd. 7), S. 75–89. Siehe auch A.S., «Tagebuch». Typoskript (Abschrift des verschollenen Originals vermutlich durch Ella Maillart), [27./28.8.1939–7.1.1940]. Fotokopie im Besitz von Roger Perret.

6 Bruce Chatwin, «Von der Hölle zum Himmel: Vier Wochen in Afghanistan». In: B. Chatwin, *Auf Reisen*. Photographien und Notizen. Hg. von David King und Francis Wyndham. Frankfurt a. M., Fischer Taschenbuch Verlag 1995, S. 130.

7 A.S. hat für ein Buch über die Afghanistan-Reise mit dem Zürcher Morgarten-Verlag einen Vertrag abgeschlossen und einen Vorschuss bezogen. Statt dieses Bandes entstand eine Sammlung von Prosatexten, *Die vierzig Säulen der Erinnerung*. Einige Texte daraus wurden mit anderen Berichten über diese Reise erstmals veröffentlicht in *Alle Wege sind offen*, a.a.O. E.M.s Reisebuch *The Cruel Way* (*Der bittere Weg*) wurde erst 1947, acht Jahre nach der Fahrt, publiziert, während N.B.s Bericht *L'Usage du monde* (*Die Erfahrung der Welt*) 1963, gar neun Jahre nach seinem Afghanistan-Aufenthalt, erschien.

8 A.S. und E.M. führten nach der Reise einen ziemlich regen Briefwechsel, der oft um Maillarts spirituelle Erfahrungen in Indien und deren Vermittlung an die Jüngere kreist. E.M.s Einfluss zeigt sich vor allem in den seit 1941 entstehenden Werken wie *Das Wunder des Baums*, wo vermehrt metaphysische Fragen diskutiert werden und sich A.S. um ein gelasseneres Verhältnis zwischen dem Ich und der Natur/Welt bemüht.

9 Brief von A.S. an Otto Kleiber, Caboul, Légation de France, 20.12.1939. Fotokopie im Besitz von Roger Perret.

10 Gérald Froidevaux, «Von der Poesie des Reisens». In: N.B., *Die Erfahrung der Welt*, a.a.O., S. 408.

11 Victor Segalen, *Aufbruch in das Land der Wirklichkeit*. Aus dem Französischen von Simon Werle, Rolf Wintermeyer und Uli Wittmann. Frankfurt am Main/Paris, Qumran Verlag 1984, S. 94.

ROGER PERRET

« L'émerveillement, l'usure et la chanson du voyage »[1]

I.

Pourquoi deux femmes décident-elles en 1939 de quitter «le plus beau pays de la terre», à savoir la Suisse? Qu'est-ce qui pousse Annemarie Schwarzenbach et Ella Maillart à se rendre dans un monde de pierraille, de poussière et de canicule, au lieu de se laisser bercer par la scène idyllique de la jeune fille aux fleurs rencontrée au Simplon (p. 15)? Pourquoi, quinze ans plus tard, Nicolas Bouvier et Thierry Vernet suivent-ils les traces de ce voyage? Pour quelles raisons ces voyageurs, qui font presque l'objet d'un culte aujourd'hui, ont-ils pris la route de l'Afghanistan? Quatre voyageurs, deux périples, un but – mais qu'ont-ils en commun, et qu'est-ce qui les différencie?

Quand Annemarie Schwarzenbach et Ella Maillart quittèrent Genève en juin 1939, elles avaient un but précis: l'Afghanistan. En outre, leur voyage devait aussi remplir une fonction thérapeutique: en présence d'Ella Maillart, femme d'une grande intégrité morale, Annemarie Schwarzenbach voulait se libérer de sa toxicomanie. Alors que ces deux voyageuses déjà rompues à l'Asie atteignirent relativement sans problème leur destination géographique, les phénomènes concomitants à l'entreprise suscitèrent davantage de questions que de réponses. D'abord, la conjoncture était défavorable car il régnait en Europe un climat d'insécurité et de menace qui se répercuta sur l'état psychique des deux femmes. Ensuite, la Seconde Guerre mondiale, qui éclata peu après leur arrivée en Afghanistan, jeta son ombre accablante sur ce voyage, le transformant en une véritable «voie cruelle». Des conflits personnels opposèrent également ces deux voyageuses qui avaient des tempéraments et des conceptions du monde aux antipodes les uns des autres. C'est pourquoi il est si peu question de bonheur et de rires dans leurs récits: Ella Maillart décrit de façon très suggestive comment Annemarie, obsédée à la fois par sa propre souffrance et par celle des autres, lui gâcha tout le plaisir du voyage.

Rien de tout cela pour Nicolas Bouvier et Thierry Vernet: tous deux se rendaient en Asie pour la première fois et se trouvaient au début de leur carrière de voyageur et d'artiste. Contrairement aux deux femmes, aucun contrat ne leur imposait d'écrire un livre ou des reportages sur leur voyage. Ils ne partaient pas non plus pour se mettre comme elles en quête d'une vie primitive et nomade en Afghanistan. C'est plutôt le repliement de la Suisse sur elle-même, lié à la Seconde Guerre mondiale puis à la guerre froide, qui incita les deux amis à tourner carrément le dos au climat étouffant de leur patrie. Nicolas Bouvier avait tout simplement «envie de tout planter»[2] et de se mettre en route – on the road –, peut-être jusqu'en Afghanistan, mais peut-être aussi jusqu'au bout du monde. Car le but, ce n'était pas d'arriver à un endroit précis, c'était d'être en route.

Plus tard, Nicolas Bouvier dit de ce voyage entrepris avec son ami qu'il représenta « deux ans de bonheur ». À l'imprécision avec laquelle il estime la durée de son sentiment de bonheur – au fond impossible à mesurer (l'expédition commune dura en réalité dix-huit mois) correspond l'imprécision de sa mémoire qui transfigure bien des choses. Car la maladie, la peur, la lassitude, la solitude et – plus rarement – la mésentente avec Thierry Vernet furent tout autant de la partie que pendant le voyage des deux femmes. Et alors que ce dernier ressemblait fort à un saut dans l'inconnu, Nicolas Bouvier et Thierry Vernet pouvaient ajouter leur propre touche à cette trace déjà familière : « Toutes les images de cette *Voie cruelle* (...) me touchent et me parlent. À presque chacune d'elles, je puis ajouter un son, une odeur, une couleur, un visage. »[3]

II.

Les deux expéditions furent déterminées par le désir d'aventure, le goût du voyage et l'attirance pour les vastes espaces de l'Asie. Au pathos de l'explorateur solitaire, on préférait la relation pragmatique avec un partenaire. Ce que Katharina Sykora repère comme composants de la « double constellation » formée par Annemarie Schwarzenbach et Ella Maillart – « partage du travail, modalités de financement et échange de savoir-faire »[4] – vaut aussi pour Nicolas Bouvier et Thierry Vernet.

Par souci d'exactitude, il faut dire qu'il y avait un troisième partenaire, le plus robuste et le plus fidèle : l'automobile ! Les ambitions plus modestes, ou peut-être plus naïves, des deux hommes apparaissent dans le choix du véhicule. Comparée à la Ford Cabriolet d'allure imposante, leur Fiat Topolino ressemble à une puce quasiment invisible dans l'immensité des paysages traversés. L'importance de l'automobile en tant que membre de l'expédition apparaît non seulement dans les descriptions d'Annemarie Schwarzenbach ou de Nicolas Bouvier, mais aussi dans la façon dont on la traite. Ainsi, avant de partir, la Zurichoise et le Genevois s'informent dans un garage des détails techniques ; ce dernier s'entraîna d'ailleurs à démonter l'automobile en pièces détachées, puis à la remonter, comme s'il s'agissait de disséquer un corps humain pour en faire une étude scientifique. Sur les routes de montagne, lui et son ami durent parfois décharger la Topolino récalcitrante pour pouvoir la pousser patiemment en haut de la côte, tel un enfant revêche. Les épreuves physiques endurées par les voyageurs sont souvent transposées sur la voiture. À ce titre, Thierry Vernet utilise l'adjectif « héroïque » non pour qualifier leurs faits et gestes mais pour désigner la Topolino « poussiéreuse » (p. 256).

L'automobile, comme symbole du mouvement en avant, permet de pénétrer de plus en plus au « cœur de l'Asie ». Elle permet la prise de contact avec l'inconnu tout en matérialisant la distance par rapport à lui. N'ayant qu'une connaissance de la langue des plus rudimentaires, les voyageurs tentent d'initier un dialogue avec les autochtones grâce à la «beauté muette» de leur partenaire à quatre roues. C'est en recourant à un artifice que Nicolas Bouvier et Thierry Vernet réussissent ce rapprochement; avec une inscription en caractères arabes – des vers du poète persan Hafiz – sur la portière de leur Topolino (p. 127), il est plus facile de conquérir le cœur de l'Orient, son hospitalité. En même temps, cet effet de distanciation tout autant que d'adaptation protège efficacement la voiture des voleurs. Mais le contact étroit entre la voiture et les autochtones ne donne-t-il pas sur certaines photographies l'illusion d'un rapprochement entre deux cultures habituellement antagonistes?

La vitesse du voyage ne structure-t-elle pas l'expérience de l'inconnu? Le voyage des deux femmes a été influencé par la nécessité où elles se trouvaient d'écrire régulièrement des articles pour des journaux et des revues. Le fait que leur Ford était plus puissante et leur but bien déterminé a marqué leur expédition, de même que la vitesse limitée de la Topolino permettait à Nicolas Bouvier et à Thierry Vernet d'intégrer lentement paysages et habitants. Comme ils devaient s'arrêter pour travailler afin de gagner de quoi assurer leur subsistance et financer la poursuite du voyage, ils pouvaient se familiariser plus longtemps avec la topographie externe et interne d'un site. C'est aussi la raison pour laquelle leur entreprise fut placée sous le signe d'une sorte de rythme de tortue et d'un ennui exploité de façon productive. Quand ils voyaient quelque chose, ils devaient et pouvaient l'observer longuement pour s'en faire une idée juste.

III.

Les femmes voyagent-elles autrement que les hommes? Se déplacent-elles autrement dans les pays orientaux? Perçoivent-elles d'autres réalités, d'autres événements? Comment cela se manifeste-t-il dans leurs récits? Les descriptions que font Nicolas Bouvier et Thierry Vernet de lieux typiquement masculins, comme tripots et garages, n'apparaissent chez les deux femmes que de façon marginale. En tant que femmes, elles étaient dans la société patriarcale afghane sous surveillance particulière, mais elles bénéficiaient aussi d'une protection garantie par la tradition. À la différence des deux hommes, les deux Européennes purent s'entretenir avec des femmes non voilées dans un jardin fermé, et les photographier. L'une de ces photos capte même un sourire de ces compagnes du même sexe, habituellement invisibles en public (p. 83).

Tandis qu'Ella Maillart est remplie d'une admiration presque naïve pour le monde des hommes en Afghanistan, mais se pose peu de questions sur le rôle de la femme dans ce pays, Annemarie Schwarzenbach insiste sur sa modernisation fatale, sur la disparition de la vie originelle et nomade, sans songer que ce sont des inventions modernes comme l'automobile, lappareil photo et la machine à écrire qui lui permettent de réaliser son analyse. Et bien que son jugement sur le tchador soit pertinent, il est l'expression d'un regard orienté par des critères de valeur européens. Ce que Nicolas Bouvier ne peut éviter non plus. Mais parce qu'il observe avec précision et décrit avec objectivité les détails d'une rencontre fortuite avec le roi d'Afghanistan (p. 97), nous apprenons, sans que le propos soit doctoral, un certain nombre de choses sur les structures et les rapports de dépendance d'une société sclérosée. Par contre, c'est dans certains articles d'Annemarie Schwarzenbach et dans des notes de son journal intime sur le Turkestan afghan[5], – qui sont plutôt des poèmes de voyage – que le présent de l'Afghanistan est évoqué de la façon la plus impressionnante. La qualité de ces textes tient à ce que l'auteur n'hésite pas à reporter son désespoir et sa vulnérabilité sur le paysage désertique et ses habitants. Dans les images cauchemardesques de cette confrontation, on peut déjà reconnaître l'Afghanistan d'aujourd'hui dévasté par la guerre et d'autres catastrophes.

IV.

La progression du voyage était conditionnée par le bon fonctionnement de la relation entre les voyageurs d'une part, entre l'homme et la technique d'autre part. C'est cette interdépendance que reflètent certaines photographies prises par Annemarie Schwarzenbach, Ella Maillart et Nicolas Bouvier : en cours de route, la voiture, le coéquipier et le paysage sont sans cesse photographiés – ce qui témoignent aussi que la traversée de l'espace et la réalité d'un monde étranger s'expriment dans une tension entre capter ce monde ou passer à côté. Ces photos sont étroitement reliées à celles qui montrent des routes se perdant à l'infini et qui soulignent l'ouverture des attentes et des immenses espaces asiatiques. Les clichés de nomades et de caravanes reflètent le souhait des voyageurs d'être également sans lieu fixe, sans perdre de vue pour autant l'arrivée tant désirée. L'état de la route fait l'objet d'une attention extrême : un mauvais chemin est photographié de près pour prouver que l'on peut aussi maîtriser ce genre de piste. A côté des nombreuses photos ayant pour thème la progression du voyage, d'autres, illustrant des séjours prolongés à certains endroits, sont emplies d'une grande sérénité. Elles concernent souvent des gens debout, assis ou en prière; ils s'adonnent à la contemplation et, se laissant contempler, répondent au regard de l'objectif.

Les photos des deux femmes donnent souvent l'impression d'avoir été destinées à illustrer des reportages. L'aspect documentaire apparaît par exemple dans les clichés d'hommes au travail. Le visage maussade d'un ancien nomade, désormais ouvrier sur le chantier d'une centrale électrique (p. 145), semble traduire la morosité de la photographe devant l'altération définitive d'une manière de vivre autrefois en harmonie avec la nature. Une autre photo – une femme en tchador, prise par Ella Maillart (p. 157) – souligne l'anonymat et l'absence de visage du modèle. Pourtant, la femme dissimulée dessous ne pourrait-elle pas être l'Européenne décrite par Annemarie Schwarzenbach ? Le message de la photo ne serait-il pas alors plus complexe ? Et la situation de la femme en Afghanistan moins préoccupante ? Nicolas Bouvier semble prêter plus d'attention au motif du tchador qu'à son effet de camouflage. (p. 160)

D'une façon générale, les photos de Nicolas Bouvier donnent l'impression d'être de simples esquisses, dépourvues d'intention. Elles ne veulent rien démontrer, ne transmettent aucune vision du monde, et c'est peut-être pourquoi elles restent si souvent dans le flou, le nébuleux. On y voit essentiellement des êtres humains et des animaux, saisis dans leur quotidien. Beaux ou laids, ils sont l'expression de la vie insondable. L'intérêt manifesté pour les formes les plus variées de notre existence révèle une certaine légèreté, en dépit du sérieux de la démarche, du fait qu'il soit distancié et non dépourvu d'ironie.

Mais quelle image de l'Afghanistan nous transmettent ces photos d'un « État très éloigné et très isolé du monde » ? Les antiques babouches à bout relevé (p. 150), par exemple, ne sont-elles pas une confirmation de cet « étranger on ne peut plus lointain » ? Le spectacle d'une mère s'occupant tendrement de son enfant nous rend-il ce pays plus proche ? Que dissimulent les puissantes murailles de Ghazni ? Et la merveilleuse fenêtre ornementale d'un caravansérail ? Le tchador ne symbolise-t-il pas le mystère de l'Afghanistan, la multitude de ses visages inconnus ? On sait que depuis longtemps déjà les bouddhas géants de Bamiyan n'ont plus de visage – ni même de corps à l'heure d'aujourd'hui (p. 94, 137) : c'est donc leur représentation plastique tout comme leur histoire qui ont été détruites. Nous est-il possible, dans ces conditions, de nous faire une image, de ce pays ?

V.

« Cet endroit est vraiment le bout maudit du monde, et je l'ai toujours su. »[6] À la fin des années soixante, Bruce Chatwin vit le pays de ses rêves – l'Afghanistan – saccagé par les hippies, la drogue et l'influence du mode de vie occidental. Pour Nicolas Bouvier, Kaboul fut le centre et non le bout du monde (il poursuivit sa route jusqu'au Japon). Mais c'est en Afghanistan que les équipes se défirent (soudées en apparence, elles furent parfois très problématiques). Comme si ce lieu des expériences extrêmes était fait pour les séparations, comme s'il confirmait cette définition que donne Nicolas Bouvier de la vie nomade : « s'attacher et s'arracher ». Les quatre voyageurs quittèrent donc l'Afghanistan chacun de leur côté, avec l'intention de rendre hommage à ce pays par l'écriture ou le dessin. Projets qui ne purent pas toujours être réalisés, ou qui prirent un certain temps.[7]

L'exploitation du voyage (ou de son but, l'Afghanistan ?) exigea donc un tribut particulier. Les articles et reportages d'Annemarie Schwarzenbach représentent un point culminant de son activité de journaliste, et le voyage avec Ella Maillart influença peu à peu sa vision du monde[8] ; quant à cette dernière, elle se consacra à la discipline introspective, activité détachée du temps et de l'espace. Le voyage étant lié pour elle au questionnement, il était logique qu'elle remette en question le sens même de ce voyage : en Inde, elle tenta, dans l'immobilité et la méditation, de recréer en elle-même l'immensité de l'horizon et de parvenir ainsi à une compréhension plus profonde de la condition humaine et de son prochain. Annemarie Schwarzenbach interpréta le voyage en Afghanistan comme l'expression d'une entreprise plus globale, comme le voyage de la vie. Le « voyageur inguérissable », comme elle appelle celui qui recherche inlassablement et vainement l'absolu, devient une métaphore de l'existence de l'être humain, qui est toujours et partout un étranger. Le « vrai voyageur » d'Ella Maillart, qui « est celui que pousse à partir [aussi] un besoin spirituel », relève également de cette conception.

Comme pour les deux femmes, l'expédition en Afghanistan représenta une césure dans l'activité créatrice de Nicolas Bouvier. Elle fut à l'origine de plusieurs livres, d'autres périples, et constitua la base de sa réflexion sur le voyage. La perte de la première version de ses notes de voyage à Quetta (p. 255) l'obligea à un long et difficile processus de remémorisation et de remaniement. Retrouver le lointain, ses images, ses odeurs, ses sonorités, signifie pour cet écrivain découvrir mot après mot le cosmos de la langue. C'est seulement la précision dans la dénomination, la richesse des mots qui fait du voyage, et en même temps du monde découvert grâce à lui, un symbole de la vie (et de la mort), un événement inoubliable. Cela ne signifie-t-il pas que le voyage proprement dit doit être oublié, devenir littéralement cendre, avant de pouvoir être recréé sur le papier ? Annemarie Schwarzenbach dit elle-même d'un texte ainsi composé, de la « poétisation » des impressions, que c'était là « peut-être l'unique résultat »[9] de son voyage en Afghanistan.

VI.

« Why do we leave this loveliest country in the world? What urges us to go east on desert roads ? » Ces questions ont sans aucun doute un caractère rhétorique. Mais si Annemarie Schwarzenbach – influencée par l'esprit conservateur de l'exposition nationale de la fin des années trente – décrit la Suisse comme un petit paradis terrestre, n'est-ce pas justement parce que, comme bien d'autres avant et après elle, elle veut, et même doit, fuir sa patrie ? Et l'inextinguible nostalgie des pays lointains, ou le voyage comme incitation à se lancer dans l'aventure – non spectaculaire – de l'écriture, ne constituent-ils pas de nouvelles réponses à sa question ? Il est certain que des promesses telles que le bleu « immortel » ou « inimitable » des monuments iraniens et afghans ont également exercé un fort pouvoir d'attraction sur ces voyageurs.

Et le retour ? Nicolas Bouvier décrit la façon dont « l'expérience du dénuement et de la privation féconde »[10] le rend étranger à sa patrie où règne une opulence matérielle et spirituelle. Cette expérience négative fait de lui un successeur tardif des écrivains et des artistes de la première moitié du siècle dernier, comme Robert Walser, Hans Morgenthaler ou bien Louis Soutter, pour lesquels le retour en Suisse a été une expérience décevante.

Revenons aux photos: «High noon...» en Inde. Le temps semble s'être arrêté. Lumière et ombre. Jeux d'ombre et de lumière, une forme en spirale, sans commencement ni fin. Est-ce cela, ce qui reste d'un voyage? Voyager, pour vivre un rêve? Un «rêve de route»[11]?

Notes

1 Nicolas Bouvier (= N.B.), *L'Échappée belle. Éloge de quelques pérégrins*. Genève, Les Éditions Métropolis 1996, p. 125.

2 N.B., *L'Usage du monde*. Dessins de Thierry Vernet. Paris, Éditions Payot 1992 (Petite Bibliothèque Payot/Voyageurs 100), p. 12.

3 Citation d'après Ella Maillart (E.M.), *La Vie immédiate*. Photographies. Textes de Nicolas Bouvier. Postface de Charles-Henri Favrod. Lausanne, Éditions 24 heures 1991, p. 126.

4 Katharina Sykora, «Ausser Kurs. Zu den Reisefotografien von Marianne Breslauer, Annemarie Schwarzenbach und Ella Maillart». Dans: *Fotogeschichte. Beiträge zur Geschichte und Ästhetik der Fotografie,* 1993, Heft 48, p. 30.

5 Cf. p. 93, et les textes «Le village voisin» et «La rive de l'Oxus» dans Annemarie Schwarzenbach (A.S.), *Où est la terre des promesses?* Avec Ella Maillart en Afghanistan (1939–1940). Traduit de l'allemand par Dominique Laure Miermont. Postface de Roger Perret. Paris, Editions Payot & Rivages 2002, p. 111–120. Cf. aussi A.S., «Journal». Tapuscrit (transcription de l'original disparu, réalisée sans doute par Ella Maillart), [27./28.8.1939–7.1.1940]. Photocopie. Archives privées de Roger Perret.

6 Bruce Chatwin, «Von der Hölle zum Himmel: Vier Wochen in Afghanistan». Dans: B. Chatwin, *Auf Reisen*. Photographien und Notizen. Hg. von David King und Francis Wyndham. Frankfurt a. M., Fischer Taschenbuch Verlag 1995, p. 130.

7 A.S. a signé un contrat avec la maison d'édition zurichoise Morgarten pour écrire un livre sur son voyage en Afghanistan, et elle a même reçu une avance. À la place de ce livre, elle composa un recueil de textes en prose intitulé *Die vierzig Säulen der Erinnnerung (Les quarante colonnes du souvenir).* Quelques-uns de ces textes furent publiés pour la première fois, en même temps que d'autres reportages sur ce voyage, dans *Où est la terre des promesses?,* id. Le livre de voyage d'E.M., *The Cruel Way (La Voie cruelle)* ne fut publié qu'en 1947, huit ans après l'expédition, tandis que le récit de N.B., *L'Usage du monde*, ne parut qu'en 1963, neuf ans après son séjour en Afghanistan.

8 Après leur voyage, A.S. und E.M. entretinrent une correspondance assez intense où Ella Maillart évoque souvent les expériences spirituelles qu'elle fait en Inde et qu'elle cherche à transmettre à son amie plus jeune qu'elle. L'influence d'E.M. sur A.S. transparaît surtout dans les œuvres écrites à partir de 1941, par exemple dans *Das Wunder des Baums (Le miracle de l'arbre)* où A.S. débat souvent de questions métaphysiques et où elle s'efforce d'établir un rapport plus serein entre Moi et nature/ monde.

9 Lettre à Otto Kleiber, Kaboul, Légation de France 20.12.1939. Photocopie. Archives privées de Roger Perret.

10 Gérald Froidevaux, «Von der Poesie des Reisens». Dans: N.B., *Die Erfahrung der Welt*, id., p. 408.

11 Victor Segalen, *Équipée. Voyage au pays de réel.* Paris, Libraire Plon 1929, p. 188.

Anhang
Annexes

Annemarie Schwarzenbach

Annemarie Schwarzenbach wird am 23. Mai 1908 in Zürich geboren. Der Vater, Alfred Schwarzenbach, ist einer der grössten Seidenfabrikanten der Welt. Die Mutter Renée ist die Tochter von Ulrich Wille, General im Ersten Weltkrieg. Annemarie Schwarzenbach hat einen älteren Bruder, Robert-Ulrich, eine ältere Schwester, Suzanne, und zwei jüngere Brüder, Hans und Alfred. 1912 kauft die Familie bei Horgen am Zürichsee das Gut Bocken. In diesem militärisch wie kulturell geprägten Hause wächst Annemarie Schwarzenbach auf. Von 1916 bis 1923 erhält sie Privatunterricht; Klavier- und Reitstunden sowie die Literatur spielen dabei eine wichtige Rolle: «Schon als Kind hatte ich die Neigung, alles aufzuschreiben, was ich sah, tat, erlebte und empfand. Mit neun Jahren schrieb ich in ein liniertes Heft meinen ersten Roman; da ich wusste, dass Neunjährige von den Erwachsenen nicht ernst genommen werden, liess ich den Helden elf Jahre alt sein.»[1] 1923/24 besucht sie eine Privatschule in Zürich. Sie macht bei der Wandervogelbewegung mit und veröffentlicht ihre ersten Texte in deren Zeitschrift. Ab 1925 ist sie im Hochalpinen Töchter-Institut in Ftan im Unterengadin und besteht 1927 in Chur die Matura.

1927 beginnt Annemarie Schwarzenbach in Zürich Geschichte, Philosophie, Psychologie und deutsche Literatur zu studieren. Sie macht die erste grössere Reise nach den USA und studiert 1928/29 in Paris. Schwarzenbach beginnt ernsthaft zu schreiben; 1929 veröffentlicht sie ihren ersten journalistischen Beitrag. 1930 lernt sie Erika und Klaus Mann kennen; es entsteht eine enge Freundschaft. Im Frühling 1931 schliesst sie das Studium der Geschichte mit einer Dissertation zur Geschichte des Oberengadins ab. Zur gleichen Zeit publiziert sie ihren ersten Roman, *Freunde um Bernhard*.

Vom Herbst 1931 bis Frühling 1933 lebt Annemarie Schwarzenbach als freie Schriftstellerin zeitweise in Berlin. Sie ist sehr produktiv und schreibt unter anderem den verschollenen Roman *Aufbruch im Herbst* und den Roman *Flucht nach oben*. Im Mai 1932 scheitert die erste geplante Fahrt mit dem Auto nach Persien mit Erika und Klaus Mann, weil Ricki Hallgarten, der mitreisen sollte, vor der Abreise Selbstmord begeht. Sie nimmt erstmals Morphium; die Drogensucht wird von nun an ihr Leben überschatten.

Im Frühling 1933 beabsichtigt sie, mit Klaus Mann und Claude Bourdet in Zürich eine Exilzeitschrift herauszugeben. Ihr Beitrag bei der von Klaus Mann schliesslich in Amsterdam publizierten Zeitschrift ‹Die Sammlung› beschränkt sich auf die finanzielle Unterstützung. Im Mai macht sie mit der Fotografin Marianne Breslauer eine Reise nach Spanien, der vom Herbst 1933 bis Frühling 1934 eine Fahrt nach Vorderasien folgt. Diese beiden Reisen sind der Beginn einer regelmässigen Zusammenarbeit mit den wichtigsten Deutschschweizer Zeitungen und Zeitschriften wie ‹National-Zeitung›, ‹Neue Zürcher Zeitung› und ‹Zürcher Illustrierte›. Schwarzenbach wird eine der ersten Reise- und Fotojournalistinnen der Schweiz.

Im Sommer 1934 mietet sie ein Haus in Sils-Baselgia im Engadin, das ihr ständiger Schweizer Wohnsitz und Refugium auch für ihre Freunde sein wird. Zur gleichen Zeit besucht Annemarie Schwarzenbach als Begleiterin von Klaus Mann den Ersten Allunionskongress der Sowjetschriftsteller in Moskau, von wo sie in den Iran weiterreist und bei Teheran an archäologischen Ausgrabungen teilnimmt. Nach der Rückkehr im Dezember 1934 setzt sie sich öffentlich für Erika Manns Kabarett «Die Pfeffermühle» ein. Es kommt deswegen zu grossen Spannungen mit ihrer Familie und mit Erika Mann, was im Januar 1935 zu einem Selbstmordversuch führt.

Im Mai 1935 heiratet Annemarie Schwarzenbach in Teheran den französischen Diplomaten Claude Clarac. Sie bekommt dadurch die französische Staatsbürgerschaft und einen Diplomatenpass, der ihr bei den zukünftigen Reisen nützlich sein wird. Im Sommer hält sie sich in einem Hochtal bei Teheran auf und beginnt dort das «unpersönliche Tagebuch» *Tod in Persien*. Die unglückliche Ehe, Krankheit und Drogenkonsum zwingen sie zur Rückkehr im Herbst; sie macht in der Klinik von Oscar Forel in Prangins eine Entziehungskur. Im Spätsommer 1936 begibt sich Annemarie Schwarzenbach mit der Amerikanerin Barbara Hamilton-Wright auf eine Reportagentour durch die nördlichen Industrieregionen der USA, von der sie im Februar 1937 zurückkehrt. Im Mai 1937 reist sie auf der Suche nach dem Nachlass des tödlich verunglückten Schweizer Bergsteigers Lorenz Saladin über Deutschland, Danzig und die baltischen Staaten nach Moskau. Nach der Rückkehr im Sommer bricht sie im September erneut mit Barbara Hamilton-Wright nach den USA auf. Diesmal schreibt sie in engagierten Artikeln und Fotoreportagen über die katastrophalen Verhältnisse in den Südstaaten.

Im Februar 1938 ist Annemarie Schwarzenbach wieder in der Schweiz. Ein weiteres Mal unterzieht sie sich mehreren Entziehungskuren in Kliniken in Samedan, Kreuzlingen und Yverdon. Im April fährt sie nach Österreich und im September nach Prag, um über die dramatischen politischen Ereignisse in diesen Staaten zu berichten.

Zuvor, im Spätsommer, lernt sie Ella Maillart in Zürich kennen. Am 11. Dezember schreibt Schwarzenbach ihr Testament und vermacht ihren literarischen Nachlass einer Freundin: Anita Forrer. Am 31. Dezember besucht sie in Yverdon Ella Maillart. Im Januar 1939 bespricht Annemarie Schwarzenbach Maillarts Buch *Verbotene Reise* und arbeitet *Tod in Persien* in *Das glückliche Tal* um. Nach der Entziehungskur Ende Februar trifft sie in Sils Ella Maillart: Die Zusage von Schwarzenbachs Vater, ihr einen neuen Ford zu schenken, lässt den Plan Maillarts, mit dem Auto nach Afghanistan zu fahren, möglich werden. Im Mai halten sich die beiden Frauen zu Reisevorbereitungen in Paris, London und Berlin auf. Das Unternehmen finanzieren sie unter anderem mit Vorschüssen von Zeitungen. Während sich Maillart im Verlauf der Reise vorwiegend dem Filmen widmen wird, sollen Schwarzenbachs Fotografien auch das Illustrationsmaterial für das geplante Buch von Maillart bilden.

Am 6. Juni 1939 brechen die beiden Frauen von Genf mit einem für die extremen Anforderungen speziell ausgerüsteten Ford Roadster De Luxe auf. Annemarie Schwarzenbach möchte unter der Obhut von Ella Maillart durch die Reise von ihrer Drogensucht wegkommen. Deshalb «entschloss ich mich, mir eine Chance zu geben, die einer Reifeprüfung gleicht. (...) ich tu es gewiss nicht ‹for fun› – aber ich glaube, die Arbeit, die Balkanstrassen (teuflisch bis dahin!), die Nächte im Schlafsack auf blosser Erde, dieses strenge Leben, reich und neu, aber ohne Zärtlichkeit – es kommt mich hart an, und da es kein Zurück und kein Versagen gibt (die Kontrakte, die Verpflichtungen gegenüber Kini [Ella Maillart]) – so wird es gut für mich sein.»[2] Schon in Sofia hat Schwarzenbach allerdings einen Rückfall und konsumiert Drogen. In Istanbul wird der Ford auf die «Ankara» verladen. Auf dem Schwarzen Meer gelangen sie nach Trapezunt. Anfang Juli sind sie in Teheran und reisen via Mazanderan am Kaspischen Meer nach Meschhed im Osten Irans; Ende Juli treffen sie in Herat in Afghanistan ein.

Im August befahren sie von Herat vermutlich als erste Frauen die so genannte Nordroute nach Masar-e Scherif und erreichen nach etwas mehr als drei Wochen über das Hindukusch-Gebirge Kabul. Vom Ausbruch des Zweiten Weltkrieges geschockt, nimmt Annemarie Schwarzenbach erneut Drogen und wird krank. Dies und eine heftige Liebe für die französische Archäologin Ria Hackin führen zu einer Entfremdung gegenüber Ella Maillart.

Gegen Ende Oktober trennt sich Schwarzenbach, die physisch und psychisch auf dem Tiefpunkt ist, von Maillart und gesellt sich zu der in Afghanisch-Turkestan arbeitenden «Délégation Archéologique Française en Afghanistan» (DAFA): «Es ist mein letzter Versuch. Der Abschied von Ella (...) war sehr schwer. Was wird aus ihr. Sie hat das Leben verdient. Ich befreie sie von mir. Und was wird aus mir.»[3] Nach Aufenthalten in Tashkurghan und Deh Hassan ist sie Mitte November wieder in Kabul. Dort schreibt sie mehrere Artikel und vor allem den Prosazyklus *Die 40 Säulen der Erinnerung*. Sie entscheidet sich, nach Europa zurückzukehren, denn «in unseren Ländern ist Krieg, eine andere Zukunft bereitet sich vor. Was dort vorgeht, betrifft uns jetzt unmittelbar. Und da kann ich, auf die Dauer, nicht freiwillig in einer Art von schwerem und ödem Exil bleiben.»[4] Mit Jacques Meunié von der DAFA verlässt sie um den 20. Dezember Kabul und gelangt via Peshawar, Lahore und Neu-Delhi Ende Dezember nach Indore in Indien; dort sieht sie zum letzten Mal Ella Maillart.

Am 7. Januar 1940 schifft sich Annemarie Schwarzenbach in Bombay auf der «Conte Biancamano» ein und ist Anfang Februar wieder in der Schweiz. Auch weil sie auf dem Schiff täglich einen Artikel verfasst hat, kann sich das publizistische Ergebnis der Reise sehen lassen: gegen 80 Artikel und Fotoreportagen. Die meisten Texte finden einen Abnehmer; einige Beiträge werden mit Bildern von Schwarzenbach und Maillart illustriert. Das vorgesehene Reisebuch kommt jedoch nicht zustande.

Pläne, nach Finnland, Britisch-Kolumbien und Alaska zu reisen, scheitern. Stattdessen reist Annemarie Schwarzenbach im Mai 1940 in die USA, wo sie mit Margot von Opel in Massachusetts und New York lebt. Im Juni lernt sie die Schriftstellerin Carson McCullers kennen, die sich in sie verliebt. Sie trifft sich öfters mit Erika und Klaus Mann. Das Verhältnis ist gespannt wegen Schwarzenbachs Lebensweise und wegen unterschiedlicher Auffassungen über das Engagement gegen den Faschismus. Im August schreibt sie den Aufsatz «Die Schweiz – das Land, das nicht zum Schuss kam», der die Beziehungen der Schweiz mit Nazi-Deutschland vorwegnimmt. Durch den Tod ihres Vaters im November verschlechtert sich ihr bereits prekärer psychischer Zustand: Schwarzenbach macht im Dezember einen Selbstmordversuch. Nach dem Aufenthalt in verschiedenen psychiatrischen Kliniken wird sie unter der Bedingung, Amerika zu verlassen, entlassen.

Im Februar 1941 kehrt sie via Lissabon in die Schweiz zurück. Renée Schwarzenbach ist nur bereit, ihre Tochter finanziell zu unterstützen, wenn sie unser Land verlässt. Im April reist Annemarie Schwarzenbach nach Belgisch-Kongo. Wie schon zuvor in den USA ist sie trotz der Reisestrapazen und persönlicher Schwierigkeiten auch in Afrika journalistisch tätig. Nach einem Spionageverdacht verlässt sie im März 1942 den Kongo und reist über Lissabon nach Marokko, wo sie zum letzten Mal ihren Mann Claude Clarac sieht.

Im Juli 1942 ist sie wieder in Sils. Sie arbeitet den in Afrika entstandenen Roman *Das Wunder des Baums* um: Das titellose Prosagedicht voller Todesahnungen wird zu ihrem dichterischen Vermächtnis. Am 6. September hat sie in der Nähe von Sils einen schweren Fahrradunfall. Nach Aufenthalten in der Klinik in Prangins und auf Bocken stirbt Annemarie Schwarzenbach am 15. November 1942 in ihrem Haus in Sils. Begraben ist sie in Horgen.

Anmerkungen

1 Annemarie Schwarzenbach (= A.S.), Interview ohne Reporter. In: *Auf der Schattenseite. Ausgewählte Reportagen, Feuilletons und Fotografien 1933–1942*. Hg. von Regina Dieterle und Roger Perret. Mit einem Nachwort von Regina Dieterle. Basel, Lenos Verlag 1990 (Ausgewählte Werke, Bd. 3), S. 11.

2 Brief von A.S. an Erika Mann, Sofia, 14.6.[1939]. In: *Wir werden es schon zuwege bringen, das Leben*. Annemarie Schwarzenbach an Erika und Klaus Mann. Briefe 1930–1942. Hg. von Uta Fleischmann. Mit Beiträgen von Irmela von der Lühe und Fredric Kroll. Pfaffenweiler, Centaurus-Verlagsgesellschaft 1993, S. 87.

3 A.S., «Tagebuch». Typoskript (Abschrift des verschollenen Originals vermutlich durch Ella Maillart). [27./28.8.1939–7.1.1940]. Tash Kurgan, Eintrag 25.10.1939. Fotokopie im Besitz von Roger Perret.

4 Brief von A.S. an Arnold Kübler, Kaboul, Légation de France, 21.11.1939 (Nachlass Arnold Kübler, Handschriftenabteilung der Zentralbibliothek Zürich).

Annemarie Schwarzenbach

Annemarie Schwarzenbach naît à Zurich le 23 mai 1908. Son père, Alfred Schwarzenbach, est l'un des plus importants industriels de la soie au monde. Sa mère, Renée, est la fille de Ulrich Wille, général pendant la Première Guerre mondiale. Annemarie a un frère aîné, Robert-Ulrich, une sœur aînée, Suzanne, et deux frères cadets, Hans et Alfred. En 1912, la famille achète près de Horgen, sur les rives du lac de Zurich, la propriété de Bocken. C'est dans cette demeure, sous le double sceau du militarisme et de la culture, que grandit Annemarie. De 1916 à 1923, elle reçoit un enseignement à domicile; le piano, l'équitation et la littérature occupent une place prépondérante: «Enfant, j'avais déjà tendance à coucher par écrit tout ce que je voyais, faisais, vivais et ressentais. À neuf ans, j'écrivis mon premier roman dans un cahier d'écolier; comme je savais que les adultes ne prennent pas les enfants de neuf ans au sérieux, je décidai que mon héros aurait onze ans».[1] En 1923/1924, elle fréquente un établissement privé de Zurich. Elle fait partie du «Wandervogel» et publie ses premiers textes dans le journal de ce mouvement de jeunesse. À partir de 1925, elle est pensionnaire au Hochalpines Töchter-Institut de Fetan en Basse-Engadine, et elle est reçue à la maturité (baccalauréat) en 1927.

En 1927, Annemarie Schwarzenbach entame à Zurich un cursus d'histoire, de philosophie, de psychologie et de littérature germanique. Elle fait son premier grand voyage aux Etats-Unis et passe deux semestres à Paris en 1928/29. Elle se met sérieusement à l'écriture et publie en 1929 son premier article pour un journal. En 1930, elle fait la connaissance d'Erika et de Klaus Mann; une étroite amitié se noue. Au printemps 1931, elle met un point final à ses études avec un mémoire d'histoire sur la Haute-Engadine. Au même moment, elle publie son premier roman: *Freunde um Bernhard (Les amis de Bernhard).*

De l'automne 1931 au printemps 1933, Annemarie Schwarzenbach vit périodiquement à Berlin comme écrivain indépendant. Elle écrit beaucoup, entre autres un roman aujourd'hui disparu, *Aufbruch im Herbst (Départ en automne),* et le roman *Flucht nach oben (Fuite en haute montagne).* En mai 1932, le voyage en Perse prévu avec Erika et Klaus Mann ne peut avoir lieu à cause du suicide du quatrième participant, Ricki Hallgarten, quelques heures avant le départ. Elle essaie la morphine pour la première fois; désormais sa vie sera assombrie par la toxicomanie.

Au printemps 1933, Annemarie Schwarzenbach envisage de créer à Zurich avec Klaus Mann et Claude Bourdet une revue des écrivains en exil. Sa contribution à *Die Sammlung (Le Rassemblement)*, publiée finalement par Klaus Mann à Amsterdam, se limitera à un soutien financier. En mai, elle part pour l'Espagne avec la photographe Marianne Breslauer; de l'automne 1933 au printemps 1934, elle est au Proche-Orient. Ces voyages signent le début d'une collaboration régulière avec les revues et les journaux les plus importants de Suisse alémanique comme la *National-Zeitung*, la *Neue Zürcher Zeitung* et le *Zürcher Illustrierte*. Annemarie Schwarzenbach devient l'une des premières femmes reporters de voyage et photo-journalistes suisses.

Pendant l'été 1934, elle loue à Sils-Baselgia (Engadine) une maison qui sera désormais sa résidence permanente en Suisse et un refuge pour elle et ses amis. Ce même été, elle accompagne Klaus Mann au Premier Congrès des Ecrivains Soviétiques à Moscou, puis elle poursuit sa route vers l'Iran et participe à des fouilles archéologiques près de Téhéran. De retour en Suisse en décembre 1934, elle prend ouvertement parti pour le cabaret d'Erika Mann, «Die Pfeffermühle» («Le Moulin à poivre»). Il en résulte de telles tensions avec sa famille et avec Erika Mann qu'elle fait une tentative de suicide en janvier 1935.

En mai 1935, Annemarie Schwarzenbach épouse à Téhéran le diplomate français Claude Clarac. Elle obtient ainsi la nationalité française et un passeport diplomatique qui lui sera fort utile lors de ses futurs voyages. L'été suivant, elle séjourne dans une haute vallée près de Téhéran et commence à y écrire «le journal non intime» *Tod in Persien (La Mort en Perse).* Son mariage raté, la maladie et la drogue la contraignent à rentrer en Suisse à l'automne; elle fait alors une cure de désintoxication à la clinique d'Oscar Forel à Prangins. A la fin de l'été 1936, elle réalise avec l'Américaine Barbara Hamilton-Wright un grand reportage dans les régions industrielles du Nord des États-Unis d'où elle revient en février 1937. En mai 1937, la recherche de documents laissés par l'alpiniste suisse Lorenz Saladin, qui vient de se tuer en montagne, la mène à travers l'Allemagne, Dantzig et les États baltes, jusqu'à Moscou. Elle rentre en Suisse au cours de l'été, et rejoint dès septembre Barbara Hamilton-Wright aux États-Unis. Cette fois-ci elle décrit, dans des articles engagés et des reportages photographiques, les conditions de vie désastreuses dans les États du Sud.

En février 1938, Annemarie Schwarzenbach est en Suisse. Elle fait pluisieurs cures de désintoxication dans les cliniques de Samedan, Kreuzlingen et Yverdon. En avril, elle se rend en Autriche et en septembre à Prague, pour réaliser des reportages sur les événements politiques dramatiques qui s'y déroulent. Entre temps, à la fin de l'été, elle a fait la connaissance d'Ella Maillart. Le 11 décembre, Annemarie écrit son testament et lègue à Anita Forrer son fonds littéraire. Le 31 décembre, Ella Maillart vient la voir à Yverdon. En janvier 1939, Annemarie fait le compte rendu du livre d'Ella Maillart, *Oasis interdites*; reprenant la matière de *Tod in Persien (La Mort en Perse)*, elle écrit *Das glückliche Tal (La vallée heureuse)*. Sa cure terminée, elle retrouve Ella Maillart à Sils fin février. Grâce à la Ford neuve promise par Alfred Schwarzenbach à sa fille, Ella Maillart va pouvoir réaliser son projet de partir en Afghanistan en voiture. En mai, les préparatifs de l'expédition les mènent à Paris, Londres et Berlin. Elles la financeront en partie avec les avances de différents journaux. Pendant le voyage, la tâche essentielle d'Ella Maillart sera de filmer; quant à Annemarie Schwarzenbach, il est prévu que ses photos serviront d'illustrations au livre qu'Ella Maillart projette.

Le 6 juin 1939, les deux femmes quittent Genève dans la Ford Roadster Deluxe spécialement équipée pour faire face à des conditions extrêmes. Annemarie Schwarzenbach compte sur le soutien d'Ella pour s'arracher définitivement à l'emprise de la drogue. C'est pourquoi «je décidai de me donner une chance qui équivaut à un examen de maturité. (...) Ce n'est certainement pas "for fun" que je le fais – mais je crois que le travail, les routes des Balkans (abominables jusqu'ici!), les nuits en sac de couchage à même le sol, cette vie rude, riche et nouvelle, mais sans tendresse – tout cela est dur pour moi et, comme il n'y a aucun retour en arrière, aucune défaillance possible (à cause des contrats, des engagements envers Kini [Ella Maillart]), cela me fera du bien»[2]. Mais Annemarie rechute dès Sofia et reprend de la drogue. A Istanbul, la Ford est chargée sur le vapeur «Ankara». Traversant la mer Noire, elles arrivent à Trébizonde. Début juillet, elles sont à Téhéran, d'où elles repartent pour Meched, dans l'est de l'Iran, en passant par le Mazandéran et les bords de la mer Caspienne. Fin juillet, elles atteignent la ville afghane d'Herat.

En août, elles sont sans doute les premières femmes à emprunter la «route du Nord» de Herat à Mazar-e Charif; franchissant les montagnes de l'Hindu Kuch, elles mettent un peu plus de trois semaines avant d'atteindre Kaboul. Apprenant que la Seconde Guerre mondiale a éclaté, Annemarie Schwarzenbach, traumatisée, a de nouveau recours à la drogue et tombe malade. Cette rechute et une violente passion pour l'archéologue française Ria Hackin refroidissent ses relations avec Ella Maillart. Elles se séparent fin octobre et Annemarie, physiquement et psychologiquement à bout, rejoint la «Délégation Archéologique Française en Afghanistan» (DAFA) qui travaille dans le Turkestan afghan: «C'est ma dernière tentative. Quitter Ella (...) a été très dur. Que va-t-elle devenir. Elle a mérité la vie. Je la délivre de moi. Et que vais-je devenir.»[3] Elle séjourne à Tashkurghan et Deh Hassan, puis rejoint Kaboul à la mi-novembre. Là elle écrit plusieurs articles et surtout son recueil de textes *Die vierzig Säulen der Erinnerung (Les quarante colonnes du souvenir)*. Elle décide de rentrer en Europe, car «dans nos pays, c'est la guerre, un autre avenir se prépare. Ce qui se passe là-bas nous concerne directement. Et à long terme, je ne peux pas rester volontairement dans une sorte d'exil cruel et stérile»[4]. Avec Jacques Meunié, de la DAFA, elle quitte Kaboul le 20 décembre, et via Peshawar, Lahore et New-Delhi, arrive fin décembre à Indore en Inde; elle y rencontre Ella pour la dernière fois.

Le 7 janvier 1940, Annemarie Schwarzenbach est à Bombay et embarque sur le «Conte Biancamano». Début février, elle est de retour en Suisse. Sur le bateau, elle a rédigé un article par jour, ce qui fait que ce voyage aura produit environ 80 articles et reportages photographiques. La plupart des textes trouveront preneur, certains seront illustrés de clichés d'Annemarie Schwarzenbach et d'Ella Maillart. Mais le livre prévu ne pourra être réalisé.

Des projets de voyage en Finlande, en Colombie britannique et en Alaska échouent. À la place, Annemarie part en mai 1940 pour les États-Unis et vit avec Margot von Opel dans le Massachusetts et à New-York. En juin, elle fait la connaissance de l'écrivain Carson McCullers qui tombe amoureuse d'elle. Elle voit très souvent Erika et Klaus Mann, mais leurs relations sont tendues du fait de sa manière de vivre et de divergences dans la façon de concevoir l'engagement antifasciste. En août, elle écrit un article «Die Schweiz – das Land, das nicht zum Schuss kam» («La Suisse – le pays qui n'a pas tiré un seul coup de feu») qui anticipe les relations entre la Suisse et l'Allemagne nazie. La mort de son père en novembre aggrave un état psychique déjà très précaire; en décembre, elle fait une tentative de suicide. Après avoir été hospitalisée dans plusieurs établissements psychiatriques, elle n'est libérée qu'à la condition de quitter l'Amérique sur-le-champ.

En février 1941, elle rentre en Suisse via Lisbonne. Renée Schwarzenbach ne consent à aider financièrement sa fille que si elle quitte le pays. En avril, Annemarie Schwarzenbach part pour le Congo belge. Comme aux États-Unis, Annemarie réussit à exercer en Afrique une certaine activité journalistique malgré les difficultés de déplacement et ses problèmes personnels. Après avoir été soupçonnée d'espionnage, elle quitte le Congo en mars 1942, fait escale à Lisbonne avant de rejoindre le Maroc où elle retrouve son mari Claude Clarac pour la dernière fois.

En juillet 1942, elle est de nouveau à Sils. Elle remanie le roman intitulé *Das Wunder des Baums (Le miracle de l'arbre)* qu'elle a écrit en Afrique : ce poème en prose, empli du pressentiment de la mort, sera son testament poétique. Le 6 septembre, elle fait une grave chute de bicyclette près de Sils. Après une hospitalisation à la clinique de Prangins et un séjour à Bocken, Annemarie Schwarzenbach meurt le 15 novembre 1942 dans sa maison de Sils. Elle est enterrée à Horgen.

Notes

1 Annemarie Schwarzenbach (= A.S.), Interview ohne Reporter. Dans : *Auf der Schattenseite. Ausgewählte Reportagen, Feuilletons und Fotografien 1933–1942*. Hg. von Regina Dieterle und Roger Perret. Mit einem Nachwort von Regina Dieterle. Basel, Lenos Verlag 1990 (= Ausgewählte Werke, Bd. 3), p. 11.

2 Lettre à Erika Mann, Sofia, 14.6.[1939]. Dans : *Wir werden es schon zuwege bringen, das Leben*. Annemarie Schwarzenbach an Erika und Klaus Mann. Briefe 1930–1942. Hg. von Uta Fleischmann. Mit Beiträgen von Irmela von der Lühe und Fredric Kroll. Pfaffenweiler, Centaurus-Verlagsgesellschaft 1993, p. 87.

3 A.S., «Journal». Tapuscrit (transcription de l'original disparu, réalisée sans doute par Ella Maillart), [27./28.8. 1939 – 7.1.1940]. Tash Kurgan, 25.10.1939. Photocopie. Archives privées de Roger Perret.

4 Lettre à Arnold Kübler, Kaboul, Légation de France, 21.11.1939 (Fonds Arnold Kübler, Département des manuscrits, Zentralbibliothek Zurich).

*Bibliographie**

Beiträge zur Geschichte des Oberengadins im Mittelalter und zu Beginn der Neuzeit. Dissertation der Philosophischen Fakultät I der Universität Zürich. Zürich/Leipzig: Verlag Leemann 1931 (Schweizer Studien zur Geschichtswissenschaft, Heft 3, XVI. Bd., 1931)

Freunde um Bernhard. Zürich/Leipzig/Wien, Amalthea-Verlag 1931

Schweiz. Ost und Süd. Mitverfasser: Hans Rudolf Schmid. Hg. von Eduard Korrodi. München, Verlag R. Piper 1932 (Was nicht im Baedeker steht, Bd. XV)

Lyrische Novelle. Berlin, Rowohlt Verlag 1933

Schweiz. Nord und West. Mitverfasser: Hans Rudolf Schmid. München, Verlag R. Piper 1933 (Was nicht im Baedeker steht, Bd. XVI)

Winter in Vorderasien. Tagebuch einer Reise. Zürich, Verlag Rascher 1934

Lorenz Saladin. Ein Leben für die Berge. Geleitwort von Sven Hedin. Bern/Stuttgart, Verlag Hallwag 1938

Das glückliche Tal. Zürich, Morgarten-Verlag 1940

Bei diesem Regen. Erzählungen. Hg. und mit einem Nachwort von Roger Perret. Basel, Lenos Verlag 1989 (Ausgewählte Werke, Bd. 2)

Auf der Schattenseite. Ausgewählte Reportagen, Feuilletons und Fotografien 1933–1942. Hg. von Regina Dieterle und Roger Perret. Mit einem Nachwort von Regina Dieterle. Basel, Lenos Verlag 1990 (Ausgewählte Werke, Bd. 3)

Jenseits von New York. Ausgewählte Reportagen, Feuilletons und Fotografien aus den USA 1936–1938. Hg. und mit einem Nachwort von Roger Perret. Basel, Lenos Verlag 1992 (Ausgewählte Werke, Bd. 4)

«Wir werden es schon zuwege bringen, das Leben». Annemarie Schwarzenbach an Erika und Klaus Mann. Briefe 1930–1942. Hg. von Uta Fleischmann. Mit Beiträgen von Irmela von der Lühe und Fredric Kroll. Pfaffenweiler, Centaurus-Verlagsgesellschaft 1993

Tod in Persien. Hg. und mit einem Essay von Roger Perret. Basel, Lenos Verlag 1995 (Ausgewählte Werke, Bd. 5)

Flucht nach oben. Roman. Hg. und mit einem Essay von Roger Perret. Basel, Lenos Verlag 1999 (Ausgewählte Werke, Bd. 6)

Alle Wege sind offen. Die Reise nach Afghanistan 1939/1940. Ausgewählte Texte. Hg. und mit einem Essay von Roger Perret. Basel, Lenos Verlag 2000 (Ausgewählte Werke, Bd. 7)

Französische Übersetzung/traduction française: *Où est la terre des promesses? Avec Ella Maillart en Afghanistan (1939–1940).* Traduit de l'allemand (Suisse) par Dominique Laure Miermont. Postface de Roger Perret. Paris, Éditions Payot & Rivages 2002

Visions d'Afghanistan. Traduit de l'allemand (Suisse) par Dominique Laure Miermont. Paris, Éditions Payot & Rivages 2002 (Petite Bibliothèque Payot/Voyageurs. Édition Hors Commerce)

* Die Bibliographien verzeichnen die Erstausgaben der Werke. Neuauflagen, Übersetzungen und Publikationen über den Autor wurden nicht berücksichtigt. Einzig von den Texten über die Afghanistan-Reisen sind die zurzeit erhältlichen Neuauflagen sowie die deutschen und französischen Übersetzungen erwähnt.

Les bibliographies se limitent aux éditions originales des ouvrages. Éditions ultérieures, traductions et publications sur l'auteur ne sont pas prises en compte. C'est seulement à propos des textes concernant les voyages en Afghanistan que sont mentionnées les rééditions actuellement disponibles, ainsi que les traductions en allemand et en français.

Ella Maillart

Ella Maillart est née à Genève le 20 février 1903. Son père, Paul Maillart, est fourreur ; sa mère d'origine danoise, Marie Dagmar Klim, est passionnée de sport. Elle a un frère aîné, Albert. À partir de 1913, la famille passe les mois d'été au Creux-de-Genthod sur les bords du lac Léman. Ella, surnommée « Kini », dévore les romans d'aventure et étudie les cartes géographiques. Elle partage avec sa grande amie Hermine (« Miette ») de Saussure la passion de la lecture et de la voile. À partir de 1916, elles remportent ensemble quantité de régates sur le lac Léman. L'Europe meurtrie par la Première Guerre mondiale leur paraît « égoïste et décadente », aussi rêvent-elles de lointains voyages. En 1919, Ella fonde le premier club féminin de hockey sur terre en Suisse romande. Elle quitte l'école un an avant le baccalauréat.

En 1923, Ella et Miette explorent la Méditerranée pendant six mois sur leur voilier la *Perlette*. Elles font la connaissance du navigateur français Alain Gerbault qui deviendra célèbre peu après pour avoir effectué la première traversée de l'Atlantique en solitaire. En 1924, Ella Maillart est à Paris en tant que membre de l'équipe olympique suisse de voile. La même année, elle séjourne en Angleterre et donne des cours de français dans une école. En 1925, Ella Maillart vogue à nouveau avec Miette et deux de leurs amies en Méditerranée sur la *Bonita*. En Crête, elles participent pendant plusieurs semaines à des fouilles archéologiques. C'est depuis ce voyage qu'Ella tire parti de ses aventures dans divers articles et conférences. Impressionnées par l'exploit d'Alain Gerbault, Ella et Miette décident en 1926 de relier la Bretagne et le Pacifique Sud sur l'*Atalante*, mais ce projet n'aboutit pas car Miette tombe malade. Elle épousera plus tard l'archéologue français Henri Seyrig, avec qui Annemarie Schwarzenbach entretient des liens amicaux depuis son premier voyage au Proche-Orient en 1933/34. Du film qu'Ella voulait réaliser pendant la traversée ne subsistent que quelques fragments.

De 1927 à 1929, Ella Maillart exerce différents métiers : secrétaire, voyageuse de commerce, modèle pour des artistes. En 1929, elle joue un petit rôle dans une comédie filmée à Mürren où elle participe à la fondation du Ski Club de Dames suisses. En octobre, elle va à Berlin où elle apprend l'allemand et écrit des articles. Au lieu de tourner un documentaire, comme elle le souhaitait, elle travaille comme figurante à la société cinématographique UFA. Les émigrants russes qu'elle rencontre dans les studios éveillent sa curiosité pour le pays de la révolution.

En 1930, Ella Maillart se rend à Moscou avec le dessein d'écrire un livre sur le sport et la jeunesse russe, et un autre sur le cinéma soviétique. Elle apprend le russe, s'occupe activement de cinéma et fait la connaissance du cinéaste Wsevolod Pudowkin. En août, elle accompagne des étudiants dans le Caucase ; sur le chemin du retour, elle visite les studios de Kiev et rencontre le réalisateur Dsiga Wertow. En 1932, elle publie son premier livre, qui rend compte de ce voyage : *Parmi la jeunesse russe ;* comme les suivants, il est illustré de ses propres photographies. L'argent qu'elle gagne ainsi lui permet de financer ses voyages suivants. De 1931 à 1934, elle prend part à de nombreuses compétitions en tant que membre de l'équipe nationale de ski suisse. En juillet 1932, elle part pour le Turkestan avec deux couples russes. À Moscou, elle rencontre de nouveau Pudowkin ainsi qu'Eisenstein et les écrivains Boris Pilnjak et Victor Sklovskij. Le petit groupe de voyageurs parvient jusqu'aux Monts célestes (Tianshan), à la frontière chinoise, où Ella Maillart escalade seule un sommet de 5000 mètres. En décembre 1932, elle retourne seule à Moscou, en partie à dos de chameau à travers le désert, en partie en bateau.

En septembre 1934, la Suissesse se rend en Chine pour le journal *Le Petit Parisien* qui lui confie un reportage sur la Mandchourie occupée par les Japonais. Elle écrit plusieurs articles et rencontre le correspondant du *Times* Peter Fleming. Avec lui, elle traverse à partir de février 1935 des zones interdites d'Asie centrale, dont le désert de Takla Makan. Cette grande aventure commencée à Pékin se termine sept mois plus tard au Cachemire. Le récit de ce voyage, qu'Ella Maillart écrit au Liban en 1936 sous le titre *Oasis interdites,* connaît un grand succès.

En juillet 1937, toujours comme correspondante du *Petit Parisien,* Ella Maillart prend l'avion à Marseille pour Karachi, en Inde. Le retour en Europe se fera en camion et en autobus à travers l'Afghanistan, l'Iran et la Turquie. En 1938, elle entreprend une tournée de conférences dans plusieurs pays d'Europe. À la fin de l'été, elle fait la connaissance d'Annemarie Schwarzenbach à Zurich et lui rend visite fin décembre à la clinique d'Yverdon. Un séjour chez Schwarzenbach à Sils en Engadine pendant le mois de mars leur permet de mettre au point le projet d'un voyage en voiture en Afghanistan. En mai, elles se rendent à Paris, Londres et Berlin, vont dans les musées, consulats et maisons d'édition, consultent de multiples spécialistes pour se procurer les visas et les informations nécessaires sur les aspects culturels et politiques des différents pays qu'elles vont traverser.

Le 6 juin 1939, c'est le départ. En plus de son appareil photo, Ella Maillart emporte une caméra et des films en noir et blanc et en couleurs. Ce qu'elle désire avant tout, c'est découvrir la vie ancestrale des nomades d'Afghanistan, et elle a l'intention de mener une étude ethnologique au Nuristan, région isolée, unique sur le plan culturel. Alors que plusieurs personnes cherchent à la dissuader de se lancer dans cette entreprise avec une toxicomane, son amie Miette lui dit : « Tu peux en tout cas lui faire plus de bien qu'elle ne peut te faire de mal. »[1] En cours de route, Ella Maillart s'ébouillante une main et le choléra les retient plus longtemps que prévu en Iran où elles doivent se faire vacciner ; ceci mis à part, le voyage se déroule sans problèmes sérieux. En Afghanistan, elles séjournent quelque temps à Begram, chez des amis d'Ella, les archéologues français Joseph et Ria Hackin, de la « Délégation Archéologique Française en Afghanistan ».

Les deux femmes atteignent Kaboul dans les derniers jours d'août 1939. La Seconde Guerre mondiale éclate peu après, rendant impossible l'expédition au Nuristan. Quand Ella découvre à Kaboul qu'Annemarie reprend de la drogue, elle est consternée et considère cette rechute comme une trahison. En octobre, Annemarie part pour le Turkestan ; début novembre, Ella, après une jaunisse, gagne Peshawar, New-Delhi et enfin la ville indienne d'Indore. Là, fin décembre, elle retrouve pour quelques jours Annemarie et visite avec elle Dhar et Mandu.

Avant même le retour en Europe de sa compagne de voyage, au début du mois de janvier 1940, Ella Maillart n'a pu cacher sa déception quant à l'échec de leur entreprise : « I am rather depressed because Annemarie has decided to return to Europe and she is not one inch more fit now morally than when we left ; so that I feel all that effort of that journey has not been very useful and I was unable to help her. »[2] Jusqu'à l'été 1940, Ella séjourne principalement à Quetta. Vivant dans un environnement anglophile, elle se met à écrire ses livres en anglais : en 1942 paraît le premier, *Gypsy afloat (La Vagabonde des mers)*, qui raconte ses navigations. Il lui faut absolument gagner de l'argent, car en raison de la guerre et de son propre éloignement, les retombées financières du voyage en Afghanistan sont très médiocres. À sa grande déception, la presse suisse romande ne publie presque aucun de ses articles : « In German Switzerland they print at once every thing A-M [Annemarie Schwarzenbach] sends to them. Is she really so much better than I am ; is it only because she has such a good style? Personally I cannot cope with her unending long sentences though they make nice music I admit. »[3] Dans la zone frontalière avec l'Afghanistan, elle tourne les dernières scènes de son film *Nomades de la frontière* qui sera projeté, commenté par elle, le 17 septembre 1940 à Bombay. Ce film et quelques autres feront d'elle une pionnière du cinéma.

En novembre 1940, Ella Maillart arrive via Madras à Tiruvannamalai, dans le Sud de l'Inde, où elle restera jusqu'en 1945. Elle s'initie à la méditation dans l'ashram du sage Sri Ramana Maharshi. Elle bénéficiera également de l'enseignement du sage Atmananda (Krishna Menon) à Travancore. Dans ses lettres à Annemarie Schwarzenbach, elle parle longuement de ses expériences intellectuelles et spirituelles afin d'influencer dans un sens plus positif la vie toujours aussi chaotique de son amie.

La mort d'Annemarie le 15 novembre 1942 lui semble être une confirmation des pressentiments qu'elle avait depuis quelque temps : « My God, when shall I know what is happening to my friends in Europe ... I feel as if they were all dead already. »[4] De l'automne 1943 jusqu'en 1945, Ella Maillart travaille à son livre sur le voyage en Afghanistan. Elle aurait besoin d'informations sur la fin de la vie d'Annemarie et sur les archives que celle-ci a laissées, mais la guerre rendant les liaisons postales avec la Suisse très difficiles, il lui faudra attendre jusqu'en 1944.

Au début de 1945, elle se rend au Sikkim et dans le Sud du Tibet. La guerre terminée, elle rentre en Europe. Elle vit chez sa mère à Genève et à partir de 1948 dans son chalet « Atchala » situé dans le village du Valais de Chandolin, à 2000 mètres d'altitude, dans le Val d'Anniviers. C'est là qu'elle passe les mois d'été. En 1946, elle va voir Renée Schwarzenbach à Bocken, près de Horgen. Celle-ci veut voir son manuscrit dont la première version porte le titre *The Double Journey*. À la demande de Renée Schwarzenbach, elle choisit le pseudonyme de « Christina » pour Annemarie et supprime quelques rares passages critiques concernant sa mère. Le livre paraît à Londres en 1947 sous le titre *The Cruel Way (La Voie cruelle)* et il est illustré de photographies prises au cours de ses deux voyages en Afghanistan, en 1937 et 1939.

En 1951, Ella Maillart redevient nomade. Elle se rend en Inde et au Népal où elle tourne le film *Seule au Népal*. Fascinée par ce pays, elle y reviendra fréquemment et en fera le sujet de son dernier livre en 1955. En 1957, elle réalise son film *Tour de l'Inde*. Elle séjourne chaque année dans ce pays et entreprend jusqu'à un âge avancé de nombreux voyages en Chine, au Tibet, au Japon, en Corée, à Java, au Yémen et dans d'autres pays d'Asie. Pour gagner sa vie, elle organise des voyages, se fait le guide de petits groupes de touristes, écrit des articles, fait des conférences, commente des projections de ses films et prend souvent part à des émissions de radio et de télévision en Suisse romande.

Grâce à la réédition de ses livres dans les années quatre-vingt, on la redécouvre et on reconnaît son importance en tant qu'écrivain du voyage, photographe et spécialiste de l'Asie. En 1989, elle confie au Musée de l'Elysée de Lausanne ses archives photographiques (environ 16000 clichés). En 1991, ce musée organise la première grande rétrospective de ses photos, accompagnée d'une publication avec des textes de Nicolas Bouvier. Cette exposition, qui sera montrée en Suisse et à l'étranger, a un grand succès. Ella Maillart meurt le 27 mars 1997 à Chandolin.

Notes

1 Citation d'après la lettre d'Ella Maillart à Dagmar Maillart, Téhéran, 9.7.1939 (Fonds Ella Maillart, Ms. Fr. 7098, Bibliothèque publique et universitaire de Genève).

2 Lettre à Dagmar Maillart, New Delhi, 13.12.1939 (Fonds Ella Maillart, Ms. Fr. 7098, Bibliothèque publique et universitaire de Genève).

3 Lettre à Dagmar Maillart, Quetta, 22.2.1940 (Fonds Ella Maillart, Ms. Fr. 7098, Bibliothèque publique et universitaire de Genève).

4 Lettre à Dagmar Maillart, New Delhi, 25.9.1940 (Fonds Ella Maillart, Ms. Fr. 7098, Bibliothèque publique et universitaire de Genève).

Ella Maillart

Ella Maillart wird am 20. Februar 1903 in Genf geboren. Der Vater, Paul Maillart, ist von Beruf Pelzhändler, die aus Dänemark stammende Mutter, Marie Dagmar Klim, betreibt leidenschaftlich Sport. Ella Maillart hat einen älteren Bruder: Albert. Ab 1913 wohnt die Familie während der Sommermonate in Creux-de-Genthod am Genfersee. Die «Kini» gerufene Ella Maillart liest begeistert Abenteuerromane und studiert geographische Karten. Die enge Freundschaft mit Hermine («Miette») de Saussure prägt ihre Jugendzeit. Mit ihr teilt sie die Leidenschaft für das Bücherlesen und das Segeln. Die beiden Freundinnen gewinnen ab 1916 auf dem Genfersee mehrere Segelregatten. Das von den Ereignissen des Ersten Weltkrieges heimgesuchte Europa empfinden sie als «egoistisch und dekadent» und träumen deshalb vom Aufbruch in die Ferne. 1919 gründet Ella Maillart den ersten Landhockey-Club für Frauen in der Westschweiz. Ein Jahr vor der Matura bricht sie die Schule ab.

1923 erkunden Ella Maillart und Miette auf deren Segelschiff «Perlette» während sechs Monaten das Mittelmeer. Sie lernen den französischen Segler Alain Gerbault kennen, der kurz danach durch die erste Alleinüberquerung des Atlantiks berühmt wird. 1924 ist Maillart als Seglerin Mitglied des Schweizer Olympiateams in Paris. In diesem Jahr hält sie sich auch in England auf und gibt Französischstunden an einer Schule. 1925 befährt Ella Maillart mit Miette und zwei weiteren Freundinnen auf der «Bonita» wieder das Mittelmeer. In Kreta nehmen sie während mehrerer Wochen an archäologischen Ausgrabungen teil. Seit dieser Reise wertet Maillart ihre Erfahrungen erstmals in Artikeln und Vorträgen publizistisch aus. Beeindruckt von Alain Gerbaults Pioniertat, wollen Maillart und Miette 1926 auf der «Atalante» von der Bretagne in den Südpazifik segeln: Das Vorhaben scheitert jedoch, weil die Freundin erkrankt. Miette wird später den französischen Archäologen Henri Seyrig heiraten, mit dem Annemarie Schwarzenbach seit ihrer ersten Vorderasienreise 1933/34 freundschaftlich verbunden ist. Vom Film, den Maillart über die Schiffsreise drehen wollte, sind nur Bruchstücke erhalten.

Von 1927 bis 1929 übt Ella Maillart verschiedene Berufe aus: Sekretärin, Handelsreisende, Künstlermodell. 1929 hat sie eine kurze Rolle als Schauspielerin in einer in Mürren gedrehten Ski-Filmkomödie und ist am gleichen Ort Mitbegründerin des Schweizer Damen-Skiclubs. Im Oktober begibt sie sich nach Berlin, wo sie Deutsch lernt und Artikel schreibt. Statt, wie gewünscht, einen Dokumentarfilm zu drehen, arbeitet sie als Statistin bei der Filmgesellschaft Ufa in Berlin. In den Filmstudios kommt sie in Kontakt mit russischen Emigranten, die sie neugierig auf das revolutionäre Land machen.

1930 reist Ella Maillart nach Moskau, mit dem Ziel, ein Buch über den Sport und die russische Jugend sowie eines über den sowjetischen Film zu realisieren. Sie lernt Russisch, befasst sich intensiv mit dem Film und lernt den Regisseur Wsewolod Pudowkin kennen. Im August reist sie mit Studenten in den Kaukasus; auf der Rückreise besichtigt sie Filmstudios in Kiew und trifft den Filmemacher Dsiga Wertow. 1932 veröffentlicht sie über diese Reise ihr erstes Buch *Parmi la jeunesse russe,* das, wie ihre folgenden Reisebücher, mit eigenen Fotografien illustriert ist. Dank den Einnahmen aus dem Verkauf kann sie weitere grosse Fahrten finanzieren. Zwischen 1931 und 1934 nimmt Maillart als Mitglied der Schweizer Nationalmannschaft an mehreren Skiweltmeisterschaften teil. Im Juli 1932 bricht Ella Maillart mit zwei russischen Paaren nach Turkestan auf. Noch in Moskau trifft sie erneut Pudowkin sowie Eisenstein und die Schriftsteller Boris Pilnjak und Viktor Sklovskij. Die Reisegruppe gelangt bis ins Himmelsgebirge (Tien-shan) an der chinesischen Grenze, wo Maillart allein einen 5000 Meter hohen Berg besteigt. Ohne ihre Begleiter kehrt sie, unter anderem durch eine Wüste auf einem Kamel und per Schiff, im Dezember 1932 nach Moskau zurück.

Im September 1934 begibt sich die Schweizerin im Auftrag der Zeitung ‹Le Petit Parisien› für eine Reportage über die von den Japanern besetzte Mandschurei nach China. Sie schreibt mehrere Artikel und trifft dort den Korrespondenten der ‹Times›, Peter Fleming. Mit Fleming durchquert sie ab Februar 1935 an sich gesperrte Gebiete Zentralasiens mit der Wüste Takla Makan. Das in Peking gestartete abenteuerliche Unternehmen endet nach sieben Monaten in Kaschmir. Maillarts 1936 in Libanon geschriebener Bericht über die Reise – *Oasis interdites* – hat einen grossen Erfolg.

Im Juli 1937 reist Ella Maillart, wieder im Auftrag von ‹Le Petit Parisien›, mit dem Flugzeug von Marseille nach Karachi in Indien. Per Lastwagen und Autobus kehrt sie über Afghanistan, Iran und die Türkei nach Europa zurück. 1938 unternimmt sie Vortragstourneen in mehreren Ländern Europas. Im Spätsommer lernt sie in Zürich Annemarie Schwarzenbach kennen und besucht sie Ende Dezember in einer Klinik in Yverdon. Nach einem Aufenthalt in Schwarzenbachs Haus in Sils im Engadin im März 1939 ist das Projekt einer gemeinsamen Reise mit dem Auto nach Afghanistan spruchreif. Im Mai begeben sich Ella Maillart und Schwarzenbach nach Paris, London und Berlin. Sie besuchen Museen, Konsulate, Verlage und sprechen mit zahlreichen Fachleuten, um die notwendigen Visa einzuholen und sich Informationen über Kultur und Politik der Länder entlang der Reiseroute zu besorgen.

Am 6. Juni 1939 brechen die beiden Frauen auf. In ihrem Gepäck hat Ella Maillart, neben dem Fotoapparat, auch eine Kamera für Schwarzweiss- und Farbfilmaufnahmen. Ihre Sehnsucht gilt dem ursprünglichen, nomadischen Leben in Afghanistan, wobei Maillart in Nuristan, einer abgelegenen, kulturell einzigartigen Region, ethnologische Forschungen betreiben will. Nachdem schon andere Bekannte sie vor diesem Unternehmen mit der drogenabhangigen Annemarie Schwarzenbach gewarnt haben, äussert sich auch die Freundin Miette zu diesem Thema: «Du kannst ihr sicher mehr Gutes tun, als sie dir Leid zufügen kann.»[1] Ausser dass sich Ella Maillart unterwegs einmal die Hand verbrüht und sich die beiden Frauen in Teheran wegen der Cholera im östlichen Iran länger als geplant aufhalten und impfen müssen, verläuft die Reise ohne grössere Probleme. Im afghanischen Ort Begram halten sie sich für einige Tage bei den mit Maillart befreundeten Joseph und Ria Hackin von der «Délégation Archéologique Française en Afghanistan» auf.

Gegen Ende August 1939 treffen die beiden Frauen in Kabul ein. Wegen des Ausbruchs des Zweiten Weltkrieges kurz danach ist die vorgesehene Weiterreise nach Nuristan für Maillart nicht mehr möglich. Sie ist bestürzt, als sie erfährt, dass Schwarzenbach in Kabul wieder Drogen nimmt, und empfindet dies als einen Vertrauensbruch. Nach der Abreise Schwarzenbachs im Oktober nach Turkestan verlässt Maillart, nach einer Gelbsucht, Kabul Anfang November. Via Peshawar und Neu-Delhi gelangt sie nach Indore in Indien. Dort trifft sie Ende Dezember für einige Tage Annemarie Schwarzenbach und macht mit ihr Ausflüge nach Dhar und Mandu.

Schon vor der Rückkehr ihrer Reisebegleiterin nach Europa Anfang Januar 1940 hat sich Ella Maillart ihre Enttäuschung über das Misslingen des Unternehmens eingestehen müssen: «I am rather depressed because Anne-Marie has decided to return to Europe and she is not one inch more fit now morally than when we left; so that I feel all that effort of that journey has not been very useful and I was unable to help her.»[2] Ella Maillart hält sich bis zum Sommer 1940 vorwiegend in Quetta auf. In einem anglophilen Umfeld lebend, beginnt sie ihre Texte auf englisch zu schreiben: 1942 erscheint als erstes dieser Bücher *Gypsy afloat* über ihre Segelfahrten. Sie ist dringend auf andere Einnahmequellen angewiesen, da wegen des Krieges und ihrer Abwesenheit in Europa die finanzielle Ausbeute der Afghanistan-Reise ein Misserfolg ist. Zur Enttäuschung von Maillart werden nur wenige ihrer Artikel in der Westschweizer Presse veröffentlicht: «In German Switzerland they print at once every thing A-M [Annemarie Schwarzenbach] sends to them. Is she really so much better than I am; is it only because she has such a good style? Personally I cannot cope with her unending long sentences though they make nice music I admit.»[3] In der Grenzregion zu Afghanistan dreht sie die letzten Szenen ihres Filmes, der, mit ihrem Kommentar, unter dem Titel «Nomads of the Frontier» am 17. September 1940 in Bombay uraufgeführt wird. Sie wird mit dieser und weiteren Produktionen zu einer Filmpionierin.

Im November 1940 trifft Ella Maillart via Madras in Tiruvannamalai in Südindien ein, wo sie bis 1945 bleiben wird. Sie beginnt unter Anleitung des Weisen Sri Ramana Maharshi in dessen Aschram ein meditatives Leben. Weitere Lektionen nimmt sie beim Weisen Atmananda (Krishna Menon) in Travancore. Ihre geistigen und spirituellen Erfahrungen vermittelt sie in Briefen auch Annemarie Schwarzenbach, um deren immer noch chaotisches Leben in eine positivere Richtung zu lenken.

Den Tod Annemarie Schwarzenbachs am 15. November 1942 muss Ella Maillart wie eine Bestätigung ihrer Ahnung vor einiger Zeit empfunden haben: «My God, when shall I know what is happening to my friends in Europe ... I feel as if they were all dead already.»[4] Vom Herbst 1943 bis 1945 arbeitet Maillart an ihrem Buch über die Afghanistan-Reise. Die für diese Arbeit gewünschten Berichte aus der Schweiz über Annemarie Schwarzenbachs letzte Zeit und die Nachlasssituation erreichen sie wegen der durch den Krieg erschwerten Postverbindungen erst 1944.

Anfang 1945 geht Ella Maillart nach Sikkim und in den Südtibet. Nach Kriegsende im Mai 1945 kehrt sie nach Europa zurück. Sie lebt bei ihrer Mutter in Genf und ab 1948 im eigenen Chalet «Atchala» im 2000 Meter hoch gelegenen Walliser Dorf Chandolin im Val d'Anniviers, wo sie jeweils die Sommermonate verbringt. 1946 besucht Maillart Renée Schwarzenbach auf Bocken bei Horgen und legt ihr auf deren Verlangen das Manuskript des Reisebuches vor, das in der ersten Fassung *The Double Journey* heisst. Auf Wunsch von Renée Schwarzenbach streicht sie wenige kritische Passagen, die sich auf die Mutter beziehen, und wählt für Annemarie Schwarzenbach das Pseudonym «Christina». 1947 erscheint das Buch unter dem Titel *The Cruel Way* in London, versehen mit Fotografien von den beiden Afghanistan-Reisen 1937 und 1939.

1951 nimmt sie die Reisetätigkeit wieder auf. Ella Maillart begibt sich nach Indien und Nepal und dreht dort den Film «Seule au Népal». Fasziniert von diesem Land, wird sie es immer wieder aufsuchen und 1955 ihr letztes Buch darüber schreiben. 1957 dreht Maillart den Film «Tour de l'Inde». Neben dem jährlichen Aufenthalt in diesem Land unternimmt sie bis ins hohe Alter zahlreiche Fahrten nach China, Tibet, Japan, Korea, Java und Jemen und andere Länder Asiens. Um ihren Lebensunterhalt zu verdienen, begleitet sie kleine Gruppen von Touristen als Reiseleiterin, schreibt Artikel, hält Vorträge, kommentiert Aufführungen ihrer Filme und tritt oft im Westschweizer Radio und Fernsehen auf.

Durch die Neuauflagen ihrer Bücher seit den achtziger Jahren wird Ella Maillart als bedeutende Reiseschriftstellerin, Fotografin und Asienexpertin wiederentdeckt. 1989 übergibt sie dem Musée de l'Elysée in Lausanne ihr Fotoarchiv mit gegen 16 000 Aufnahmen. 1991 widmet ihr dieses Museum die erste Retrospektive ihrer Fotografien, begleitet von einer Publikation mit Texten von Nicolas Bouvier. Die Ausstellung wird danach mit grossem Erfolg im In- und Ausland präsentiert. Ella Maillart stirbt am 27. März 1997 in Chandolin.

Anmerkungen

1 Zitiert nach Brief von Ella Maillart (= E.M.) an Dagmar Maillart, Teheran, 9.7.1939 (Fonds Ella Maillart, Ms. Fr. 7098, Bibliothèque publique et universitaire de Genève).

2 Brief von E.M. an Dagmar Maillart, New Delhi, 13.12.1939 (Fonds Ella Maillart, Ms. Fr. 7098, Bibliothèque publique et universitaire de Genève).

3 Brief von E.M. an Dagmar Maillart, Quetta, 22.2.1940 (Fonds Ella Maillart, Ms. Fr. 7098, Bibliothèque publique et universitaire de Genève).

4 Brief von E.M. an Dagmar Maillart, New Delhi, 25.9.1940 (Fonds Ella Maillart, Ms. Fr. 7098, Bibliothèque publique et universitaire de Genève).

Bibliographie

Parmi la jeunesse russe. De Moscou au Caucase. Préface de Luc Durtain. Illustré de planches hors texte. Paris, Fasquelle Éditeurs 1932 (Collection «Voyageuses de Lettres»)

Des Monts célestes aux sables rouges. Paris, Éditions Bernard Grasset 1934

Oasis interdites. De Pékin au Cachemire. Illustré de 32 pages hors-texte en hélio et de cartes. Paris, Éditions Bernard Grasset 1937

Gypsy Afloat. London, William Heinemann 1942

Cruises and Caravans. London, J. M. Dent & Sons 1942 (Travellers' Tales)

The Cruel Way. London: William Heinemann 1947 Deutsche Übersetzung/traduction allemande: *Auf abenteuerlicher Fahrt durch Iran und Afghanistan.* Aus dem Englischen übersetzt von Carl Bach. Zürich, Orell Füssli Verlag 1948; Neuausgabe/réédition: *Der bittere Weg. Mit Annemarie Schwarzenbach unterwegs nach Afghanistan.* Aus dem Englischen von Carl Bach. Mit einem Nachwort von Brigitta Kaufmann. Basel, Lenos Verlag 2001 (Lenos Pocket 63); Französische Ausgabe/édition française: *La Voie cruelle.* Genève/Paris, Éditions Jeheber 1952; Neuausgabe/réédition: *La Voie cruelle. Deux femmes, une Ford vers l'Afghanistan.* Préface de Frédéric Vitoux. Paris, Éditions Payot & Rivages 2001 (Petite Bibliothèque Payot/Voyageurs 51)

Ti-Puss. London, William Heinemann 1951

The Land of the Sherpas. London, Hodder & Stoughton 1955

La Vie immédiate. Photographies. Textes de Nicolas Bouvier. Postface de Charles-Henri Favrod. Lausanne, Éditions 24 heures 1991

Ella Maillart au Népal. Photographies rassemblées et présentées par Daniel Girardin. Arles, Éditions Actes Sud 1999

«Cette réalité que j'ai pourchassée». Textes et photographies sélectionnés et réunis par Anneliese Hollmann. Avant-propos d'Olivier Bauer. CD de la Radio Suisse Romande. Carouge-Genève, Éditions Zoé 2003

Sur les routes de l'Orient. Photographies choisies et présentées par Daniel Girardin. Lausanne, Musée de l'Elysée / Musée Olympique/Actes Sud 2003

Nicolas Bouvier

Nicolas Bouvier naît le 6 mars 1929 au Grand-Lancy près de Genève. Son père Auguste Bouvier est bibliothécaire à la Bibliothèque publique et universitaire de Genève. Sa mère Antoinette Maurice s'intéresse à la musique et aux arts plastiques. Il a deux aînés, un frère, Claude, et une sœur, Henriette. Il grandit dans un foyer cultivé et accueillant où il peut rencontrer des écrivains célèbres, parmi lesquels Robert Musil et Marguerite Yourcenar. Il apprend très tôt le piano, lit « énormément » et rêve de partir dans des pays lointains : « C'est la lecture des atlas, entre huit et douze ans, à plat ventre sur le tapis de la bibliothèque, qui m'a conduit au voyage. Et le voyage, ensuite, à l'écriture. »[1] Au collège, il fait la connaissance de Thierry Vernet : « Il est devenu pour moi un jumeau psychologique, un compagnon intemporel. C'est l'ami avec lequel j'ai partagé le plus de choses. »[2]

À 16 ans, il fait ses premiers voyages ; en 1947, il visite la Finlande et la Laponie. En 1948, il entreprend avec Thierry Vernet (1927–1993) et un autre ami « une traversée hallucinante et hallucinée » de la Yougoslavie et de la Grèce. Il passe le baccalauréat la même année. À cette époque, il quitte Genève pour Cologny avec sa famille. En 1949, pendant son service militaire, un accident au cours d'un « exercice stupide » l'immobilisera longtemps à l'hôpital, puis chez lui. Conséquence positive : on lui offre une Fiat Topolino pour lui faciliter le trajet jusqu'à l'université de Genève. Il termine en 1953 ses études en lettres (histoire) et en droit.

En 1951 paraît un volume pour bibliophiles avec des textes de Nicolas Bouvier et des dessins originaux de Thierry Vernet. Les deux amis l'ont édité eux-mêmes et espèrent financer ainsi le grand voyage en Asie qu'ils projettent depuis longtemps et qui pourrait durer, selon Bouvier, « 2–3 ans ». En janvier 1953, Nicolas Bouvier séjourne à Belgrade avec Vernet et l'amie de celui-ci, Floristella Stephani, peintre. Comptant revenir l'été suivant, ils nouent diverses relations et enregistrent de la musique populaire dans les cafés et à Radio Belgrade. En prévision de l'expédition, Bouvier s'initie sérieusement à la mécanique de sa « très robuste » Fiat. Il se renseigne également auprès d'Ella Maillart sur le trajet Genève-Madras.

En juillet 1953, Nicolas Bouvier quitte Genève pour Belgrade au volant de sa Fiat Topolino. Quelques semaines plus tôt, Thierry Vernet avait pris le train pour la Yougoslavie via l'Autriche. Les deux amis ont « de l'argent pour quatre mois » et « sont partis sans esprit de retour. Nous nous disions : ça va peut-être se terminer en Californie, nous arrêterons quand nous en aurons assez. »[3] Le 31 juillet, Nicolas Bouvier et Thierry Vernet se retrouvent à Belgrade. Enthousiasmés par l'univers musical des Balkans, ils enregistrent à nouveau au magnétophone de la musique populaire et tzigane. En août, Vernet a la possibilité d'exposer à Belgrade les estampes et les dessins qu'il a réalisés pendant son séjour en Yougoslavie. Il en vend quelques-uns, et les sommes gagnées également grâce à quelques articles de Bouvier leur permettent de continuer à la mi-août jusqu'à Prilep. Cette façon de gagner de l'argent leur permettra toujours d'assurer leur subsistance et de poursuivre leur voyage.

Début septembre, Nicolas Bouvier et Thierry Vernet traversent la Grèce, s'arrêtent quelque temps à Istanbul et à Ankara, gagnent Trébizonde sur la mer Noire et atteignent la ville persane de Tabriz le 21 octobre. Séduits par cette ville, et aussi parce que les chutes de neige les empêchent de continuer sur Téhéran, ils décident d'y passer l'hiver. Ils font inscrire en persan sur la portière gauche de leur voiture une strophe d'un poème de Hafiz : « *Même si l'abri de ta nuit est peu sûr / et ton but encore lointain / sache qu'il n'existe pas / de chemin sans terme / Ne sois pas triste.* Pendant des mois, cette inscription nous servit de sésame et de sauvegarde dans des coins du pays où l'on n'a guère sujet d'aimer l'étranger. »[4] En février 1954, ils montent dans leur demeure de Tabriz une exposition sur la première partie de leur voyage avec les estampes et dessins de Vernet, ainsi que les photos et les textes de Bouvier. À la mi-mars, ils font une excursion de plusieurs jours à Mahabad, au Kurdistan.

À la mi-avril 1954, ils atteignent Téhéran. Des tensions naissent entre les deux amis car Thierry Vernet veut interrompre leur voyage commun au cours de l'année pour retrouver son amie Floristella Stephani à Ceylan. En mai, Vernet expose à Téhéran et Bouvier fait plusieurs conférences. Début juin, ils montent dans le Nord jusqu'aux rives de la mer Caspienne. Le 22 juin 1954, ils quittent Téhéran pour le Sud, visitent Ispahan, Chiraz, Persépolis, Yezd, Kerman, traversent, parfois dans des conditions difficiles, le désert de Lut, et atteignent Quetta, au Pakistan, à la fin du mois de juillet. Ils travaillent comme musiciens au « Saqi », l'« unique bar de la ville », et exécutent des fresques murales au « Gran Stanley Café ». Le 13 août – un vendredi ! –, Nicolas Bouvier perd les notes de voyage rédigées à Tabriz. À la fin du mois d'août, ils parviennent en Afghanistan via Kandahar et Ghazni. Ils font la connaissance de Daniel Schlumberger, le directeur de la « Délégation Archéologique Française en Afghanistan » (DAFA) et du Dr Claude Petitpierre, oncle de la future épouse de Bouvier et expert de l'ONU en Afghanistan. Il leur offre l'hospitalité, soigne Bouvier qui souffre de la malaria et Vernet qui contracte une jaunisse en septembre. Le peintre peut exposer à Kaboul. Le 20 octobre, il se sépare de Nicolas Bouvier et part pour Ceylan. En novembre, Bouvier franchit l'Hindu Kuch et se rend dans le nord de l'Afghanistan. Il accepte une invitation à participer aux fouilles de la DAFA à Sorch Kotal près de Kunduz.

Le 3 décembre, Nicolas Bouvier quitte Kaboul avec sa Fiat Topolino et gagne Peshawar au Pakistan. Sur la route de Bombay, un violent accès de fièvre, « un cocktail d'hépatite et de malaria », lui fait perdre connaissance. Le 17 janvier 1955, l'agence Fiat de Bombay organise une réception pour fêter le voyage depuis Genève avec la « Fiat 500 A – Modèle 1948 » : en signe de reconnaissance, on offre à Bouvier un moteur neuf pour sa voiture.

Le 14 mars 1955, Thierry Vernet et Floristella Stephani, qui se marient peu après, l'accueillent à Galle/Ceylan : « Le klaxon de la topo nous a fait sursauter et nous sommes allés nous précipiter dans les bras de ce Silène ensoleillé. L'air en pleine santé. Joyeux. Une topo poussiéreuse et héroïque. »[5] Impressionné par les textes que Nicolas Bouvier a rédigés, Vernet commence à travailler aux illustrations du livre de voyage projeté. À la mi-mai, il rentre en Suisse avec sa femme : c'est la fin de leur voyage commun. Diverses maladies obligent Nicolas Bouvier à se faire hospitaliser à Colombo. Il retourne à Galle. C'est seulement des années plus tard qu'il racontera dans *Le Poisson-Scorpion* ses difficultés avec son entourage et ses expériences cathartiques. Malgré les désagréments rencontrés à Ceylan, il ne veut pas rentrer dans son pays. Après avoir vendu sa Fiat Topolino, il s'embarque pour le Japon en octobre 1955.

Arrivé en novembre 1955 à Tokyo, Nicolas Bouvier a tout d'abord beaucoup de mal à gagner sa vie : « J'y suis devenu photographe pour ne pas mourir de faim. »[6] Mandaté par des journaux japonais, il voyage à travers le pays et rend compte de ses impressions à travers textes et photos. Une revue lui ayant acheté à bon prix certaines de ses photos, il peut regagner la Suisse en octobre 1956. Avant son départ, il fait cette observation : « Trois années d'Asie ont sans doute fait de moi un excellent Européen. »[7]

En 1958, Nicolas Bouvier épouse Eliane Petitpierre avec qui il aura deux enfants: Thomas (1962) et Manuel (1964). Il s'installe avec sa famille dans la maison de ses parents à Cologny. De 1958 à 1961, Bouvier travaille intensément au manuscrit de son livre sur son voyage en Afghanistan : *L'Usage du monde.* Il gagne sa vie, entre autres, comme documentariste et iconographe auprès de l'Organisation Mondiale de la Santé (OMS) à Genève. Ce métier, qu'il exercera plus tard également pour des maisons d'édition – en plus de son activité d'écrivain, de journaliste et de photographe – jouera un rôle important dans sa vie. En 1961, il ne réussit pas à faire publier en France son manuscrit pour lequel il reçoit le 2 avril 1963 le « Prix des écrivains genevois ». En octobre, *L'Usage du monde,* illustré des dessins de Thierry Vernet, paraît dans la maison d'édition Librairie Droz de Genève, l'argent du prix servant à financer les frais d'impression.

De 1964 à 1966, Nicolas Bouvier vit avec sa famille au Japon ; il habite principalement à Kyoto et à Tokyo et entreprend de nombreux voyages à travers le pays. Son livre *Japon* sort en 1967 et constitue avec *L'Usage du monde* et *Le Poisson-Scorpion* une trilogie sur ses expériences en Asie. Après un autre séjour au Japon en 1970, Bouvier fait au cours des années qui suivent de longs voyages en Europe (les îles d'Aran, les Hébrides) et en Asie (Corée, Chine, Vietnam, Indonésie), parfois comme guide touristique. En 1970, Nicolas Bouvier est un des fondateurs du « Groupe d'Olten » ; pendant les années 70, il est conseiller de la « Fondation suisse pour la photographie ».

Depuis les années 80, il fait de fréquentes tournées de conférences aux États-Unis et au Mexique. En 1981, il publie son récit, *Le Poisson-Scorpion,* qui lui vaudra plusieurs distinctions et surtout une reconnaissance internationale. D'autres publications, des documentaires qui lui sont consacrés et des expositions de ses photos, accroissent sa notoriété. Nicolas Bouvier meurt le 17 février 1998 à Genève.

Notes

1 Nicolas Bouvier (= N.B.), *L'Échappée belle. Éloge de quelques pérégrins.* Genève, Les Éditions Métropolis 1996, p. 53.

2 N.B., *Routes et déroutes. Entretiens avec Irène Lichtenstein-Fall.* Genève, Les Éditions Métropolis, p. 67.

3 N.B., *Routes et déroutes,* id., p. 71.

4 N.B., *L'Usage du monde.* Dessins de Thierry Vernet. Paris, Éditions Payot 1994 (Petite Bibliothèque Payot/Voyageurs 100), p. 208.

5 Lettre de Thierry Vernet à Robert et Simone Vernet, Galle, 14.3.1955. (Fonds Thierry Vernet, Floristella Vernet, Paris).

6 N.B., *Routes et déroutes,* id., p. 108.

7 Lettre de N.B. à Thierry Vernet, Tokyo, 16.9.1956 (Fonds Nicolas Bouvier, Bibliothèque publique et universitaire de Genève).

Nicolas Bouvier

Nicolas Bouvier wird am 6. März 1929 in Grand-Lancy bei Genf geboren. Der Vater, Auguste Bouvier, ist Bibliothekar bei der Bibliothèque publique et universitaire in Genf, die Mutter, Antoinette Maurice, ist an Musik und bildender Kunst interessiert. Er hat zwei ältere Geschwister: Claude und Henriette. Nicolas Bouvier wächst in einem kultivierten, gastfreundlichen Hause auf. Er begegnet dort berühmten Schriftstellern: Robert Musil, Marguerite Yourcenar u.a. Der Junge erhält früh Klavierunterricht, liest «enorm viel» und träumt vom Aufbruch in ferne Länder: «Zum Reisen kam ich durch die Atlanten, die ich als Acht- bis Zwölfjähriger, bäuchlings auf dem Teppich unserer Bibliothek, studierte. Und dann durch das Reisen zum Schreiben.»[1] In der Mittelschule lernt er Thierry Vernet kennen: «Er ist für mich zu einer Art psychologischem Zwilling geworden, ein zeitloser Begleiter. Er ist der Freund, mit dem ich am meisten geteilt habe.»[2]

Mit 16 Jahren macht Nicolas Bouvier erste Reisen; 1947 besucht er Finnland und Lappland. 1948 unternimmt er mit Thierry Vernet (1927–1993) und einem Freund eine «halluzinative und halluzinierende Durchquerung» von Jugoslawien und Griechenland. Im gleichen Jahr besteht Bouvier die Matura. Während dieser Zeit zieht er mit der Familie von Genf nach Cologny. 1949 absolviert er die Rekrutenschule, wo er in einer «stupiden Übung» einen Unfall mit Folgen erleidet. Positive Seite der langen Rekonvaleszenz und Immobilität im Spital und zu Hause: Er bekommt einen Fiat Topolino geschenkt, auch um leichter den Weg zur Universität in Genf zurücklegen zu können. Das Studium der Geistes- und Rechtswissenschaften schliesst er 1953 ab.

1951 erscheint ein selbst verlegter bibliophiler Band mit Prosagedichten von Nicolas Bouvier und Originalgrafiken von Thierry Vernet. Der Erlös soll zur Finanzierung der grossen Reise nach Asien beitragen, welche die beiden seit längerem planen und deren Dauer Bouvier mit «2–3 Jahren» beziffert. Im Januar 1953 hält er sich mit Vernet und dessen Freundin, der Malerin Floristella Stephani, in Belgrad auf. Sie knüpfen Beziehungen für den geplanten Besuch im Sommer und machen Tonbandaufnahmen von Volksmusik in Cafés und bei Radio Belgrad. Zu den Reisevorbereitungen gehört auch der professionelle Umgang mit der Technik des «sehr robusten» Fiat-Autos. Bouvier erkundigt sich auch bei Ella Maillart über die vorgesehene Strecke Genf–Madras.

Im Juli 1953 bricht Nicolas Bouvier mit dem Fiat Topolino von Genf nach Belgrad auf. Thierry Vernet war bereits einige Wochen zuvor mit dem Zug via Österreich nach Jugoslawien gereist. Die beiden Freunde haben «Geld für vier Monate» mit sich und sind «abgereist, ohne Vorstellungen von der Rückkehr. Wir sagten uns: Vielleicht endet die Reise in Kalifornien, wir hören auf, wenn wir genug haben.»[3] Am 31. Juli treffen sich Nicolas Bouvier und Thierry Vernet in Belgrad. Aus Begeisterung für den musikalischen Kosmos im Balkan nehmen die beiden Freunde mit dem Tonband erneut Volks- und Zigeunermusik auf. Im August kann Vernet seine Bilder und Zeichnungen, die während des Aufenthaltes in Jugoslawien entstanden sind, in Belgrad ausstellen. Dank einiger Verkäufe und Einnahmen aus Artikeln von Bouvier ist die Weiterfahrt Mitte August nach Prilep gesichert. Mit dieser Art, Geld zu verdienen, können sie auch später immer wieder ihren Lebensunterhalt bestreiten und die Fortsetzung der Reise finanzieren.

Anfang September begeben sich Nicolas Bouvier und Thierry Vernet über Griechenland nach Istanbul. Nach Aufenthalten in dieser Stadt und in Ankara erreichen sie über Trapezunt am Schwarzen Meer am 21. Oktober Täbris in Persien. Verführt von der Umgebung und auch weil der einsetzende Schneefall die geplante Weiterfahrt nach Teheran verhindert, entscheiden sie sich, den Winter in Täbris zu verbringen. Sie lassen sich eine Strophe des Dichters Hafis auf Persisch auf die linke Autotür schreiben: *«Kein sicheres Dach für die Nacht / und dein Ziel ist noch weit, / doch wisse, es ist kein Weg ohne Ende. / Sei nicht betrübt!* Monatelang diente uns diese Inschrift als Sesam-öffne-dich und Schutz in all den Winkeln des Landes, wo man keinen Grund hat, den Fremden zu lieben.»[4] Im Februar 1954 führen sie in ihrer Bleibe in Täbris eine Ausstellung über die absolvierte Reiseroute durch, mit Bildern und Zeichnungen von Vernet und Fotos und Texten von Bouvier. Mitte März unternehmen sie einen mehrtägigen Ausflug nach dem kurdischen Ort Mahabad.

Mitte April 1954 erreichen sie Teheran. Es kommt zu Spannungen zwischen den beiden Freunden, weil Thierry Vernet im Laufe dieses Jahres die gemeinsame Reise abbrechen und sich mit seiner Freundin Floristella Stephani in Ceylon treffen will. Im Mai findet eine Ausstellung von Vernet in Teheran statt, und Bouvier hält dort mehrere Vorträge. Anfang Juni unternehmen sie einen Ausflug in den Norden an das Ufer des Kaspischen Meeres. Am 22. Juni 1954 brechen die beiden von Teheran nach Süden auf und gelangen via Isfahan, Schiras, Persepolis, Jazd, Kerman – und unter zum Teil schwierigen Bedingungen durch die

Wüste Lut – Ende Juli nach Quetta in Pakistan. Sie arbeiten als Musiker in «Saqi», der «einzigen Bar der Stadt», und machen Wandmalereien im «Gran Stanley Café». Am 13. August, einem Freitag!, verliert Bouvier die Reise-Aufzeichnungen, die er in Täbris gemacht hat.

Gegen Ende August erreichen Nicolas Bouvier und Thierry Vernet über Kandahar und Ghazni Afghanistan. Sie lernen Daniel Schlumberger kennen, Leiter der «Délégation Archéologique Française en Afghanistan» (DAFA), und Dr. Claude Petitpierre, den Onkel von Bouviers zukünftiger Frau, der als UNO-Experte in Afghanistan tätig ist. Dieser lädt sie ein, bei ihm zu wohnen; er behandelt Bouvier, dem die Malaria zu schaffen macht, und Vernet, der im September an Gelbsucht erkrankt. Der Maler kann auch in Kabul ausstellen. Am 20. Oktober trennt er sich von Nicolas Bouvier und reist nach Ceylon. Im November begibt sich Bouvier über den Hindukusch in den Norden Afghanistans. Er nimmt eine Einladung an, bei den Archäologen der DAFA in Sorch Kotal bei Kunduz zu leben und zu arbeiten.

Am 3. Dezember verlässt Nicolas Bouvier mit dem Fiat Topolino Kabul und erreicht Peshawar in Pakistan. Ein heftiger Fieberanfall – ein «Cocktail aus Hepatitis und Malaria» – lässt ihn auf dem Weg nach Bombay einmal das Bewusstsein verlieren. In Bombay gibt es am 17. Januar 1955 aus Anlass der Reise mit dem «Fiat 500 A – Model 1948» von Genf nach Bombay einen Empfang durch die lokale Fiat-Vertretung: Zur Anerkennung erhält Bouvier einen neuen Motor für sein Auto.

Am 14. März 1955 empfangen ihn Thierry Vernet und Floristella Stephani, die kurz darauf heiraten, in Galle/Ceylon: «Das Hupen des Toplino liess uns auffahren, und wir stürzten uns in die Arme dieses sonnigen Silen: Er war strotzend vor Gesundheit und glücklich. Der Topolino: staubbedeckt und heldenhaft.»[5] Beeindruckt von den bis jetzt entstandenen Texten Bouviers, beginnt Vernet an Illustrationen für das geplante Reisebuch zu arbeiten. Mitte Mai kehren er und seine Frau in die Schweiz zurück: Die gemeinsame Reise ist zu Ende. Verschiedene Krankheiten zwingen Nicolas Bouvier in Colombo zu einem Spitalaufenthalt. Er kehrt nach Galle zurück. Über die Schwierigkeiten mit seiner Umgebung und seine kathartisch anmutenden Erfahrungen berichtet er erst Jahre später in der Erzählung *Le Poisson-Scorpion (Der Skorpionsfisch)*. Trotz der negativen Erlebnisse in Ceylon will er jedoch nicht in die Heimat zurück. Vor der Abreise nach Japan im Oktober 1955 verkauft er den Fiat Topolino.

Seit November 1955 in Tokio, bereitet Nicolas Bouvier die Finanzierung des Lebensunterhaltes in Japan anfänglich grosse Mühe: «Ich bin Fotograf geworden, weil ich nicht Hungers sterben wollte.»[6] Im Auftrag von japanischen Zeitungen bereist er das Land und berichtet in Wort und Bild über seine Eindrücke. Der grosszügige Ankauf einiger seiner Fotografien durch eine Zeitschrift erlaubt ihm im Oktober 1956 eine sorgenfreie Rückkehr in die Schweiz. Schon vor der Abreise hat er festgestellt: «Drei Jahre Asien haben aus mir einen ausgezeichneten Europäer gemacht.»[7]

1958 heiratet Nicolas Bouvier Eliane Petitpierre, mit der er zwei Kinder – Thomas (1962) und Manuel (1964) – hat. Er nimmt mit der Familie Wohnsitz im elterlichen Haus in Cologny. Von 1958 bis 1961 arbeitet Bouvier intensiv am Manuskript seines Buches über die Reise nach Afghanistan: *L'Usage du monde*. Den Lebensunterhalt verdient er unter anderem als Dokumentarist und Ikonograf bei der Weltgesundheitsorganisation (WHO) in Genf. Dieser Beruf, in dem er später auch für Verlage arbeitet, wird – neben der Tätigkeit als Schriftsteller, Journalist und Fotograf – eine wichtige Stellung in seinem Leben einnehmen. 1961 scheitern Versuche, das Manuskript seines Reisebuches in Frankreich zu veröffentlichen. Am 2. April 1963 erhält Nicolas Bouvier für seinen Text den «Prix des écrivains genevois». Im Oktober erscheint *L'Usage du monde*, versehen mit Zeichnungen von Thierry Vernet, im Verlag Librairie Droz in Genf, wobei die Druckkosten mit dem Preisgeld finanziert werden.

Nicolas Bouvier lebt mit der Familie von 1964 bis 1966 in Japan; er wohnt längere Zeit in Kioto und Tokio und erkundet auf verschiedenen Reisen das Land. Das Buch *Japon* erscheint 1967 und bildet mit *L'Usage du monde* und *Le Poisson-Scorpion* eine Trilogie über seine Asienerfahrungen. Nach einem weiteren Aufenthalt in Japan im Jahr 1970 unternimmt Bouvier in den folgenden Jahren immer wieder ausgedehnte Reisen in Europa (Aran-Inseln, Hebriden) und nach Asien (Korea, China, Vietnam, Indonesien), von denen er einige als Reiseleiter begleitet. 1970 ist Nicolas Bouvier Mitbegründer der «Schweizer Autoren Gruppe Olten»; im Laufe der siebziger Jahre aktiv auch im Stiftungsrat der «Schweizerischen Stiftung für die Photographie».

Seit den achtziger Jahren ist er öfters auf Vortragsreisen in den USA und in Mexiko. 1981 publiziert er die Erzählung *Le Poisson-Scorpion*, für die er mehrfach ausgezeichnet wird und die ihm internationale Anerkennung verschafft. Der Ruhm des Autors wächst durch weitere Veröffentlichungen, ihm gewidmete Filmporträts und Ausstellungen seiner Fotos. Nicolas Bouvier stirbt am 17. Februar 1998 in Genf.

Anmerkungen

1 Nicolas Bouvier (= N.B.), *L'Échappée belle. Éloge de quelques pérégrins*. Genève, Les Éditions Métropolis 1996, S. 53.

2 N.B., *Routes et déroutes. Entretiens avec Irène Lichtenstein-Fall*. Genève, Les Éditions Metropolis, S. 67.

3 N.B., *Routes et déroutes*, a.a.O., S. 71.

4 N.B., *Die Erfahrung der Welt*. Hg. von Roger Perret. Mit einem Nachwort von Gérald Froidevaux. Basel, Lenos Verlag 2001, S. 230.

5 Brief von Thierry Vernet an Robert und Simone Vernet, Galle, 14.3.1955 (Nachlass Thierry Vernet, Floristella Vernet, Paris).

6 N.B., *Routes et déroutes*, a.a.O., S. 108.

7 Brief von N.B. an Thierry Vernet, Tokyo, 16.9.1956 (Fonds Nicolas Bouvier, Bibliothèque publique et universitaire de Genève).

Bibliographie

Douze estampes de Thierry Vernet. Textes de Nicolas Bouvier. Genève, Albert Kundig 1951

L'Usage du monde. Récit. Quarante-huit dessins de Thierry Vernet. Genève, Librairie Droz 1963 ; Neuausgabe/réédition: *L'Usage du monde.* Dessins de Thierry Vernet. Paris, Éditions Payot 1992 (Petite Bibliothèque Payot/Voyageurs 100) ; Deutsche Übersetzung/traduction allemande: *Die Erfahrung der Welt.* Aus dem Französischen von Trude Fein. Zürich, Benziger Verlag/Ex Libris Verlag 1980 (*ch*-Reihe. Zeitgenössische Literatur aus der französischen und italienischen Schweiz) ; Neuausgabe/réédition: *Die Erfahrung der Welt.* Aus dem Französischen übersetzt von Trude Fein, überarbeitet von Regula Renschler. Hg. von Roger Perret. Mit einem Nachwort von Gérald Froidevaux. Fotografien von Nicolas Bouvier. Basel, Lenos Verlag 2001

Japon. Photographies de Nicolas Bouvier. Lausanne, Éditions Rencontre 1967 (L'atlas des voyages 58)

Donner à voir. Photographies de Jean Mohr et Nicolas Bouvier. Préface de John Berger. Genève, 1968 (Catalogue Cabinet des Estampes du Musée de Genève/Exposition Rencontre Bruxelles)

Chronique japonaise. Lausanne, L'Âge d'Homme 1975 (Mesure du monde)

Vingt-cinq ans ensemble. Télévision suisse romande 1954–1979. 3 volumes. Lausanne, Société Suisse de Radiodiffusion et Télévision 1979

Le Poisson-Scorpion. Récit. Vevey, Éditions Bertil Galland 1981

Le Dehors et le Dedans. Poèmes. Vevey, Éditions Bertil Galland 1982

Boissonnas. Une dynastie de photographes 1864–1983. Lausanne, Éditions Payot 1983

Journal d'Aran et d'autres lieux. Récits. Postface de Daniel Maggetti. Lausanne, Éditions 24 heures 1990

L'Art populaire. Disentis, Desertina Verlag 1991 (Ars Helvetica: Arts et culture visuels en Suisse 9)

Routes et déroutes. Entretiens avec Irène Lichtenstein-Fall. Genève, Les Éditions Métropolis 1992

Le Hibou et la Baleine. Conception et choix des illustrations Patricia Plattner et Nicolas Bouvier. Carouge-Genève, Éditions Zoé 1993

Guerre et humanité. Un siècle de photographie. Les archives du Comité international de la Croix-Rouge. Mitverfasserin/co-auteur: Michèle Mercier. Genève, Éditions d'Art Albert Skira 1995

L'Échappée belle. Éloge de quelques pérégrins. Genève, Les Éditions Métropolis 1996

Comment va l'écriture ce matin. Pages de carnets. 5 tableaux de Massimo Furlan. Avant-propos d'Ivan Farron. Variation de Vivette Perret. Genève, Éditions Slatkine 1996

La Chambre rouge et autres textes. Genève, Les Éditions Métropolis 1998

Une orchidée qu'on appela vanille. Genève, Les Éditions Métropolis 1998

Entre errance et éternité. Regards sur les montagnes du monde. Avant-propos de Pierre Starobinski. Postface de Bernard Crettaz. Carouge-Genève, Éditions Zoé 1998

Dans la vapeur blanche du soleil. Les photographies de Nicolas Bouvier. Avec un choix de textes de Nicolas Bouvier. Dessins de Thierry Vernet. Direction de la publication: Pierre Starobinski. Carouge-Genève, Éditions Zoé 1999

La Guerre à huit ans et autres textes. Postface de Sylviane Dupuis. Carouge-Genève, Éditions Zoé 1999 (MiniZoé 39)

Le Corps, miroir du Monde. Voyage dans le musée imaginaire de Nicolas Bouvier. Sous la direction de Pierre Starobinski. Introduction de Jean Starobinski. Carouge-Genève, Éditions Zoé 2000

L'Œil du voyageur. Introduction de Daniel Girardin. Paris/Lausanne, Éditions Hoëbeke/Musée de l'Elysée 2001

Histoires d'une image. Carouge-Genève, Éditions Zoé 2001

Le Japon de Nicolas Bouvier. Paris, Éditions Hoëbeke 2002

Zur Edition

In diesem Buch werden erstmals eine grössere Anzahl von Fotografien vorgestellt, die während der Reisen nach Afghanistan 1939/1940 von Annemarie Schwarzenbach und Ella Maillart sowie 1953/1954 von Nicolas Bouvier gemacht wurden. Ergänzt werden die Aufnahmen durch eine, aus Platzgründen bedingte, kleine Auswahl von Texten der drei Autorinnen und Autoren über diese Fahrt. Es wurden vor allem Arbeiten mit dem Schwerpunkt Afghanistan berücksichtigt, die auf Deutsch oder Französisch unpubliziert sind. Den Abschluss bilden drei in Buchform unveröffentlichte Essays und Reflexionen über das Reisen. Da es von Annemarie Schwarzenbach dazu keinen Text gibt, wurden Überlegungen von ihr zu diesem Thema in einer Collage zusammengefasst.

Fast zwei Drittel der Fotografien in meist chronologischer Reihenfolge wurden im Rahmen der vom Migros-Kulturprozent realisierten Ausstellung «La voie cruelle, la voie heureuse» gezeigt. Ebenso die Mehrheit der Zitate im Bildteil, die hauptsächlich Texten der drei Autorinnen und Autoren über die Afghanistan-Reise entnommen wurden und den Aufnahmen gegenübergestellt sind.

Die Fotografien von Annemarie Schwarzenbach stammen aus dem Nachlass der Autorin im Schweizerischen Literaturarchiv in Bern und sind in Buchform grösstenteils unveröffentlicht. Die meisten Legenden zu den Afghanistan-Aufnahmen von Annemarie Schwarzenbach und Ella Maillart orientieren sich an Bilderläuterungen, die Paul Bucherer vom Afghanistan Institut und Afghanistan-Museum in Bubendorf verfasst hat.

Die Fotografien von Ella Maillart und Nicolas Bouvier stammen aus den Bildnachlässen der beiden Autoren im Musée de l'Elysée in Lausanne. Während viele dieser Aufnahmen in der Westschweiz bekannt sind, sind sie in der Deutschschweiz noch zu entdecken.

Die Texte werden in der Regel ungekürzt wiedergegeben; die Ausnahmen werden im Quellennachweis vermerkt. Offensichtliche Fehler und Flüchtigkeiten in den unveröffentlichten Texten wurden berichtigt.

Sofern nicht anderes erwähnt, wurde die Übersetzung der deutschsprachigen Arbeiten ins Französische von Marielle Larré und Dominique Laure Miermont besorgt, die dazu das Vorwort des Herausgebers und sämtliche Texte des Anhangs übertrug. Barbara Erni und Markus Hediger übersetzten die französischsprachigen Texte ins Deutsche.

Note de l'éditeur

Cet ouvrage présente pour la première fois un grand nombre de photographies prises pendant leur voyage en Afghanistan par Annemarie Schwarzenbach et Ella Maillart en 1939/1940, et par Nicolas Bouvier en 1953/1954. Elles sont accompagnées d'un choix de textes – limité pour des raisons de place – que ces trois auteurs ont écrits sur leur périple. Ont été privilégiés les textes inédits, en français ou en allemand. L'ouvrage se termine par trois essais sur le voyage qui n'étaient jamais parus dans un livre. Comme il n'existait pas de texte spécifique d'Annemarie Schwarzenbach sur ce thème, nous avons réalisé un montage à partir des nombreuses réflexions qui jalonnent son œuvre.

Près des deux tiers des photographies, accompagnées de citations, ont été montrées dans le cadre de l'exposition « La voie cruelle, la voie heureuse » montée par le Pour-cent culturel Migros.

Les photographies d'Annemarie Schwarzenbach, publiées en grande partie pour la première fois, proviennent des Archives littéraires suisses à Berne où son œuvre a été déposée. La plupart des légendes qui accompagnent ces clichés et ceux d'Ella Maillart sur l'Afghanistan ont été rédigées d'après les travaux de Paul Bucherer de l'Afghanistan Institut et Afghanistan-Museum à Bubendorf.

Quant aux photographies d'Ella Maillart et de Nicolas Bouvier, elles appartiennent au Musée de l'Elysée à Lausanne auquel les écrivains ont légué leurs fonds. Beaucoup sont connues des lecteurs francophones, elles restent à découvrir pour les germanophones.

En règle générale, les textes sont reproduits dans leur intégralité ; les exceptions sont signalées au chapitre « références ». Les fautes patentes et les fautes d'inattention relevées dans les textes inédits ont été corrigées.

Sauf mention contraire, la traduction de l'allemand en français a été réalisée par Marielle Larré et Dominique Laure Miermont. Cette dernière s'est également chargée de la préface et de tous les textes annexes. Barbara Erni et Markus Hediger ont assuré la traduction des textes français en allemand.

Dank

Ohne die grosszügige Unterstützung des Kulturprozents des Migros-Genossenschafts-Bundes in Zürich hätte dieses Projekt nicht realisiert werden können. Namentlich gedankt sei Christoph Haering und Veronika Sellier. Sie haben die Idee zu diesem Buch mit grosser Sympathie begrüsst und sein Entstehen tatkräftig gefördert.

Weiter danken die beiden Verlage und der Herausgeber folgenden Personen, Institutionen und Verlagen für die mannigfaltige Hilfe und für die Gewährung von Text- und Bildrechten: Afghanistan Institut und Afghanistan-Museum (Paul Bucherer), Bubendorf; Eliane Bouvier, Cologny; Bibliothèque publique et universitaire (Françoise Pittard, Nathalie Progin, Barbara Prout), Genf; Éditions de l'Aire, Vevey; Éditions Hoëbeke, Paris; Éditions Payot & Rivages, Paris; Éditions Slatkine, Genf; eFeF-Verlag, Wettingen; Barbara Erni, Sullens; Esther Gambaro, Schwyz; Markus Hediger, Zürich; Anneliese Hollmann, Chambésy; Marielle Larré, Zürich; Lenos Verlag, Basel; Les Éditions Métropolis, Genf; Dominique Laure Miermont, Paris; Musée de l'Elysée (Daniel Girardin, Pascale Pahud), Lausanne; Schweizerisches Literaturarchiv (Thomas Feitknecht, Huldrych Gastpar, Silvia Schneider), Bern; Verlag Huber, Frauenfeld; Zentralbibliothek Zürich, Handschriftenabteilung (Marlis Stähli), Zürich.

Der Herausgeber dankt Marcel Rohr, Zürich, verantwortlich für die Gestaltung der Ausstellung «La voie cruelle, la voie heureuse»: Sein starkes Engagement und sein Perfektionsanspruch trugen sehr zum Erfolg der Ausstellung bei. Ebenfalls gedankt sei dem Buchgestalter, Guido Widmer, Zürich, für seine überzeugenden Bild-Text-Lösungen sowie folgenden Personen und Institutionen, die mit Tat und Rat das Ausstellungs- und Buchprojekt unterstützt haben: Heidi Arbenz, Winterthur; Regina Dieterle, Zürich; Guido Ineichen, Migros-Kulturprozent, Zürich; Librairie des auteurs suisses & ABC du livre d'occasion (Roland Tolmatchoff), Genf; Librairie Droz (Max Engammare), Genf; Ursula Mätzener Rohr, Zürich; Hanspeter Rupp, Zürich; Pierre Starobinski, Pully; Andreas Tobler, Berlin; Ursula Vian Kübler, Eus/Frankreich.

Das schönste Bukett gehört jedoch meiner Partnerin Susanne Notz: Sie hat mit Verständnis, Toleranz und einer reichen Palette von Hilfeleistungen bewirkt, dass die mehrjährige, aufwendige Arbeit an Ausstellung und Buch – meistens – im Gleichgewicht zwischen «bitterem» und «glücklichem Weg» war.

Remerciements

Ce projet n'aurait pas vu le jour sans le généreux soutien du Pour-cent culturel Migros à Zurich. Que soient remerciés personnellement Christoph Haering et Veronika Sellier. Ils ont accueilli l'idée de cet ouvrage avec un vif intérêt et en ont activement soutenu la réalisation.

Par ailleurs, les deux maisons d'édition et le responsable de l'édition remercient les personnes, institutions et maisons d'édition suivantes pour leur aide précieuse et l'octroi des droits sur les textes et les photos : Afghanistan Institut und Afghanistan-Museum (Paul Bucherer), Bubendorf; Eliane Bouvier, Cologny ; Bibliothèque publique et universitaire (Françoise Pittard, Nathalie Progin, Barbara Prout), Genève ; Éditions de l'Aire, Vevey ; Éditions Hoëbeke, Paris ; Éditions Payot & Rivages, Paris ; Éditions Slatkine, Genève ; eFeF-Verlag, Wettingen ; Barbara Erni, Sullens ; Esther Gambaro, Schwyz ; Markus Hediger, Zurich ; Anneliese Hollmann, Chambésy ; Marielle Larré, Zurich ; Lenos Verlag, Bâle ; les Éditions Métropolis, Genève ; Dominique Laure Miermont, Paris ; Musée de l'Elysée (Daniel Girardin, Pascale Pahud), Lausanne ; Archives littéraires suisses (Thomas Feitknecht, Huldrych Gastpar, Silvia Schneider), Berne ; Verlag Huber, Frauenfeld ; Zentralbibliothek Zürich, Handschriftenabteilung (Marlis Stähli), Zurich.

Le responsable de l'édition remercie Marcel Rohr, Zurich, qui a réalisé la scénographie de l'exposition « La voie cruelle, la voie heureuse » : son engagement personnel et sa recherche de la perfection ont grandement contribué au succès de l'exposition. Que soient également remerciés le concepteur de ce livre, Guido Widmer, Zurich, pour l'équilibre convaincant qu'il a su trouver entre photos et textes, ainsi que les personnes et institutions suivantes ayant apporté leur soutien à la réalisation de l'exposition et de cet ouvrage : Heidi Arbenz, Winterthour ; Regina Dieterle, Zurich ; Guido Ineichen, Pour-cent culturel Migros, Zurich ; Librairie des auteurs suisses & ABC du livre d'occasion (Roland Tolmatchoff), Genève ; Librairie Droz (Max Engammare), Genève ; Ursula Mätzener Rohr, Zurich ; Hanspeter Rupp, Zurich ; Pierre Starobinski, Pully ; Andreas Tobler, Berlin ; Ursula Vian Kübler, Eus/France.

C'est toutefois à ma compagne Susanne Notz que je réserve le bouquet final. Grâce à sa compréhension, à sa tolérance et à la richesse de ses interventions, ce travail de plusieurs années, consacré à l'exposition et à ce livre, a pu garder un savant équilibre entre « voie cruelle » et « voie heureuse ».

Roger Perret

Quellennachweis
Références

Bei jedem Text wird die Druckvorlage angegeben. Texte ohne Publikationsnachweis sind unveröffentlicht. Die Typoskripte von Annemarie Schwarzenbach (= A.S.) befinden sich, wenn nicht anders erwähnt, im Nachlass A.S. im Schweizerischen Literaturarchiv in Bern (= SLA). Vermerkt wird die durch A.S. selbst vorgenommene Datierung der Typoskripte. Datierungen von undatierten Typoskripten durch das Schweizerische Literaturarchiv oder durch den Herausgeber stehen in eckigen Klammern [].

A chaque texte correspond une source. Les textes sans indication de source n'ont pas fait l'objet d'une publication. Sauf mention contraire, les tapuscrits d'Annemarie Schwarzenbach (= A.S.) se trouvent dans le fonds A.S. aux Archives littéraires suisses de Berne (= ALS). Les dates des tapuscrits sont celles indiquées par A.S. elle-même. Les dates indiquées entre crochets [] sont celles proposées par les Archives littéraires suisses ou l'éditeur pour des tapuscrits non datés.

S./p. 10
Ich kann Ella [Maillart] bewundern
Je peux admirer Ella
A.S., «Tagebuch». Typoskript (Abschrift des verschollenen Originals vermutlich durch Ella Maillart), [27./28.8.1939–7.1.1940]. Eintrag Kabul, 30.8.1939. Fotokopie im Besitz von Roger Perret.
A.S., « Journal ». Tapuscrit (transcription de l'original disparu, réalisée sans doute par Ella Maillart), [27./ 28.8.1939–7.1.1940]. Kaboul, 30.8.1939. Photocopie. Archives privées de Roger Perret. Traduction : Marielle Larré.
J'aimais le généreux courage
Ich liebte ihren grosszügigen Mut
Ella Maillart (= E.M.), *La Voie cruelle*. Postface de Roger Perret, *Annemarie Schwarzenbach, une ébauche de portrait*. Lausanne, Éditions 24 heures 1987 (Collection « Visages sans frontières »), p. 32.
E.M., *Der bittere Weg*. Mit Annemarie Schwarzenbach unterwegs nach Afghanistan. Aus dem Englischen von Carl Bach. Mit einem Nachwort von Brigitta Kaufmann. Basel, Lenos Verlag 2001 (Lenos Pocket 63), S. 35/36.

S./p. 12
L'Usage du monde
Die Erfahrung der Welt
Nicolas Bouvier (= N.B.), *Routes et Déroutes*. Entretiens avec Irène Lichtenstein-Fall. Genève, Les Éditions Métropolis 1992, p./S. 215. Übersetzung: Markus Hediger.
J'ai rencontré Ella Maillart en 1952
Ich habe Ella Maillart 1952 getroffen
N.B., in: Ella Maillart, *La Vie immédiate*, Lausanne, Éditions 24 heures, 1991, p./S. 7. Übersetzung: Markus Hediger.

S./p. 14
That is our last look
Legende von A.S. zur Fotografie «Letzte Stunde in der Schweiz: Halt am Simplon». Im Original Englisch. SLA.
Légende de A.S. pour la photographie « Derniers instants en Suisse : halte sur le Simplon ». Original en anglais. ALS.

S./p. 19
Il y a en Serbie
Unerschöpflich ist der Schatz
N.B., *L'Usage du monde*. Dessins de Thierry Vernet. Paris, Éditions Payot 1992 (Petite Bibliothèque Payot/Voyageurs 100), p. 22; 32.
N.B., *Die Erfahrung der Welt*. Aus dem Französischen übersetzt von Trude Fein, überarbeitet von Regula Renschler. Herausgegeben von Roger Perret. Mit einem Nachwort von Gérald Froidevaux. Basel, Lenos Verlag 2001, S. 20; 33.

S./p. 24
Christina était de bonne humeur
Christina war in fröhlicher Stimmung
E.M., La Voie cruelle, id., p. 41.
E.M., *Der bittere Weg*, a.a.O., S. 48.

S./p. 26
Le point de non-retour
Kein Zurück mehr
N.B., *Le Dehors et le Dedans*. Poèmes. Carouge-Genève, Éditions Zoé 1997, p./S. 15. Übersetzung: Barbara Erni.

S./p. 30
Vers le sud
Im Süden
E.M., *La Voie cruelle*, id., p. 57.
E.M., *Der bittere Weg*, a.a.O., S. 67.

S./p. 35
Plus moyen
Keine Möglichkeit mehr
N.B., *L'Usage du monde*, id., p. 107.
N.B., *Die Erfahrung der Welt*, a.a.O., S. 112.

S./p. 36
Navets bouillis dans leur sang
Im eigenen Saft gekochte Rüben
N.B., *L'Usage du monde*, id., p. 191.
N.B., *Die Erfahrung der Welt*, a.a.O., S. 210.

S./p. 42
Ses murailles recouvertes
Die dunklen Kacheln
E.M., *La Voie cruelle*, id., p. 70.
E.M., *Der bittere Weg*, a.a.O., S. 81/82.

S./p. 44
Un voyage se passe de motifs
Eine Reise braucht keine Beweggründe
N.B, *L'Usage du monde*, id., p. 12.
N.B., *Die Erfahrung der Welt*, a.a.O., S. 8.

S./p. 47
Die Reise
Le voyage
A.S., «Die Steppe». In: *Auf der Schattenseite*. Ausgewählte Reportagen, Feuilletons und Fotografien 1933–1942. Hg. von Regina Dieterle und Roger Perret. Mit einem Nachwort von Regina Dieterle. Basel, Lenos Verlag 1990 (Ausgewählte Werke von Annemarie Schwarzenbach, Bd. 3), S. 209. Erstdruck: National-Zeitung, 1.11.1939, Nr. 508.
A.S., « La steppe ». Dans : *Où est la terre des promesses ?* Avec Ella Maillart en Afghanistan (1939–1940). Traduit de l'allemand par Dominique Laure Miermont. Postface de Roger Perret. Paris, Éditions Payot & Rivages 2002, p. 45.

S./p. 48
Le monument était grandiose
Das Grabmal war imposant
E.M., *La Voie cruelle*, id., p. 96.
E.M., *Der bittere Weg*, a.a.O., S. 118.

S./p. 50
Accoudés au balcon de notre auberge
Vom Balkon unserer Herberge aus
N.B., *L'Usage du monde,* id., p. 197.
N.B., *Die Erfahrung der Welt,* a.a.O., S. 216.

S./p. 58
Bien avant midi
Bereits vor Mittag
E.M., *La Voie cruelle,* id., p. 100.
E.M., *Der bittere Weg,* a.a.O., S. 123/124.

p. 60
La frontière
E.M., *La Voie cruelle,* id., p. 115/116.

S. 62
Die Grenze
E.M., *Der bittere Weg,* a.a.O., S. 143–145.

S./p. 66
Wir sehen ein grossartiges Panorama
Nous découvrons un panorama magnifique
A.S., «Trapezunt: Abschied vom Meer». In: *Alle Wege sind offen. Die Reise nach Afghanistan* 1939/1940. Ausgewählte Texte. Hg. und mit einem Essay von Roger Perret. Basel, Lenos Verlag 2680 (Ausgewählte Werke von Annemarie Schwarzenbach, Bd. 7), S. 22. Erstdruck: Der Bund, 31.10.1939, Nr. 509.
A.S., « Trébizonde. L'adieu à la mer ». Dans : *Où est la terre des promesses ?,* id., p. 31.
Le ciel était bleu
Der Himmel war blau
N.B., *L'Usage du monde,* id., p. 96.
N.B., *Die Erfahrung der Welt,* a.a.O., S. 102.

S./p. 68
Afghanistan, Land der Freiheit?
L'Afghanistan terre de liberté ?
A.S., «Der Friedensmonat». In/dans: *Auf der Schattenseite,* a.a.O./id., S./p. 212. Erstdruck/première parution : *National-Zeitung,* 5.2.1940, Nr. 59. Traduction : Marielle Larré.

S./p. 75
Wir legen die Etappen
Nous parcourons les étapes
A.S., «Quer durch Klein-Asien: eine Strasse im Bau». In/dans : *Der Bund,* 1.11.1939, Nr. 511. Traduction : Marielle Larré.

S./p. 78
Les villageois se levaient précipitamment
Die Dorfbewohner standen hastig auf
E.M., *La Voie cruelle,* id., p. 134.
E.M., *Der bittere Weg,* a.a.O., S. 164.

S./p. 80
Loin d'une tremblante
Ich wollte [...] fern von dem tobenden
E.M., *La Voie cruelle,* id., p. 34.
E.M, *Der bittere Weg,* a.a.O., S. 37.

S. 84
Der Tschador
A.S., *Auf der Schattenseite,* a.a.O., S. 233–235.

p. 87
Le tchador
A.S., *Auf der Schattenseite, id.,* p. 233–235. Traduction : Dominique Laure Miermont.

S. 89
Turkestan, vergessene Tage
A.S., In: *National-Zeitung,* 14.3.1940, Nr. 125.

p. 93
Turkestan, jours oubliés
A.S., *Visions d'Afghanistan.* Traduit de l'allemand (Suisse) par Dominique Laure Miermont. Paris, Éditions Payot & Rivages 2002 (Petite Bibliothèque Payot/Voyageurs. Édition Hors Commerce), p. 39–45.

p. 97
La chasse du roi
N.B., Dans : *Journal de Genève,* 10.10.1957. Deuxième partie de la série de six articles « La route de Bactriane », 9.10.–15.10.1957. Légèrement modifié dans N.B., *L'Usage du monde, id.,* p. 320–322.

S. 100
Die Jagd des Königs
N.B., In: Journal de Genève, 10.10.1957. Zweiter Teil der sechsteiligen Artikelserie «La route de Bactriane», 9.10.–15.10.1957. Leicht verändert auch in: N.B., *Die Erfahrung der Welt,* a.a.O., S. 363–365. Übersetzung: Barbara Erni.

p. 103
Retour de l'Inde
N.B., *L'Œil du voyageur.* Introduction de Daniel Girardin. Paris/Lausanne, Éditions Hoëbeke/Musée de l'Elysée 2001, p. 117.

S. 105
Rückkehr aus Indien
N.B., *L'Œil du voyageur,* a.a.O., S. 117. Übersetzung: Barbara Erni

S./p. 106
Man wird in der Turkmenensteppe
On ne verra bientôt
A.S., «Die Gefangenen». In: *Alle Wege sind offen,* a.a.O., S. 40. Erstdruck: *National-Zeitung,* 29.2.1940, Nr. 101.
A.S., « Les prisonniers ». Dans : *Où est la terre des promesses ?,* id., p. 53/54.

S./p. 110
On est taciturne
Man spricht wenig
N.B., *L'Usage du monde,* id., p. 318.
N.B., *Die Erfahrung der Welt,* a.a.O., S. 360.
Der Ort gehörte
Ce village faisait partie
A.S., «Das Oxus-Ufer». In: *Alle Wege sind offen,* a.a.O., S. 83. Erstdruck: Zytglogge Zytig, März 1988, Nr. 127.
A.S., «La rive de l'Oxus». Dans : *Où est la terre des promesses ?,* id., p. 113.

S./p. 114
Es fiel uns bald auf
Bientôt nous nous aperçûmes
A.S., «Afghanistan – ein Land ohne Frauen?», [Herbst/automne 1939]. Typoskript/tapuscrit. Traduction : Marielle Larré.

S./p. 117
On n'a pas, ici
Hier ist man nicht
N.B., *L'Usage du monde,* id., p. 216.
N.B., *Die Erfahrung der Welt,* a.a.O., S. 239.

S./p. 122
Anatomie du voyageur
Anatomie des Reisenden
N.B., *Comment va l'écriture ce matin*. Pages de carnets. 5 tableaux de Massimo Furlan. Avant-propos d'Ivan Farron. Variation de Vivette Perret. Genève, Éditions Slatkine 1996, p./S. 105. Übersetzung: Markus Hediger.

S./p. 126
Porté par le chant du moteur
Vom Singen des Motors
N.B., *L'Usage du monde*, id., p. 49.
N.B., *Die Erfahrung der Welt*, a.a.O., S. 50.

S./p. 130
Les minarets près de la tombe
Die Minarette beim Grab
E.M., *La Voie cruelle*, id., p. 122.
E.M., *Der bittere Weg*, a.a.O., S. 151/152.

S./p. 132
Das unsterbliche Blau
Le bleu immortel
A.S., «Niemandsland – zwischen Persien und Afghanistan». In/dans: *Alle Wege sind offen*, a.a.O./id., S./p. 43. Erstdruck/première parution: *National-Zeitung*, 21.8.1939, Nr. 384. Traduction: Marielle Larré.

S./p. 136
Die Araber taten gut daran
Les arabes ont bien fait
A.S., «Bamiyan, oder die schönen Erinnerungen», [Dezember/décembre 1939]. Typoskript/tapuscrit. Traduction: Dominique Laure Miermont.

S./p. 138
J'ai vu des Afghans prier
Ich habe viele Afghanen beten sehen
E.M., *La Voie cruelle*, id., p. 190.
E.M., *Der bittere Weg*, a.a.O., S. 222.

S./p. 144
Weder in der Türkei
Ni en Turquie
A.S., «Afghanistan», 15.3.[1940]. Typoskript/tapuscrit. Traduction: Dominique Laure Miermont.

S./p. 146
Meine ins Ferne
Mon existence, condamnée
A.S., «Tagebuch», a.a.O., Kabul, Eintrag 30.9.1939.
A.S., *Où est la terre des promesses?*, id., p. 179.
Le voyage
Das Reisen
E.M., *La Voie cruelle*, id., p. 23.
E.M., *Der bittere Weg*, a.a.O., S. 24.

S./p. 151
So ist also Afghanistan
Ainsi l'Afghanistan est-il
A.S., «Afghanistan», 15.3.[1940], a.a.O./id. Traduction: Dominique Laure Miermont.

S./p. 153
Lorsque le voyageur
Wenn der Reisende
N.B., *L'Usage du monde*, id., p. 307.
N.B., *Die Erfahrung der Welt*, a.a.O., S. 347.

S./p. 157
Der Tschador
Le tchador
A.S., «Afghanistan – ein Land ohne Frauen?», a.a.O./id. Traduction: Marielle Larré.

S./p. 169
Dieses Land hat manchmal
Ce pays a parfois
A.S., «Der Winterabend». In/dans: *Die vierzig Säulen der Erinnerung*, S./p. 19. Kabul/Kaboul, 18.12.1939. Typoskript/tapuscrit. Traduction: Dominique Laure Miermont.

S./p. 172
«Mutig sein»
«Être courageux»
A.S., «Tagebuch»/«Journal», a.a.O./id., Kabul/Kaboul, Eintrag 27./28.8.1939. Traduction: Dominique Laure Miermont.

S./p. 181
Ce voyage?
Unsere Reise?
N.B., *L'Usage du monde*, id., p. 219.
N.B., *Die Erfahrung der Welt*, a.a.O., S. 243.

S./p. 184
L'étendue doit être
Die Weite muss
E.M., «Le sens du voyage», [env. 1950]. Tapuscrit. Fonds Ella Maillart, Anneliese Hollmann, Chambésy. Version française du texte original anglais «The Philosophy of Travel», [1948]. Diffusé le 1.12.1948, BBC, Londres. Première parution probablement sous le titre «My Philosophy of Travel» dans: *Traveller's Quest*. London, Willliam Hodge 1950.
E.M., «Der Sinn des Reisens», [um 1950]. Typoskript. Nachlass Ella Maillart, Anneliese Hollmann, Chambésy. Französische Version des englischsprachigen Originals «The philosophy of travel», [1948]. Gesendet am 1.12.1948, BBC, London. Vermutlich Erstdruck unter dem Titel «My Philosophy of Travel» in: *Traveller's Quest*. London, William Hodge 1950. Übersetzung: Barbara Erni.
Alle Wege sind offen
Tous les chemins sont ouverts
A.S., «Nach Peshawar» In: *Alle Wege sind offen*, a.a.O., S. 125. Erstdruck: *Die Tat*, 18./19.5.1940, Nr. 115.
A.S., «À Peshawar». Dans: *Où est la terre des promesses?*, id., p. 164.

p. 186
Le sens du voyage
E.M., *Le sens du voyage*, id. Raccourci par l'éditeur.

S. 191
Der Sinn des Reisens
E.M., *Der Sinn des Reisens*, a.a.O. Vom Herausgeber gekürzt.

S. 195
«Fest des Aufbruchs»
Titel vom Herausgeber. Siehe A.S., «Der Abschied von Europa», S. 198. – Und ich breche auf: *Das glückliche Tal*. Roman. Mit einem biographischen Nachwort von Charles Linsmayer. Frauenfeld, Verlag Huber 1987, S. 84. – Ich war frei: *Das glückliche Tal*, a.a.O., S. 18. – Es mag (...) ein Unterschied sein: *Winter in Vorderasien*, Basel, Lenos Verlag 2002 (Lenos Pocket 68), S. 65/66. – Diese fernen Gegenden: Brief von A.S. an Erich Maria Remarque, Ankara, 7.11.1933. New York University, Fales Library, Erich Maria Remarque Archive, New York. Fotokopie im Besitz von Roger Perret. – Reisen ist Aufbrechen: «Ankunft in Mallorca». In: *National-Zeitung*, 11.6.1936, Nr. 264. – «Landstrassen» ist gar nicht immer der richtige Ausdruck: «Schrecken der orientalischen Landstrassen». In: *Mit Schweizern rund um die Erde. Reiseerlebnisse und Abenteuer von Schweizern auf dem Weltmeer und in den vier Erdteilen: Afrika, Asien, Nord- und Südamerika, Australien*. Hg. von

Fritz Aebli. Aarau, Verlag H. R. Sauerländer & Co. [1936], S. 120. – Sie sprechen immer: Brief von A.S. an Arnold Kübler, Sils-Baselgia, 10.2.1936. Nachlass Arnold Kübler, Handschriftenabteilung der Zentralbibliothek Zürich. Fotokopie im Besitz von Roger Perret. – Vor jedem neuen Aufbruch: *Das glückliche Tal*, a.a.O., S. 59/60. – Wenn ich mich zu erinnern versuche: *Das glückliche Tal*, a.a.O., S. 47. – Diese Erinnerungen: *Das glückliche Tal*, a.a.O., S. 54. – Ich: Gast, Fremder, Abenteurer: *Das glückliche Tal*, a.a.O., S. 60. – Wer nicht dreissig Jahre: *Das glückliche Tal*, a.a.O., S. 84. – Unterwegs mit unseren Fahrrädern: «Mobilisiert in Kabul». In: *Auf der Schattenseite*, a.a.O., S. 225. – «Unser Leben gleicht der Reise ...»: «Die Steppe». In: *Alle Wege sind offen*, a.a.O., S. 31. – Ich bin entschlossen: Brief von A.S. an Ella Maillart, Sils-Baselgia, Dimanche de Pâques [April] 1939. Im Original Französisch. Fotokopie im Besitz von Roger Perret. Übersetzung: Barbara Erni. – Sie wollen, zwei Frauen allein: «Trapezunt: Abschied vom Meer». In: *Alle Wege sind offen*, a.a.O., S. 19. – Reisende Journalisten: «Dreimal der Hindukusch». In: *Alle Wege sind offen*, a.a.O., S. 54. – Magische Namen: *Das glückliche Tal*, a.a.O., S. 46. – Es gab gnadenlos heisse Nächte: «Mobilisiert in Kabul». In: *Auf der Schattenseite*, a.a.O., S. 226. – Es war wild: Brief von A.S. an Arnold Kübler, Kabul, 21.11.1939. Nachlass Arnold Kübler, Handschriftenabteilung der Zentralbibliothek Zürich. Fotokopie im Besitz von Roger Perret. – Ich verabscheue sightseeing: Brief von A.S. an Ella Maillart, Kaboul, 3.12.1939. Im Original Französisch und Englisch. Fotokopie im Besitz von Roger Perret. – Es ist eine höchst wertvolle Erfahrung: «Tagebuch», a.a.O., Kabul, Eintrag 30.8.1939. – Wenn ich (...) nach Osten fuhr: «Nach Westen». In: *Auf der Schattenseite*, a.a.O., S. 256. – Der Abschied von Europa: «Nach Westen». In: *Auf der Schattenseite*, a.a.O., S. 255. – Diese Zeit ist zum Reisen: «Marokkanische Erntezeit». In: *Auf der Schattenseite*, a.a.O., S. 313/314. – Wer heute noch: «Marokkanische Erntezeit». In: *Auf der Schattenseite*, a.a.O., S. 314/315. – Ist die Welt irgendwo bewohnbar: «Flug nach Marokko». 29.5.1942. Typoskript. – Dieser Wunsch: «Afghanistan», [Mai 1940]. Typoskript.

p. 201
« La fête du départ »
Titre de l'éditeur. Voir A.S., « L'heure des adieux à l'Europe », p. 204. Sauf mention contraire, les traductions sont de Dominique Laure Miermont.
– Et je m'en vais : *La Vallée heureuse*. Roman. Avec, en postface, une biographie de l'auteur par Charles Linsmayer. Traduit de l'allemand par Yvette Z'Graggen. Vevey, Éditions de l'Aire 1991 (L'Aire bleue), p. 69. – J'étais libre, j'ai pu choisir : *La Vallée heureuse*, id., p. 18/19. – Il y a (...) sans doute : *Winter in Vorderasien*, id., p. 65/66. – Ces régions lointaines : Lettre à Erich Maria Remarque, Ankara, 7.11.1933. New York University, Fales Library, Erich Maria Remarque Archive, New York. Photocopie. Archives privées de Roger Perret. – Voyager c'est partir : « Ankunft in Mallorca ». Dans : *National-Zeitung*, 11.6.1936, Nr. 264. – « Routes » n'est pas toujours : « Schrecken der orientalischen Landstrassen ». Dans : *Mit Schweizern rund um die Erde. Reiseerlebnisse und Abenteuer von Schweizern auf dem Weltmeer und in den vier Erdteilen: Afrika, Asien, Nord- und Südamerika, Australien*. Hg. von Fritz Aebli. Aarau, Verlag H. R. Sauerländer & Co. [1936], S. 120. – Depuis votre solide table : Lettre à Arnold Kübler, Sils-Baselgia, 10.2.1936. Fonds Arnold Kübler, Département des manuscrits, Zentralbibliothek Zürich. Photocopie. Archives privées de Roger Perret. – Avant chaque départ : *La Vallée heureuse*, id., p. 51. – Lorsque j'essaie de me souvenir : *La Vallée heureuse*, id., p. 41. – Ces souvenirs : *La Vallée heureuse*, id., p. 47. – Moi : l'invité, l'étranger, l'aventurier : *La Vallée heureuse*, id., p. 51. – Si l'on ne veut pas passer : *La Vallée heureuse*, id., p. 69. – Voyageant à vélo : « Mobilisiert in Kabul ». In: *Auf der Schattenseite*, id., p. 225. – « Notre vie ressemble à un voyage ... » : *Où est la terre des promesses ?*, id., p. 42. – Je suis décidée : Lettre à Ella Maillart, Sils-Baselgia, Dimanche de Pâques [avril] 1939. Original en français. Photocopie Archives privées de Roger Perret. – Vous qui voyagez seules : *Où est la terre des promesses ?*, id., p. 27. – Les journalistes qui voyagent : *Où est la terre des promesses ?*, id., p. 75. – Noms magiques : *La Vallée heureuse*, id., p. 40/41. – Il y a eu les nuits : « Mobilisiert in Kabul ». Dans : *Auf der Schattenseite*, id., S. 226. – C'était sauvage : Lettre à Arnold Kübler, Kaboul, 21.11.1939. Fonds Arnold Kübler, Département des manuscrits, Zentralbibliothek Zürich. Photocopie. Archives privées de Roger Perret. – Je déteste sightseeing: Lettre à Ella Maillart, Kaboul, 3.12.1939. Original en français et en anglais. Photocopie. Archives privées de Roger Perret. – C'est une expérience : « Journal », id., Kaboul, 30.8.1939. – Quand je (...) partais : « Nach Westen ». Dans : *Auf der Schattenseite*, id., p. 256. – L'heure des adieux : « Nach Westen ». Dans : *Auf der Schattenseite*, id., p. 255. – Cette époque : « Marokkanische Erntezeit ». Dans : *Auf der Schattenseite*, id., S. 313/314. – Le voyageur ordinaire : « Marokkanische Erntezeit ». Dans : *Auf der Schattenseite*, id., p. 314/315. – Le monde est-il : « Flug nach Marokko ». 29.5.1942. Tapuscrit. – Ce désir : « Afghanistan », [mai 1940]. Tapuscrit. Traduction : Marielle Larré.

p. 207
Petite morale portative
N.B., « Petite morale portative ». Dans : *L'information immobilière*, automne 1996, No. 61.

S. 215
Kleine tragbare Moral
N.B., «Petite morale portative». In: *L'information immobilière*, automne 1996, No. 61. Übersetzung: Barbara Erni.

Bildnachweis
Crédit photographique

Die Fotografien von Annemarie Schwarzenbach stammen aus dem Nachlass der Autorin im Schweizerischen Literaturarchiv in Bern, die Fotografien von Ella Maillart und Nicolas Bouvier aus den Bildnachlässen der beiden Autoren im Musée de l'Elysée in Lausanne.
Les photographies d'Annemarie Schwarzenbach proviennent du fonds de cet écrivain aux archives littéraires suisses de Berne, celles d'Ella Maillart et de Nicolas Bouvier des archives photographiques léguées par ces deux écrivains au Musée de l'Elysée de Lausanne.

S./p. 85
Fonds Ella Maillart, Musée de l'Elysée, Lausanne

S./p. 90
Schweizerisches Literaturarchiv, Bern/Archives littéraires suisses, Berne

S./p. 94
Afghanistan Institut und Afghanistan-Museum, Bubendorf

S./p. 98
Fonds Nicolas Bouvier, Musée de l'Elysée, Lausanne

S./p. 101
Fonds Nicolas Bouvier, Musée de l'Elysée, Lausanne

S./p. 104
Eliane Bouvier, Cologny

S./p. 187
Nachlass/Fonds Ella Maillart, Anneliese Hollmann, Chambésy

S./p. 190
Fonds Ella Maillart, Musée de l'Elysée, Lausanne

S./p. 197
Nachlass/Fonds Marie-Louise Bodmer-Preiswerk, © Esther Gambaro, Schwyz

S./p. 205
Archiv Roger Perret, Zürich/Archives privées de Roger Perret, Zurich

Der Herausgeber
L'éditeur

Roger Perret, geboren 1950 in Zürich. Studium der Philosophie, Literaturkritik und Komparatistik in Zürich. Mitarbeit an der Taschenbuch-Ausgabe der *Tagebücher* von Klaus Mann. Herausgeber der Werke von Nicolas Bouvier, Alexander Xaver Gwerder, Hans Morgenthaler, Sonja Sekula und Annemarie Schwarzenbach. Erhielt für seine editorische Tätigkeit verschiedene Auszeichnungen. Teilzeitstelle als Projektleiter Theater & Literatur beim Kulturprozent des Migros-Genossenschafts-Bundes in Zürich.

Roger Perret, né en 1950 à Zurich. Études de philosophie, de critique littéraire et de littérature comparée à Zurich. A participé à l'édition de poche du Journal *de Klaus Mann. A édité des œuvres de Nicolas Bouvier, Alexander Xaver Gwerder, Hans Morgenthaler, Sonja Sekula et Annemarie Schwarzenbach. A reçu plusieurs prix pour son travail d'éditeur. Il occupe un poste à temps partiel comme responsable de projets Théâtre & Littérature dans le cadre du Pour-cent culturel Migros à Zurich.*